中 国 社 会 调 查 报 告

CHINA SOCIAL RESEARCH REPORT

中国卡车司机

调查报告 No.5

城配·冷链·跨境

Chinese Truck Drivers V: City Freight, Cold Chain and Cross Border

传化慈善基金会公益研究院"中国卡车司机调研课题组" 著

社会科学文献出版社
SOCIAL SCIENCES ACADEMIC PRESS (CHINA)

出版者的话

调查研究是谋事之基、成事之道。没有调查，就没有发言权，更没有决策权。研究、思考、确定全面深化改革的思路和重大举措，刻舟求剑不行，闭门造车不行，异想天开更不行，必须进行全面深入的调查研究。①

改革开放四十年来，我们对于中国历史和现状的研究都取得了重大进步，获得了丰硕成果，对于民众、决策层、学者从多个角度了解国情、制定政策、发展学术发挥了实实在在的作用。但必须看到，当代中国发生的巨变是结构性、整体性、全方位、多层面、多纵深的，再加上国际形势和全球化趋势的深刻影响，数字化和新技术的迅猛发展，中国的经济发展、社会结构、产业运行、组织机制、日常生活、群体身份、文化认同等方面都正在发生巨大变迁，这增加了认知的难度。

在这一背景下，重拾调查研究，对于我们深刻准确地了解国情无疑是一条重要的渠道。在诸种调查研究中，基于学术和学科的专题调查研究具有特别重要的意义。它能够提供对某个问题较为透彻、深入的理解，是把握国情的重要保障。有鉴于此，从2018年起，我们开始推出"中国社会调查报告"系列。

"中国社会调查报告"是面向整个社会科学界征稿的开放性系列图书，分主题定期或不定期连续出版。每部报告的出版都需经过严格的专家评审、

---

① 中共中央文献研究室编《习近平关于全面建成小康社会论述摘编》，北京：中央文献出版社，2016，第191页。

专业的编辑审稿，并辅以定制式的学术传播，其目标是促进调查报告的社会影响、学术影响和市场影响的最大化。

报告的生产应立基专业学术，强调学理性，源于专业群体的专门调研，是学界同人合作研创成果。

报告应拥有明确的问题意识、科学严谨的方法、专业深度的分析、完善的内容体系，遵循严格的学术规范。

每部报告均面向边界清晰的调研对象，全面深入展现该对象的整体特征和局部特征。

报告的写作应基于来源统一的数据，数据的收集、分析、呈现遵循相应规范。数据既可以是定量的，也可以是定性的，可以通过问卷、参与观察、访谈等方式获得。

报告应提供相应结论，结论既可以呈现事实，也可以提供理解框架，还可以提供相应建议。

报告应按照章节式体例编排。内容应包括三部分，一是交代调查问题、调查对象和调查背景，二是交代调查方法、调查过程、数据获得方式、调查资助来源，三是分主题呈现调查结果。

报告应具有充分的证据性和清晰性，提供充足的证据证明结果和结论的正确性，报告的写作应清晰、一目了然，前后具有明确一致的逻辑。

报告应提供一个内容摘要，便于读者在不阅读整个报告的情况下掌握其主要内容。

"中国社会调查报告"将按照每部报告的篇幅分为两个系列，一为小报告系列，二为常规报告系列。前者为10万字以下的报告，后者为10万字以上甚至三五十万字的报告。

希望"中国社会调查报告"能为理解变动的世界提供另一扇窗口，打开另一个视界。借着这些调研成果，我们可以建设更美好的社会。

社会科学文献出版社社会学出版中心

2018 年 1 月 29 日

内容提要

一

第一篇的研究对象是从事同城配送的卡车司机。基于 334 份问卷调查数据和对 30 位城配卡车司机、企业管理者、政府部门工作人员的访谈记录，第一篇从基本状况、劳动的特殊性以及同城货运平台的劳动控制三个方面，对城配卡车司机进行了考察。

第一篇首先考察了城配卡车司机的基本状况，这是一个以已婚男性、农村户籍人群为主的群体，年龄明显偏大。41～50 岁的样本占将近一半，50 岁以上的样本占比高达 13.8%。他们驾驶的货车以 4.2 米的高栏车和厢式货车为主，燃油车占据了绝对多数，车辆的排放标准为国 V 和国 VI 的达到 83.4%。

城配卡车司机的工作时间较长，每日工作时间在"11 小时及以上"的占比高达 44.9%。因为装卸货的时间安排、通行限制等因素，80.8% 的城配卡车司机需要在晚上工作。

城配卡车司机的收入水平不高。样本 2022 年的月平均收入集中在 8000 元以内，其中 6000 元及以内的占比高达 43.7%。72% 的样本声称其 2022 年的收入与 2021 年的收入相比出现了下降，且下降幅度较大。因疫情而封控、经济下滑和平台压价是导致城配司机收入下降的主要因素。

第一篇继而考察了城配卡车司机劳动的特殊性。相对于长途运输卡车司机，城配卡车司机的劳动至少具有三个方面的特殊性。

首先，城配卡车司机的工作更为碎片化。与长途运输卡车司机装一次货、跑几天的工作方式不同，城配卡车司机的一天被切割为多个片段。办理手续、装车、驾驶、卸车、搬运、码放，这些工作在城配卡车司机的一天中至少会两三次甚至更多次地重复。

其次，城配卡车司机更多地参与搬运和装卸的工作。这是因为，城配卡车司机需要通过参与装卸货来"抢时间"，如此才可能"跑出趟数"，增加收入。此外，城市配送包含了C2C（"客"对"客"）的货物运输，这类运输中不可能存在专门的装卸工，因而城配卡车司机就会较多地参与货物的装卸和搬运。

最后，城配卡车司机受到的限制更多。因为工作地点在城区，他们比长途运输司机面临更多的交通规章的约束，在一线和特大城市这种约束尤其严格。他们在白天的通行受限、停靠受限，因此他们更需要等待，需要跟交警说好话，需要承受由违规带来的罚款、扣分和精神压力。

第一篇还特别关注了同城货运平台对城配卡车司机的劳动控制。随着同城货运平台的兴起和扩张，很多城配卡车司机成为平台劳动者。虽然平台为城配卡车司机提供了获取货源的途径，但是城配卡车司机对平台的不满意程度较高。这主要是因为以下几点。

第一，平台"两头吃"。卡车司机要想在平台上抢单或者抢到好单，通常需要缴纳会员费。卡车司机每完成一个平台订单，平台还会向之收取一定额度的佣金（也称信息费或技术服务费）。

第二，平台订单运价低。同城货运平台上的订单运价有平台定价和协商议价两种方式。两种方式下的运价都比固定客户给出的运价低。在平台定价模式下，存在平台预估距离低于卡车司机实际行驶距离的"吃公里数"的现象，以及号称增加卡车司机收入的"多因素"订单事实上却拉低了司机收入的现象。

第三，平台对卡车司机的劳动过程进行了较多控制。如，平台为每一位卡车司机设置行为分和准点率，准点率越低，行为分越低，则接单越难。平台要求卡车司机按规定张贴车贴，否则处以罚款。当司机的拒单率、行为分达到某个标准，或者被客户投诉时，平台可能对司机进行封号。在卡车司机看来，平台对卡车司机责任的判定存在较多不合理之处，平台并不顾及卡车司机的利益。

二

在我国的公路货运业中，冷链运输是一个重要的分支，其地位之重要性日益彰显。冷链运输又称"冷链物流"，是指产品在售卖给消费者前，为保证质量与效用而在生产、仓储、运输、销售等各个环节中始终处于所规定的恒温环境下的一种物流模式或运输系统。除其他制度和组织要素外，公路货运业的冷链运输依靠冷藏车来运作，而其劳动主体即为冷藏车司机。

冷藏车司机与从事普货运输的卡车司机具有基本相同的社会人口学特征，但其劳动过程却呈现自己的独有特点。冷藏车司机除必须熟练掌握卡车驾驶技术外，还必须掌握有关冷藏车厢体的保温技术，以及有关冷藏/冷冻货物的知识。虽说冷藏车司机的生产体制与普货司机一样，都可分出"自雇"与"他雇"两种体制，但部分自雇冷藏车司机通过"加盟制"，而部分他雇冷藏车司机通过"包车制"，构造出与公司/车队之间不同的关系。此外，从劳动强度上看，大多数冷藏车司机的劳动强度似较普货司机的劳动强度为低。然而，冷藏车司机的劳动过程却是始终处于公司/车队的严密监控之下，在这个意义上说，冷藏车司机群体可说是整个卡车司机群体中最接近工厂工人的部分。

当前，我国的冷链运输业正迎接一个大发展阶段的到来。因此，虽说眼下总量30万至60万的冷藏车司机群体与数以千万的普通货运司机群体相比似乎无足轻重，但在某些地方却代表着整个卡车司机群体中最为先进的部分。因此，说它在一定程度上预示了整个卡车司机群体结构转型的方向，似乎并不为过。

三

跨境运输是跨境物流的重要环节，指的是各国间跨越关境的货物运输活动。第三篇报告从货物、卡车与卡车司机三条线索出发，以中国—老挝跨境卡车司机作为研究对象，试图通过他们的职业历史、劳动过程、工作困境、跨境优势与未来展望说明跨境运输在特定时点下的特征与变化。研究发现，跨境运输是一种基于境内运输又与境内运输存在诸多差异的特殊的运输方式与劳动形态。

从事跨境运输的卡车司机大多拥有多年境内运输经验，并且依靠境内运输积累的社会资本而转向跨境运输。同时，转向跨境运输并不意味着放弃境内运输，很多自雇卡车司机的职业生涯其实是跨境运输与境内运输的季节性组合。因此，境内运输之于跨境运输是一个彼岸式的存在，它既是跨境运输的比照，又是跨境运输的序章与退路。

以往研究发现，从事境内运输的卡车司机的自雇劳动过程具有四个主要特征：原子化、流动性、不确定性与复合性。中老跨境卡车司机的劳动过程说明，跨境运输也符合这四个劳动特征，但与境内运输又存在些许不同，尤其是跨境周转。

第一，跨境卡车司机也是自雇卡车司机，因而本质上也是原子化的存在，但是他们原子化的程度有所降低，集体化的程度有所提高。第二，跨境运输的流动属于有限流动，而不像大部分境内运输属于无限流动。第三，源于跨境运输有限的流动性，境内运输的许多不确定性在中老跨境运输中变得更加确定，但是与此同时，境内运输当中比较确定的部分又在跨境运输中变得晦涩不明。第四，跨境运输与境内运输的货运劳动都是体力劳动、脑力劳动、情感劳动与情绪劳动的结合，但是具体劳动过程有差异，跨境运输改变了自雇卡车司机复合性劳动的配比。

总体而言，跨境运输是自雇卡车司机职业生涯中的一段特殊旅程，代表了一种特殊运输方式与劳动形态。在境内自雇卡车司机劳动特征的基础上，跨境运输展现出其劳动过程的独特性：小集体化的原子化、有限的流动性、转向的不确定性以及特殊配比的复合性。这种特殊的劳动形态为我国卡车司机提供了另外一种选择，也为卡车司机研究提供了崭新的课题。

前　言

当下面世的这部著作是《中国卡车司机调查报告 No. 5》，其包括篇目有三，分别关涉卡车司机运输劳动的三种特定形态，即城配运输、冷链运输和跨境运输。

三篇报告的共同之处在于全都描述了从事这三类运输劳动的卡车司机的基本群体特征，表明其主体部分均为岁届中年的已婚男性农家子弟，肩负沉重的养家负担。就此而论，他们与广大普货长途卡车司机并无二致。但在此基础上，三篇报告又分别探讨了这三类卡车司机各自劳动过程的诸细节，从而展示出他们之间又是各有特点的。劳动过程的不同特征塑造了这些不同卡车司机群体之独特的社会认知和行动策略。

本报告已是我们所做的第五部有关卡车司机的调查报告，也是整个卡车司机调查报告系列的收官之作。历时五年有余的田野调查，辗转各地，沐雨栉风，与各色人等打交道，埋头于数据分析与录音文字录写，所有劳累与困顿值此之际似都将告一段落。回溯既往，五年多的艰苦田野工作不唯浸透我们的辛劳汗水，更包含着我们发自内心的兴奋。经我们之手，助力卡车司机群体发声，此诚为我等心之所愿也！

然则在此叙说的重点尚非我们此时此刻的诸般心态。重点在于我们意欲诠释，本调查报告何以要借系列出版的样式，竟至连做五年？其实，在报告陆续问世之际，类似疑问早已浮出水面。彼时我们埋头工作而未予解说。于今之日，我们愿借此机缘略作陈述。一言以蔽之曰：此报告之所以要用系列方式写作和出版，绝非随心所欲之举，乃因我国公路货运业之特殊的"生产体制"使然。

"生产体制"又称"工厂政体"，是劳工社会学的一个概念。而劳工社会学是我们将整个调查系列奠立于其上的理论根基。"生产体制"意指塑造和规约具体劳动过程的各种外部条件,它要求我们在探讨劳动过程时不仅要浸入工作现场,俯查微观末节,而且要仰视宏观世界,放眼组织和安排具体劳动过程的各种结构条件,最终需将宏观和微观糅合起来。"国家"、"市场"和"再生产模式"等是经典作家经常提及的几个宏观条件,但其实不止于此。我们在田野实践中体察到,必须扩大"生产体制"的概念,将各类"工作的组织安排"摆放进去,借以彰显不同劳动过程的独有特征。

那么,我国的公路货运业究竟是一种什么样的"生产体制"呢?在我们看来,可将之称为一种"延展的生产体制",它所体现出的独特安排具有两个显著特征。一是"非集聚化",即安排劳动的各个制度要件并非整齐聚汇于同一空间条件之下,一如通常的工厂制度然,而是散布在不同的空间环境中,在功能上紧密相关而在空间上却相隔遥远,诸如仓储、货场、加油站、修配厂、公司/车队之类的制度要件无不散落在四面八方,相隔往往何止上百公里。二是"社会泛化",卡车司机之货物运输的工作现场并非封闭在固定的厂区中进行,而是嵌套在整个社会中运作——城市与乡村都是他们的工作车间。举凡有公路货场之处,都是卡车司机的工作现场。可见,此种独特的工作安排反映出卡车司机货运劳动的独特"生产体制"。故要完整地把握卡车司机,特别是长途货运卡车司机的劳动过程和日常生活,就不能不对这些工作安排的制度要件逐一审视,当然这本身就是件费时费力的工作,更何况还要涉及卡车司机之漂泊不定、类型多变的工作样态。

此种"生产体制"决定了我们的田野调查必与过往劳工社会学的工厂民族志方法有所不同,非一次调查之功可毕其事。[①] 我们从2017年底初次接触卡车司机群体时就发现了这一难点,遂决定采取分期分段、多次进入、分头研究的策略开展调查。我们把全部调查分为五期,分别对公路货运业涵盖的各不同劳动主体和工作安排开展调查,而这一做竟逾五年之久。

---

① 其实,很多卡车司机研究者都已提及公路货运业的这一特征。参见 Steve Viscelli, *The Big Rig*, University of California Press, 2016。

　　但是分期调查、多次进入绝非随心所欲、杂乱无章。实际上可将我们的全部田野调查归拢到四个主题之下。第一个主题，也是最为重要的主题，即探讨卡车司机群体本身。迄今为止，我们的调查涵盖了自雇卡车司机、他雇卡车司机、卡嫂、女性卡车司机、城配司机、冷链司机、跨境司机等七个范畴。其中，自雇卡车司机无论在体量上抑或地位上都构成我国卡车司机群体的主体部分。对上述七个卡车司机群体范畴的探讨构成五部报告一以贯之的主线。当然，我们对卡车司机群体及其工作的探讨尚未穷尽。例如，由于各种原因，危化品运输就未能含括在内，这不能不说是一个遗憾。而由于疫情的干扰，有些调查也未能尽如人意。但无论如何，用这七个卡车司机范畴还是可以初步搭建起一个骨架，足以从总体上描绘整个卡车司机群体的大略形象。至于诸般细节仍需深化，这一点自不待言。

　　第二个主题是探讨卷入卡车司机劳动过程的相关群体与制度安排。如果把上述七个范畴作为我们探讨卡车司机群体的主线，那么在其两侧便各伏有一条副线。其一是进入卡车司机工作现场并与之密切互动的相关群体，此即物流商与装卸工。前者规约和导引卡车司机的劳动过程，后者则在货场上与卡车司机一起，日复一日地演出着有声有色的"货场寻租"游戏。其二是界定和调整卡车司机劳动过程的制度安排，这主要是指我国公路货运业的一项特殊制度——"挂靠制度"。这个制度（以及公路货运业现存的一系列其他制度）为透视我国物流生产领域的制度安排提供了特殊的视角点。其在理论上至少表明，所谓制度并不仅是一组经由典章化后即可自动运转的设置，也不限于某种"价值输入过程"，而还包含着更为丰富的内涵。

　　第三个主题关涉我国公路货运业的一个特例，这就是所谓"卡车县"。人们通常将江西省高安市称为"卡车县"，盖因该地将公路货运业架构为县域经济的一大支柱使然。该地约有1/3的成年劳力专跑运输。对我们而言卓有意义的是，如此一来，该地就将公路货运业的"全要素"集中在同一个地域（空间）中，使它们得到共时态的展示，从而提供了一个观察公路货运业综合运作，以及在此环境下卡车司机的工作与生活的"集约化"研究对象。因此，我们把"卡车县"忝列于主题之中。

第四个主题事关卡车司机各种社会行为。在此集中于两个方面。其一是卡车司机的组织化。如前所述，我国公路货运业的生产体制具有"延展性"的特点，由此意味着卡车司机不能获得一般工厂之于工人的那种"一级建构"的支撑——将工人带到同一个屋顶下并借助生产线将之聚拢起来，为塑造攀附于其上，作为"二级建构"而运作的工人组织提供基础。由此造成卡车司机组织化的巨大困境：他们不能像生产线上的工人那样，基于工厂制度的"一级建构"来形成自己的组织，而必须借助自身所有的各种社会资源，以及眼下方兴未艾的信息沟通技术，直接锻造"二级建构"即自己的社会组织。卡车司机群体所特有的团结，即我们称之为"虚拟团结"的机制遂由此生发出来。其二是卡车司机群体与广大农民工群体一样，多半起自田家，故深陷"身份认同"困境：他们的户籍身份是农民而工作岗位则是驾驶员。巨大的身份张力造就了他们最为迫切的诉求：使自己的职业身份得到社会承认。为此，他们持续开展了"谋求承认"的活动，但其形式并非如历史上的工人阶级那样，经由各种政治斗争来展开，而是通过积极参与各项慈善事业来表征的。扮演卡车司机"志愿者"的角色遂成为卡车司机群体向社会大众展示自己、寻求承认的一项重要社会活动。故我们以"组织化"和"志愿者"作为把握卡车司机社会活动的两个入手点。

上述四个主题构成卡车司机调研报告之主线，纲举目张，抓住这四个主题就可将全部卡车司机调查报告串联起来。如前所述，我们希望通过这五部调查报告，为研究卡车司机群体搭建一个基本的框架，在此之下尽可能多地容纳经验内容和田野发现。此外，我们还将当下最为重要的卡车司机组织之一——传化·安心驿站的一个文件《卡车司机互助手册：传化·安心驿站》作为附录放在本部报告后边。该文件关涉卡车司机道路救援等，为卡车司机群体的核心利益所在。

不过，是时候转向理论本身了。我们曾多次强调，本调查报告的理论基础乃是劳工社会学，现在我们应当返回到劳工社会学，力求从调查发现的各类经验材料中萃取精华，构建概念，以便对劳工社会学本身有所贡献。这将是我们工作的转折点。未来可期的三部理论著作将透过卡车司机田野调查的丰富资料，进一步探讨劳工团结与阶级形成、性别与劳动，以及新制度分析等劳工社会学的重要领域。结果如何尚不得而知，但我们会沿此方向努力前行。

最后要感谢所有帮助过我们的人们。首先是传化慈善基金会及其工作人员。理事长徐迅、秘书长王飞、项目官员王卓群和童心及其他自始至终地关心和支持我们调研的人们。不用说，没有传化慈善基金会的连续资助，要完成这样一个持续五年之久的调研项目是断无可能的。其次，我们还要特别感谢那些接受和帮助我们开展田野调查的卡车司机和卡嫂，他们人数众多，几达数百，在此显然无法逐一具名。但若没有他们的合作与支持，今日的调研成果便无从谈起。

希望我们的调研报告及日后的理论探讨能够表达卡车司机群体的核心利益，传送他们的基本诉求和心声。卡车司机朋友们，我们永远和你们站在一起！

目　录

第一篇　同城配送与城配卡车司机
周　潇

第二篇 冷链运输与冷藏车司机

沈 原 喻加耀

第三篇　跨境运输：卡车司机的特殊劳动
马　丹

第一篇
同城配送与城配卡车司机

周　潇

第一章　研究问题与研究方法

一　快速增长的同城配送与被忽视的城配卡车司机

根据百度百科的定义，同城配送"又被称为'最后一公里物流'，也被称为城市'轻物流'，也称本地派送"。同城配送"提供一个城市内 A 到 B 之间（尤其是市区范围内）的物流配送，讲求的是速度快，效率最大化"。事实上，关于同城配送的定义，学界和物流业内部均未达成一致。有时，同城配送仅被限于面向消费者的运输服务；有时，同城配送等同于由第三方物流企业提供的物流服务，并与快递相对立①；有时，一个城市内的传统物流、快递、落地配、即时配送等形式的货运服务均被纳入同城配送的范围②。

无论从何种意义上界定同城配送，近年来我国同城配送的快速增长是不容忽视的事实。根据艾瑞咨询和智研咨询的统计和预测，从 2013 年到 2020 年，同城货运市场规模从 7361.6 亿元增至 10640.8 亿元，2026 年预计将突破 1.6 万亿元（见图 1-1）。③

① 《【深度】2021 城市配送行业分析报告_物流》，https：//www.sohu.com/a/471614704_808311，最后访问日期：2022 年 11 月 7 日。

② 《2022 年中国同城配送行业研究》，https：//zhuanlan.zhihu.com/p/555637471，最后访问日期：2022 年 11 月 7 日。

③ 不同机构对同城配送市场规模的统计和预测数据有所不同。根据中商产业研究院的整理，从 2016 年到 2020 年，我国同城物流市场规模从 7950 亿元增至 12305 亿元，年复合增长率为 11.5%。参见《2021 年中国同城物流行业市场规模及发展前景分析》，https：//www.askci.com/news/chanye/20210830/174427157881.shtml，最后访问日期：2022 年 12 月 4 日。运联咨询机构认为，目前我国城市配送市场总体规模约 1.36 万亿元。参见《城配的行业现状与未来发展趋势》，载运联研究院《2021 中国城配行业发展蓝皮书》，第 30 页。

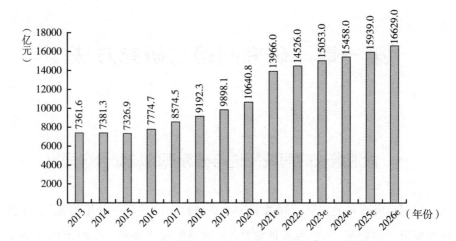

图 1-1　2013~2026 年我国同城货运市场规模及增长预测

资料来源:《货拉拉、快狗、满帮、滴滴,加一起也难解黑洞?_ 风闻》,https: // user. guancha. cn/main/content? id=501406&s=fwzwyzzwzbt,最后访问日期: 2022 年 11 月 9 日。

同城配送的快速增长主要有以下三方面原因。第一,城市经济的发展引致生产物资频繁、快速地流转。第二,城市人口数量的增长和消费能力的提升使人们对生活物资的配送需求得到加强。从 2012 年至今,我国消费者信心指数虽然时有波动,但是总体呈上升趋势,尤其是城市消费者贡献了 60%以上的 GDP 增长。① 第三,随着信息技术和电子商务的发展,居民越来越习惯于甚至依赖线上购物,这为同城配送提供了广阔的市场。2020 年,全国电子商务交易额达到 37. 21 万亿元,同比增长 4.5%;全国网上零售额达到 11. 76 万亿元,同比增长 10.9%;网络购物用户规模达到 7. 82 亿人。②

在物流业实业界和学界,同城配送的蓬勃发展引发了较多关于城配商业模式、信息化管理、线路优化等方面的探讨。在经济学、社会学、法学等人文社科领域,外卖骑手、快递员等同城配送最末端的劳动者群体成为学者们

---

① 《麦肯锡 | 2020 中国消费者调查报告_ 城市》,https: //www. sohu. com/a/442224702_ 669129,最后访问日期: 2022 年 10 月 29 日。

② 商务部电子商务和信息化司:《中国电子商务报告 (2020)》,http: //images. mofcom. gov. cn/dzsws/202110/20211022182630164. pdf,最后访问日期: 2022 年 12 月 3 日。

关注的对象，而同城配送的另一个重要劳动者群体——城配卡车司机则并未得到社会的充分关注。将城配卡车司机的工作和生存状态揭示出来，呈现其困境和需求，因而成为本篇的核心任务。

或许有人要问，《中国卡车司机调查报告 No.1》已经对卡车司机的基本社会人口学特征、劳动过程和需求等进行了呈现，专门展开对城配卡车司机的调查有何意义？我们认为，对城配卡车司机的调查至少有以下三方面的价值。其一，城配卡车司机的劳动有其特殊性，这种特殊性在《中国卡车司机调查报告 No.1》中并未得到充分的呈现。相对于长途运输卡车司机，城配卡车司机的工作似乎更为轻松，他们不用长时间奔波在路上，不用吃住在车上，而是每天都可以回家。但事实上，由于城区严格的交通管理，他们在通行中受到更多的规制，他们在等货、搬运、装卸等方面也往往比长途运输司机面临更大的困境。其二，如今，距离课题组对卡车司机群体的首次调查已经过去了整整 5 年。这 5 年间，社会经济条件发生了诸多变化，尤其是新冠肺炎疫情对货运市场和卡车司机产生了深刻的影响。本篇希望以城配卡车司机为窗口，一窥过往 5 年间卡车司机群体因环境变化而出现的新情况和面临的新问题。其三，对城配卡车司机的调查有助于我们进一步认识互联网物流平台对货运业和卡车司机的影响。在《中国卡车司机调查报告 No.3》中，我们曾论及互联网物流平台对物流商和卡车司机的影响，但当时我们关注的是以城际运输为主要业务的平台，而对城配卡车司机的研究则让我们的视线聚焦另一类物流平台：同城货运平台。近年来，同城货运平台经历了快速扩张，资本大量涌入，用户数量和市场交易规模巨大。同城货运平台与城际运输平台虽有相似之处，但差异也很明显。揭示同城货运平台的运作过程及其与城配卡车司机之间的关系，将有助于我们深化对平台经济以及平台劳动的认识。

二　研究对象与研究方法

本篇的研究对象为从事同城配送的卡车司机。如前所述，同城配送的概念内涵和外延并不统一。本篇采用最广义的定义，即同城配送包括一个城市之内的各种货物运输服务。从运输的货物类型和运营方式来看，同城配送涵括传统物流、快递、快运三种类型①。从发货人和收货人的角度来看，同城配送包括 B2B（商对商）、B2C（商对客）、C2C（客对客）等各种形式。因此，本篇的研究对象，既包括运送小件包裹的快递司机，也包括传统意义上运输较大体积和重量货物的卡车司机；既包括为企业运输原材料和生产工具的卡车司机，也包括面向消费者提供商品配送、搬家等生活服务的卡车司机；既包括拥有车辆所有权、自己寻找货源和提供运输服务的自雇型卡车司机，也包括受雇于快递公司、运输公司等各类企业的卡车司机。他们驾驶的车辆各不相同，有总质量大于 14 吨的重型卡车，也有体积小、吨位小的轻型卡车和微型卡车。

本篇的资料收集方法主要有两种。第一，问卷调查。笔者围绕城配卡车司机的基本状况和工作状况设计了调查问卷。问卷主要通过两个渠道发放：传化·安心驿站和物流/运输企业。通过传化·安心驿站获得问卷 228 份，通过 B 市的两家物流/运输企业获得问卷 106 份，共计 334 份。传化·安心驿站的卡车司机以长途运输为主，从事同城配送的较少，因此相对于课题组之前面向卡车司机的问卷调查，此次调查回收的问卷数量要少很多。这或许可从一个侧面反映出城配卡车司机对组织化的需求不如长途运输卡车司机强烈。通过传化·安心驿站获得问卷较少的另一个原因在于问卷的问题设计使符合要求的调查对象范围受到压缩。一些目前主要从事长途运输的卡车司机曾有从事城市配送的经历，也有一些卡车司机（主要是自雇司机）目前城

---

① 物流是最早对货物运输、物品寄送活动的统称。大多数物流不送货到门，货物只能到达当地配货站或者自提点。快递面向的货物只是小型包裹，对货物体积和重量有严格的限制。快递公司在全国主要城市和交通枢纽兴建分拨中心，城市中设立加盟或自营网点。包裹在分拨中心集中，然后通过外包或者自有车辆运输到各个网点，最后再由快递员派送。快运是新兴的物流形式，介于传统物流和快递之间，运送的货物类型与物流相近，小到几公斤、大到几百公斤甚至上吨的货物都可运输，但是运营模式与快递相近，即提供送货到门服务，建立网点和分拨中心，货物在各分拨中心和网点之间流转。

配和长途运输两者兼营①。为了使问卷的问题更清晰、更有针对性，问卷排除了上述两类卡车司机，而将调查对象限定在 2022 年主要从事同城配送的卡车司机上。

B 市为特大城市，同城配送极具规模。我们发放调查问卷的两家企业都属于规模较大的民营企业。S 公司为一家快递企业，在 B 市的配送业务由 950 位卡车司机完成，所有司机均与企业缔结了雇佣关系。J 公司为一家集仓储、物流于一体的大型企业。除了家用电器等日用品运输外，J 公司还负责向 B 市的大型商超配送生鲜食品。J 公司目前有 500 多位雇佣司机。由于各企业内部的卡车司机在工作方式上的异质性程度不高，为了缩小样本的偏差，我们对两家企业的样本进行了限定，最后从 S 公司回收问卷 54 份，从 J 公司回收问卷 52 份。由于样本数量较小，加之他雇司机的样本集中在同一城市的两家企业，样本的代表性不足，不能依据样本的情况推论总体的情况，但是基于 334 份问卷调查数据，我们仍然可以对城配卡车司机的人口学特征、工作、健康、诉求等方面的情况进行概括。

第二，访谈。围绕研究问题，我们共访谈了 21 位城配卡车司机、8 位企业管理者、1 位政府管理部门负责人，整理访谈文字稿约 35 万字。城配卡车司机的工作状况因城市规模、生产体制、工作场景的不同而呈现较大差别，因此我们在访谈对象的选取上考虑了上述多种因素，力求保证访谈对象的多样性。访谈的卡车司机包括自雇城配卡车司机和他雇城配卡车司机两类，主要分布在山东省的 W 市、四川省的 C 市和直辖市 B（三者分别属于三线城市、一线城市和特大城市），从事的运输类型包括冷链运输、普货运输、快递运输等。由于疫情防控、出行受限，绝大

---

① 在本篇中，我们将城市配送和长途运输作为不同的两类加以比较。其实严格说来，与城市配送相对的是城际运输，前者为一个城市内部的运输活动，后者为城市与城市之间的运输活动。我们之所以将同城配送与长途运输而不是城际运输作比较，是因为城际运输在卡车司机圈内并非习惯叫法，卡车司机较多地将同城配送和城际运输分别等同于短途运输和长途运输，而且通常情况下，城际运输的运输距离较长。

多数访谈采用了电话访谈的形式。与面对面的访谈相比，电话访谈在建立信任关系上略显困难，而且无法捕捉实地场景和非语言信息，对话题的控制更为不易，访谈的质量更多地受到被访者自身特质的限制。但是电话访谈效率较高，访谈内容也更容易集中。

第二章　城配卡车司机概况

一　城配卡车司机的基本人口学特征

（一）性别与年龄

如图 1-2 所示，在 334 个样本中，95.8% 的城配卡车司机为男性，4.2% 的城配卡车司机为女性。这与《中国卡车司机调查报告 No.1》中卡车司机的性别分布基本一致。访谈中我们发现，因为城市配送运输相对于长途运输更便于照顾家庭，所以一些女性如果打算投身货运行业，就会优先选择从事城市配送工作。但是访谈的一些企业负责人表示，在他们所在的企业中，因为卡车司机需要在晚上工作，且往往要参与装卸和搬运，所以女性司机极少。这或许可以解释为何城市配送卡车司机中女性占比仍然不高。

图 1-3 显示了城配卡车司机的年龄分布。与《中国卡车司机调查报告 No.1》中城配卡车司机的年龄分布相比，本次调查的城配卡车司机年龄明显偏大。2017 年的调查数据显示，占比最高的两个年龄区间分别是"36~40 岁"（26.6%）和"31~35 岁"（25.5%），"46~50 岁"的样本仅占 6.6%，"51~55 岁"的样本仅占 2.1[①]。但是本次调查的城配卡车司机，占比较高的两个区间分别是"41~45 岁"（24.3%）和"46~50 岁"（22.8%），"51~55 岁"的样本占 11.4%。

两次调查卡车司机年龄分布的差异，可能有两种解释：第一，近年来，年轻人进入货运行业的较少，因此卡车司机总体上年龄偏大；第二，年龄大的卡车司机从事城市配送的比例相对于从事长途运输的比例要高。城市配送

---

① 参见《中国卡车司机调查报告 No.1》，社会科学文献出版社，2018。

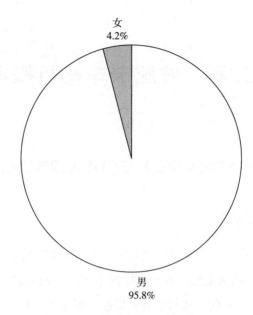

图 1-2　城配卡车司机的性别分布

资料来源：2022 年中国卡车司机调查。

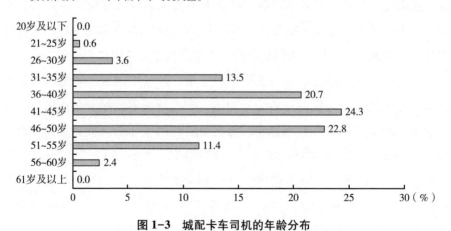

图 1-3　城配卡车司机的年龄分布

资料来源：2022 年中国卡车司机调查。

因为路程短，驾驶风险要低一些，所以年龄大的卡车司机可能会选择从事城市配送。笔者访谈的一些卡车司机表示自己之所以选择在家附近"倒短儿"，一个重要的原因是"年龄大了，跑不动了"。一些城配企业管理者则表示，因为招聘司机不易，企业雇用的司机即使年龄较大，但是如果其自己有继续驾驶的意愿，身体健康许可，企业通常也不会将其辞退。

（二）户籍与婚姻状况

样本城配卡车司机的户籍与婚姻状况的分布与课题组过往的调查数据一致。从婚姻状况来看，已婚者占比高达89.2%，目前处在离婚状态的样本占5.7%，未婚的样本占4.8%（见图1-4）。从户籍类型来看，77.8%的样本的户籍类型为农村户籍，22.2%的样本拥有城市户籍（见图1-5）。这表明，与卡车司机的整体情况一样，从事城市配送工作的卡车司机是一个以已婚人士和农村户籍人口为主的群体。

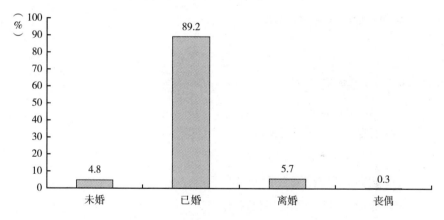

图1-4　城配卡车司机的婚姻状况

资料来源：2022年中国卡车司机调查。

二　入行时间及从事城配的原因

（一）进入货运行业的年限

图1-6显示了城配卡车司机进入货运行业的年限分布。随着年限的增

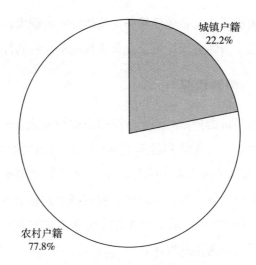

图 1-5 城配卡车司机的户籍分布

资料来源：2022 年中国卡车司机调查。

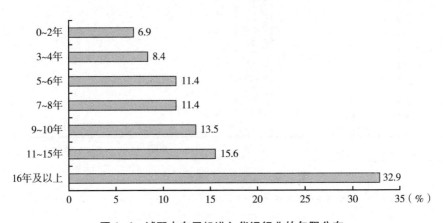

图 1-6 城配卡车司机进入货运行业的年限分布

资料来源：2022 年中国卡车司机调查。

长，样本占比依次提高。从业年限在 11 年及以上的高达 48.5%，将近一半；从业年限在 5 年及以上的占 84.8%。

这些数据表明，卡车司机的职业具有较强的"黏性"。一旦进入货运行业，他们便不大会转行，除了少数卡车司机会从驾驶卡车转向从事信息中介或者创办物流公司，绝大多数卡车司机都会持续从事其作为司机的工作。他们可能会在自雇和他雇两种身份间转化，驾驶的车辆类型一般也会改变，但是他们最终不会离开驾驶卡车这一行当。究其原因，一方面是因为驾驶卡车收入相对较高，另一方面，按照卡车司机自己的说法，开车时间长了，就只会开车，不会干其他工作了。所谓不会干其他工作了，大抵是指两种情况：一是有一定技术含量的工作做不了，二是没什么技术含量，但是受到较多束缚的工作也做不了。因为无论是自己养车还是给企业开车，驾驶卡车相对于在工厂做工要自由许多。

（二）从事城市配送的原因

由于一些卡车司机在从事城市配送和长途运输之间切换，或者两类运输兼顾，我们在问卷调查中没有询问样本从事城市配送的年限。从访谈中得知，不少卡车司机长年从事城市配送，也有的刚刚从长途运输转向城市配送。

本次调查的样本全部为 2022 年以来主要从事城市配送的卡车司机，他们选择从事城市配送的原因如图 1-7 所示。60.2% 的样本声称选择从事城市配送是"为了照顾家庭"，占比最高；38.0% 的样本声称是因为"现在长途不好干"；27.5% 的样本选择了"身体原因，跑不了长途"；26.0% 的样本选择了"城配入行门槛低"；22.2% 的样本选择了"城配这块儿有资源"。

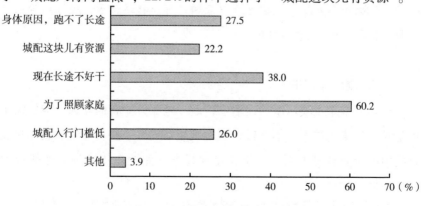

图 1-7 卡车司机从事城市配送的原因

资料来源：2022 年中国卡车司机调查。

1. 照顾家庭

与长途运输不同，同城配送运输距离短，所以一般情况下，城配卡车司机每天都可以回家，一些卡车司机为了照顾家庭便选择了城配。男性卡车司机选择城配主要是为了照顾年迈多病的父母，女性卡车司机选择城配则主要是为了照顾未成年的孩子。

郭师傅和张师傅都是四川省 C 市的女性卡车司机。郭师傅说自己之所以跑城配，是因为一开始考的是 C2 驾照，只能开 4.2 米以下的小货车，只能跑短途。后来没有增驾跑长途，一个重要的考虑便是照顾家庭。

> 跑城配的话，离家近，天天都可以回家，老人小孩都在家，跑远了不是那么放心。(CD-GRL，卡车司机)①

张师傅今年 40 岁，孩子 10 岁。她目前驾驶的是 3.8 米的微型卡车。她本来在一家公司做文职工作，在工作过程中接触了一些客户，所以就买了小货车开始跑运输。她如此解释自己跑城配的原因。

> 开大车付出的时间、精力都会很多。我家里面有个小孩，早上要送，下午要去接，精力有限，没有时间去跑……大车的货多，上下货又慢，照顾不到家里。我这个可以兼顾，可以接送孩子，还可以挣点生活费。(CD-ZRH，卡车司机)

2. 长途运输"不好干"

一些司机本来主要从事长途运输，近一两年开始转向短途。他们给出的理由是长途越来越难干、不挣钱，短途则相对要好一些。导致长途比短途更难跑的原因主要有三方面。一是长途油耗高，而近几年油价上涨的幅度很

---

① 按照学术惯例，本篇所有被访者在文中出现时均以"所在城市名首字母-姓名首字母"的方式进行匿名化处理。名未知的被访者以姓的全拼表示，如果同一城市有多位同姓但名未知的被访者，则姓的全拼后加数字依次标示。

大。2020 年 12 月，柴油价格每吨为 5281.3 元，之后价格一路飙升，到 2022 年 6 月，柴油价格每吨达到 8850.7 元。有行业观察者测算，在柴油价格"9 元时代"，一台 6 轴卡车一年在油费上的花销，要比 2020 年 3 月油价低点时多出 21 万元①。与油价的飞速上涨相伴的是运费的不变乃至下降。在这种情况下，跑得越远，往往亏损越多。这是引致一些长途司机从长途转向"倒短儿"的一个重要原因。

武师傅比较了跑长途的大车和自己驾驶的 6.8 米的中型货车在油耗上的差别。

> 以前油（价）两块来钱、三块来钱，现在到七八块钱了。我们这种车（指 6.8 米的车）一个月要多一两千的油钱，大车不行，油钱会增加很多。我们毕竟跑得少，一个月就跑几千公里。（WF-WGW，卡车司机）

陈师傅指出，跑长途即便去程赚钱，返程也一般都会亏钱，主要就是因为油价太高。

> 跑城配不亏，活儿如果不好了咱们不去，不赔油钱。跑长途的，你跑出去了也许赚点钱，回来你就得亏钱。亏钱你也得跑。你不跑，你待在那里，就算不住店，你总得要吃饭吧，吃饭这些都得花钱。现在油价太高了，真的，这两年，都是八块多的油价。刚开始那时候三块多。（DX-CSW，卡车司机）

二是随着货运平台对城际运输的介入，长途运输的运价被压得很低，而很多从事长途运输的卡车司机，对平台的依赖性又比较大，即尽管平台上货源运价低，也不得不用平台。相比之下，在一些中小城市，平台尚未

---

① 《柴油价格"9 元时代"下的货运司机：不敢跑长途，有人月收入减少 4 成》，https://baijiahao. baidu.com/s?id=1736154296130519399，最后访问日期：2022 年 11 月 15 日。

全面进军同城配送市场，同城配送的运价尚未受到平台的冲击。不仅如此，同城配送对返程配货的需求不如长途运输强烈，所以即使平台进入了同城配送市场，卡车司机如果有相对稳定的货源，那么也并不十分需要使用平台来进行返程配货。

甘肃的陈师傅，2007年入行，跑了13年长途货运之后，从2021年开始转为同城配送。跑长途时，他没有固定线路，属于全国各地"满天飞"的类型。据他介绍，相比于之前的小黑板配货，平台"压价太狠"，有时候跑一趟不仅不挣钱，还要赔钱。他所在的县城，平台尚未介入同城配送领域，所以虽然运价相对较低，但是可以接受。加之父母年迈，需要照顾，他就转为"倒短儿"了。

三是疫情封控使长途运输受限更多。新冠肺炎疫情对卡车司机的影响很大，长途运输卡车司机尤甚。长途运输往往会跨越多个城市，各地防疫政策不同，导致长途运输卡车司机常常要频繁地进行核酸检测。因为所涉区域广泛，长途运输卡车司机比城配卡车司机卷入疫情的风险更大，一旦因为密接、次密接、时空交集或者感染而被隔离，则不仅无法跑运输，而且可能长期滞留在外[①]。为了减少由疫情带来的不便和不确定性，一些长途卡车司机便选择了短途运输。

> 这几年因为疫情，跑长途的，不仅在运价上跟以前不一样，而且核酸检测、各种管制相比于我们城配要严格得多。他们那些跑长途的，每天都在做核酸，一天你经过了几个省就要做几次核酸。我记得2021年过年的时候有个车到我们这边来送货，那段时间正是徐州和上海疫情比较严重的时候。这个车是上海牌照，司机是江苏人，刚好他送货的厂是个大厂，人家死活不让他进，有核酸都不行。后来还是在我们这里找了

---

① 课题组于2022年3月对卡车司机的调研显示，由于跨越的省市很多，不同地方的核酸检测存在互不承认的情况，加上核酸检测结果迟滞，卡车司机往往要频繁地进行核酸检测。因为疫情管控，很多卡车司机不得不经常滞留在路上，有的卡车司机甚至一次滞留天数达7天以上，吃饭、洗澡、如厕等均遭遇较大的困难。

个师傅把车开进去把货卸了。(CD-GRL,卡车司机)

3. 身体原因

一些卡车司机因为身体原因从长途运输转向"倒短儿"。长途运输卡车司机单次驾驶时间长,为了赶时间常常需要熬夜驾驶,所以上了年纪的卡车司机往往会因为体力和精力不济而从长途运输转向"倒短儿"。有的卡车司机则是因为身体患有某些疾病,无法久坐或者无法承受长途奔波的劳累而选择了城市配送。

李师傅 2001 年从某国有企业下岗,之后购买了一辆小单排货车跑运输。跑了几年后,他的货车换成了半挂车,主要业务是从内蒙古的某矿场向其他省份运送煤炭。一次装货时他从车上摔下来,脚后跟粉碎性骨折,打了钢板。这以后他便无法再开大车跑长途了。开了几年出租车之后,因为挣钱太少,他便买了一辆 6.8 米的货车在市内"倒短儿"。(WF-Li,卡车司机)

4. 城配入行门槛低

相对于长途运输,城市配送入行要容易一些。首先,由于运输距离较短,卡车司机购买轻型和微型卡车即可从事城市配送。轻型和微型卡车不仅购买价格较低,而且持 C 照即可上岗①。此外,自 2019 年 1 月 1 日起,国家正式取消了对 4.5 吨及以下普通货运车辆的道路运输资格证的要求,4.5 吨及以下普通货运车辆不需要挂靠即可运营②。这进一步降低了城市配送的入行门槛。

其次,与长途运输相比,城市配送因为涉及的地域范围较小,且属于同一行政区划,面临的不确定性更小。尤其是在居住地附近"倒短儿",卡车

---

① 问卷调查数据显示,22.3%的城配卡车司机所持驾照为 C 照。

② 卡车挂靠,一般是指"挂靠者"(个体车主)将车辆注册登记在具备营运资质的挂靠公司名下,以该公司的名义从事营运活动,并向挂靠公司支付一定费用的行为。根据《中华人民共和国道路运输条例》,从事道路货物运输的主体需持有道路运输经营许可证。个体车主一般很难获得道路运输经营许可证,为了合法运营,便不得不选择将车辆挂靠到有运输资质的企业名下。参见《中国卡车司机调查报告 No.4》,社会科学文献出版社,2021。

司机对路况、交警等都比较熟悉，因此更容易上手。长途运输则不同，不同地区的行车文化和规章制度不同，因为运输距离远，所以途中的突发情况更多，互动的主体更多、关系更复杂，这些都意味着新手不能贸然上路，而只能或者请人带着跑一段时间，或者先跑一段时间短途再从事长途运输。2007年进入货运行业的陈师傅便是这种情况，入行时虽然跑大车更赚钱，但是因为没有人带，他不敢跑长途，就买了小货车"倒短儿"，积攒了一些经验之后，才开始换大车跑长途。

在 W 市从事城配的张师傅认为，与长途运输不同，在本地开车不至于被本地人为难，所以要更舒坦些。

> 短途的话，都是本地人、本地车，你难为本地人难为不着。跑长途不确定的因素太多了，路上堵车了，货主一个劲儿打电话催，你跟他解释，他不信，他说人家能到，你怎么到不了？卸完货要钱的时候好老板会给你，那种脾气差一点的，各种挑你毛病、扣钱。欺生，欺负外地人嘛。那次我跟我朋友开他的车去外地，没地方停车，我们就找了一个空场地停了，停了以后不下三拨人过来问我们要停车费。都是当地的村民，说地是他的，停这儿要交钱，钱给他他走了，又来一个，说这地是我的，底下有水果你给我压坏了……所以还是在本地干活舒坦点，人熟好办事。（WF-Zhang，卡车司机）

5. 在城配领域有资源

卡车司机从事哪种类型的货物运输，通常取决于其拥有的资源禀赋，尤其是能够通过关系网络获得的社会资本。很多卡车司机之所以选择从事城配，就是因为其拥有的关系网将之锁定在同城配送上。对于他们来说，从事城配或者"有人带"，或者有稳定的货源，或者两者兼有。前文中提到的郭师傅之所以一开始就做城配，除了 C 本限制、照顾家庭之外，一个更重要的原因是她的父亲、哥哥和姐夫都从事城市配送。对于她来说，从事城配无论是在获取货源还是在熟悉路况、处理关系等各个方面，都具有先天之利。

刘师傅本来在一家工厂从事电焊工作，2019年开始跑城配。他之所以进入城配领域，主要是因为他的姐夫能够为他提供货源。

> 2019年的时候俺姐夫看着有一个4米2（4.2米）的车要卖，就让我去接过来，他给我找活。在家"倒短儿"嘛，他手上有一些活儿。所以我就接过来一直干。（WF-Liu，卡车司机）

三　车辆状况

（一）车厢长度与车厢结构

城配卡车司机驾驶的货车车厢长度集中在4.2米、6.8米和13.0米。4.2米的占比最高，为38.6%；其次为13.0米，占26.3%；再次为6.8米，占12.6%（见图1-8）。

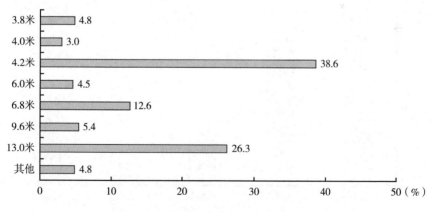

图1-8　城配卡车司机驾驶卡车的车厢长度

资料来源：2022年中国卡车司机调查。

一般来说，车厢越长，可承载货物的质量和体积就越大，运价也会越高。但是城市配送的货车因为在城区行驶，受到交通管理规章的限制以及路况的限制，车厢如果过长，车辆就会通行不便。4.2米的货车之所以成为城市配送的主要车型，是因为：其一，车厢长度相对较短，在停车、倒车等方面都比较便利，大多数城市对4.2米货车的通行限制也较少；其二，相较于3.5米、3.8米的微型货车，4.2米的货车可容纳长度更长、体积更大的货物，载质量也更大。

26.3%的样本声称自己驾驶的货车车厢长度为13.0米，占比仅次于4.2米的货车。按照常理来说，13.0米的货车应以长途运输为主，为何此处显示其为城市配送的主要车型？一个可能的解释是因为长途运输"不好干"，很多跑长途运输的卡车司机转向了城市配送。

从车厢结构来看，城配卡车司机驾驶的货车为厢式货车的占比最高，达到41.3%，高栏车占35.9%，平板车占11.7%（见图1-9）。将自雇城配卡车司机与他雇城配卡车司机分开统计后发现，自雇城配卡车司机驾驶的卡车以高栏车居多（54.4%），厢式货车次之（24.6%）；他雇城配卡车司机驾驶的卡车则以厢式货车居多（64.7%）（见表1-1）。

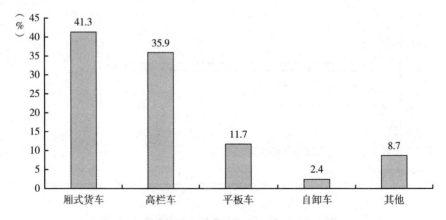

图1-9 城配卡车司机驾驶卡车的车厢结构分布

资料来源：2022年中国卡车司机调查。

表 1-1 雇佣类型与驾驶卡车车型交叉分析

单位：%

雇佣类型	卡车车型（根据车厢结构）					合计
	厢式货车	高栏车	平板车	自卸车	其他	
自雇城配卡车司机	24.6	54.4	16.4	1.5	3.1	100.0
他雇城配卡车司机	64.7	10.1	5.0	3.6	16.5	100.0

资料来源：2022 年中国卡车司机调查。

厢式货车因为厢体封闭，能够较好地保障货物的安全。但是装卸时很难使用叉车等工具，因而主要依靠人工装卸。在厢体等长的情况下，高栏车比平板车能够装运更多的货物，货物安全性也更有保障。平板车则比高栏车和厢式货车更容易装卸。同样品牌的三类车辆，平板车的购买价格最低，其次为高栏车，厢式货车的购买价格最高。物流企业出于安全性的考虑，运输货物的车辆以厢式货车居多。自雇城配卡车司机往往会综合考虑车辆的价格、运输货物类型等因素来决定购买哪类车辆。

> 高栏车有好处，也有坏处。掉不了货，安全，但是装卸货比较累，要开栏。装点泡货盖上棚，又有一点厢货的优势。厢货局限性太大了，卸车不方便。（WF-Dong，卡车司机）

（二）车辆能源类型与车辆排放标准

91% 的城配卡车司机称自己所驾驶的货车为柴油车，9% 的城配卡车司机称自己所驾驶的货车为新能源车（见图 1-10）。可见，从车辆能源类型来看，总体而言，燃油车仍然占据了公路货运市场车辆的主体地位。

在一线城市和特大城市，在相关部门的推动下，电动货车已经逐步取代燃油车成为城市配送的主力军。一些物流公司和快递公司，出于获得通行证[①]、补

[①] 在一些特大城市，交通管理部门声称如果物流企业以电车替换油车，则可以帮助企业办理通行证。但是实际上企业因此能够获得的通行证数量有限。

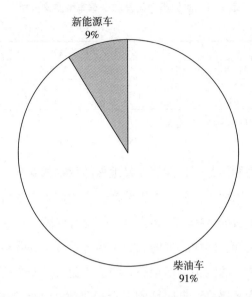

新能源车
9%

柴油车
91%

图 1-10　城配卡车司机驾驶车辆的能源类型分布

资料来源：2022 年中国卡车司机调查。

贴以及其他因素的考量，积极响应政府部门发出的油车换电车的号召，但是个体城配卡车司机在将油车替换为电车的事情上比较迟疑。例如，在 C 市，虽然电动货车比燃油车通行受限更少，但是很多个体城配司机并没有将手头的燃油车换成电动货车。究其原因，一是所驾驶的燃油车仍然可用。换车是一笔较大的支出，近几年运价低迷使他们较难进行新的投资。二是如果要拉较重的货物，燃油车比电动货车更有优势，电动车可能"跑着跑着就没电了"，而且充电比较麻烦。三是虽然购买电动货车有政策补贴，但是补贴的力度并不大，算下来还是购买燃油车更划算。据郭师傅介绍，她目前驾驶的 4.2 米高栏货车，同样的品牌，如果是新能源，购价接近 20 万元，但是燃油车只需要 14 万元。（CD-GRL，卡车司机）

从燃油车的排放标准来看，排放标准为国 V 的车辆最多，占 57.9%；其次为国 VI，占 25.5%；国 IV 占 10.9%；国 III 仅占 5.6%（见图 1-11）。这与 2017 年课题组的调查数据有很大不同。那时，国 III 车辆占比最高（39.0%），其次为国 IV（34.8%），然后为国 V（20.9%）[1]。两次数据存在差异，一方面是因为城市配送相对于城际运输对车辆排放标准要求更高，另一方面则是因为，近年来环境保护部门不断推动燃油货车排放标准的升级。

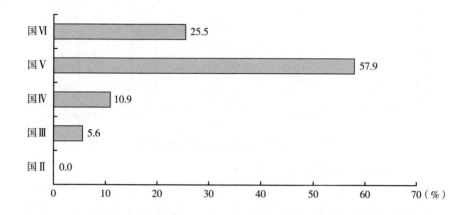

图 1-11　城配卡车司机驾驶车辆的排放标准

资料来源：2022 年中国卡车司机调查。

四　工作状况

（一）工作时间

图 1-12 显示了城配卡车司机每日工作时间。每日工作时间越长，占比越高。每日工作时间在"6 小时及以下"的样本占 11.7%，"7~8 小时"的占 19.5%，"9~10 小时"的占 24.0%，"11 小时及以上"的占比高达 44.9%。由于运输距离短，城配卡车司机在路上的时间并不长，但是他们等待装卸货的时间比较长。

---

① 参见《中国卡车司机调查报告 No.1》，社会科学文献出版社，2018。

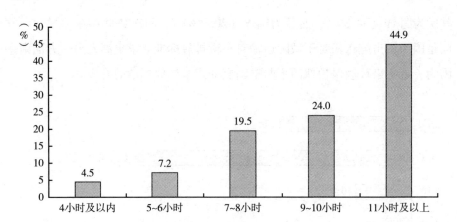

图1-12 城配卡车司机每日工作时间

资料来源：2022年中国卡车司机调查。

城配卡车司机的工作并非如人们通常所认为的那样集中在白天。数据显示，高达80.8%的样本声称自己需要在晚上工作（见图1-13）。

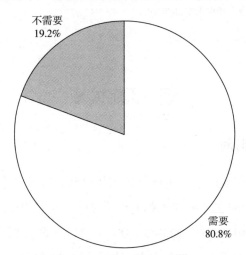

图1-13 城配卡车司机是否需要在晚上工作

资料来源：2022年中国卡车司机调查。

至于需要在晚上工作的原因，63.7%的人选择了"装卸货在晚上"，46.7%的人选择了"晚上不限行"，42.6%的人选择了"避免堵车"，26.7%的人选择了"躲交警"（见图 1-14）。这表明，城配卡车司机在晚上工作主要出于两方面的原因：装卸货的时间安排和通行需要。前者比后者更为突出。

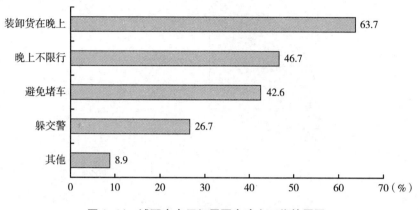

图 1-14 城配卡车司机需要在晚上工作的原因

资料来源：2022 年中国卡车司机调查。

X 公司是 B 市一家以冷链运输为主的物流企业。据企业的一位管理者介绍，因为食品的生产时间和售卖时间的要求，企业的卡车司机一般凌晨两点开始工作，早晨六七点之前将送往商超和早市的货物全部送完。

> 商超七点开门，早市还要更早，在开门之前东西必须送到。零点以后生产的奶都是零点以后才打码的，打完码以后凌晨一点到两点送到配送中心，配送中心再分拣，基本上三点到四点之间就发车了。司机是两点开始上班，他要点货，点完货要搬运、装车，然后一家一家地送。下午或者晚上他再跑一趟餐饮的活儿。（BJ-Ji，企业管理者）

（二）工作内容

除了驾驶卡车之外，城配卡车司机往往还会参与装卸和搬运。数据显示，70.7% 的样本声称自己要参与装卸货（见图 1-15）。关于参与装卸货的原因，64.1% 的样本选择了"货主/公司要求"，40.2% 的人选择了"赶时间"，37.2% 的人选择了"维护与客户的关系"，17.9% 的人选择了"装卸货有收入"（见图 1-16）。本篇第三章将对此进行详述。

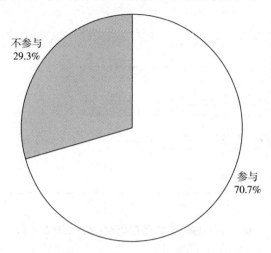

图 1-15　城配卡车司机是否参与装卸货

资料来源：2022 年中国卡车司机调查。

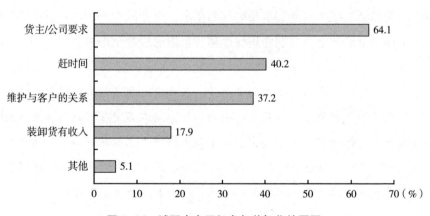

图 1-16　城配卡车司机参与装卸货的原因

资料来源：2022 年中国卡车司机调查。

（三）劳动强度

城配卡车司机的劳动强度分化较大。访谈中我们发现，那些只是为了赚钱补贴家用的城配卡车司机会少接活儿，年龄较大、儿女也都已经开始工作的城配卡车司机通常不会在工作上"太拼"。但是在大多数情况下，与长途运输的卡车司机一样，城配卡车司机也是家里的顶梁柱，他们开卡车的收入往往维系着一家人的生计，所以他们会尽可能地多拉快跑。

从上述卡车司机的工作时间和工作内容我们可以看到，城配卡车司机的工作并不轻松，尤其是对于那些必须在夜间工作的城配卡车司机来说，他们挣的是不折不扣的"辛苦钱"。

董师傅为某电商平台配送家用电器。虽然收入较高，但是因为大部分工作时间集中在晚上，白天休息的时间也较短，所以颇为劳累。他通常晚上九点到仓库装车，一直到次日凌晨一点前后才能装完。因为装货的地方离家较远，他就选择在车上睡一会儿，等到凌晨四点半左右出车。卸货之后，他会再找一个回程的活儿，之后再去该电商平台的仓库装货，如此周而复始。

> 这个平台上卖的家电是次日达，就是昨天晚上九点下的单，今天晚上九点之前送到，所以我九点才能去装货。货量少的话，装得快，装完是在十一点到十二点之间，一般情况下装完是在（次日）凌晨一点前后。早上四点半左右开始走。到那里卸完货，就开始找回活儿。回活儿基本上是上午装完，中午往回走，下午卸了，晚上再去仓库装家电。反正挺累，一般人受不了。（WF-Dong，卡车司机）

五 收入状况

（一）月平均收入水平

表1-2显示了城配卡车司机2022年的月平均收入水平。随着收入水平的上升，样本占比逐渐下降，这表明城配卡车司机的月平均收入向低收入区

间集中。月平均收入在"6000 元及以内"的占比最高，为 43.7%，"6001~8000 元"的占比为 30.8%，"8001~10000 元"的占比为 16.2%，10000 元以上的占比为 9.3%。

表 1-2　城配卡车司机月平均收入水平（2022 年）

单位：人，%

月平均收入	频数	百分比
6000 元及以内	146	43.7
6001~8000 元	103	30.8
8001~10000 元	54	16.2
10001~12000 元	16	4.8
12001 元及以上	15	4.5
合　计	334	100.0

资料来源：2022 年中国卡车司机调查。

自雇城配卡车司机与他雇城配卡车司机的月平均收入略有差别。自雇城配卡车司机月平均收入在"6000 元及以内"的占比最高，为 48.2%；他雇城配卡车司机月平均收入在"6001~8000 元"的占比最高，为 43.2%。自雇城配卡车司机月平均收入在 10000 元以上的占比略高于他雇城配卡车司机，即自雇城配卡车司机的月平均收入在高低两端的占比比他雇城配卡车司机更高（见表 1-3）。

表 1-3　城配卡车司机雇佣体制与月平均收入交叉分析

单位：%

雇佣体制	月平均收入					合计
	6000 元及以内	6001~8000 元	8001~10000 元	10001~12000 元	12001 元及以上	
自雇城配卡车司机	48.2	22.1	19.0	5.1	5.6	100.0
他雇城配卡车司机	37.4	43.2	12.2	4.3	2.9	100.0

资料来源：2022 年中国卡车司机调查。

（二）收入变动

与 2021 年的收入状况相比，72% 的城配卡车司机认为 2022 年的收入"减少了"，22% 的认为收入"基本持平"，6% 的认为收入"上涨了"（见图1-17）。

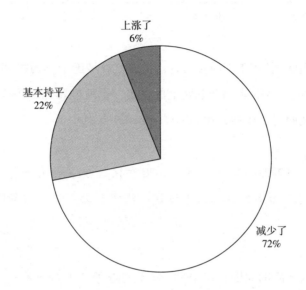

图 1-17 城配卡车司机的收入变动情况

资料来源：2022 年中国卡车司机调查。

从表 1-4 可见，自雇城配卡车司机和他雇城配卡车司机收入变动的情况有所不同。高达 89.2% 的自雇城配卡车司机认为 2022 年的收入相对于 2021 年"减少了"，他雇城配卡车司机中，这一比例为 48.2%。10.8% 的自雇城配卡车司机认为 2022 年的收入与 2021 年"基本持平"，他雇城配卡车司机中，这一比例为 38.1%。自雇城配卡车司机中没有人声称 2022 年的收入相对于 2021 年"上涨了"，但是他雇城配卡车司机中这一比例达到 13.7%。这表明自雇城配卡车司机比他雇城配卡车司机承担了更大的市场风险。

表1-4　雇佣体制与收入变动交叉分析

单位：%

雇佣体制	收入变动			合计
	减少了	基本持平	上涨了	
自雇城配卡车司机	89.2	10.8	0.0	100.0
他雇城配卡车司机	48.2	38.1	13.7	100.0

资料来源：2022年中国卡车司机调查。

访谈中当问到2022年的收入时，很多自雇城配卡车司机都感慨"没法说"，每个月的收入除去油费和路上的支出，也就能剩几千块钱左右，最低的时候甚至就两三千块钱，比2020年和2021年都要低。

去年（2021年）和前年（2020年），一般每个月都得一万多块钱。现在都是几千块钱，四五千块钱。就挣个工资吧。（WF-Wang，卡车司机）

至于收入下降的原因，90.0%的样本勾选了"平台压价"，80.5%的人勾选了"活少了"，61.8%的人勾选了"油价上涨"（见图1-18）。

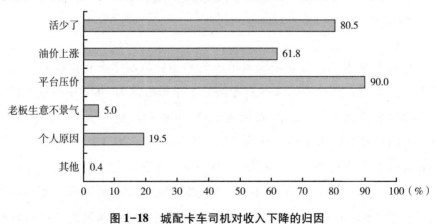

图1-18　城配卡车司机对收入下降的归因

资料来源：2022年中国卡车司机调查。

（三）收入满意度

当被问及对当前的收入水平是否满意时，42.8%的人选择了"一般"，占比最高；28.7%的人选择了"非常不满意"，14.4%的人选择了"比较不满意"；"比较满意"和"非常满意"的占比分别为10.5%和3.6%（见图1-19）。可见，城配卡车司机对收入的满意度不高。

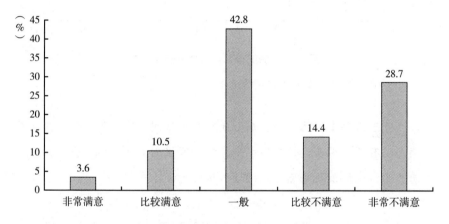

图1-19 城配卡车司机的收入满意度

资料来源：2022年中国卡车司机调查。

六 健康状况

如图1-20所示，城配卡车司机罹患腰痛、颈椎病等疾病的比例较高。77.5%的人患有腰痛，64.7%的人患有颈椎病，49.8%的人患有胃痛，22.1%的人患有"三高"（高血糖、高血脂、高血压），9.7%的人患有低血糖。

张师傅今年30岁，2016年购买了4.2米的货车开始跑运输。一年跑一两次长途，其余时间均在W市从事同城配送。正当壮年的他如今已是职业病缠身。

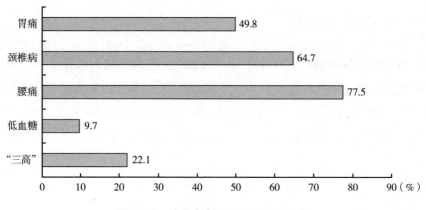

图 1-20　城配卡车司机罹患疾病分布

资料来源：2022 年中国卡车司机调查。

开了六年车，落了一身病。我现在腰椎间盘突出了。颈椎病、肠胃病，还有腿。现在哪怕我不坐车，就在家里或者什么地方坐着，坐的时间长了，我这条腿就麻了。（WF-Zhang，卡车司机）

虽然通常情况下，城配卡车司机可以回到家里（或者企业的宿舍）吃饭和睡觉，但是因为工作时间长，饮食不规律，所以很容易内分泌紊乱，并引发各种疾病。董师傅讲述了城配卡车司机繁忙的一天，并分析了他们如何因饮食不规律而致病。

早上吃点东西去排队装货，到了八九点卸完这一家货了，又要去一个工厂装货，去了之后排队办手续半个小时，装五吨货差不多 20 分钟。但是要装两家货，排队办手续，需要时间，要是三家货，中午基本上你就别想吃饭了。装完货有可能到两三点钟了，你着急回来卸货，方便的话路上买一点，不方便的话等着卸完货晚上吃。七点卸完货，有可能这边又着急让你回来装货；你跑一趟又一个多小时没了。这就到晚上八九点钟了。你早上吃一顿饭一直到晚上八九点钟，血糖一直是低的。晚上九点、十点终于吃饭了，你看今天挣钱了，辛苦了，点两个菜，有鱼有肉的，喝点酒，血糖一天都低，忽然变得很高，胰岛素有可能就疲软了，它就不分泌了，久而久之就形成糖尿病了。（WF-Dong，卡车司机）

七　小结

本章基于问卷调查数据和访谈资料展现了城配卡车司机的人口学特征以及在驾驶车辆、工作、收入及健康等方面的基本情况，主要发现如下。

城配卡车司机是一个以已婚男性、农村户籍人群为主的群体，这与卡车司机的总体情况一致。相比于过往关于卡车司机的调查，本次调查显示，城配卡车司机的年龄明显偏大。41~50岁的样本占比将近一半，50岁以上的样本高达13.8%。

城配卡车司机选择从事同城配送而非长途运输的原因主要有五个：照顾家庭、身体原因、长途运输"不好干"、城配入行门槛低以及在城配领域有资源。38.0%的样本因为长途运输"不好干"而转向从事城市配送，表明近几年市场和社会环境的变化对卡车司机的影响。油价上涨、运价下降、疫情封控等导致长途运输面临越来越大的困境。

城配卡车司机的工作时间较长，每日工作时间在9小时及以上的占68.9%，"11小时及以上"的高达44.9%。因为装卸货的时间安排、通行限制等原因，80.8%的城配卡车司机需要在晚上工作。除了驾驶卡车，城配卡车司机往往还要参与货物的装卸、搬运甚至码放。因此，虽然城配卡车司机不需要像长途运输卡车司机那样夜以继日地奔波在路上，但是他们的工作并不轻松，需要在夜间工作的城配司机格外劳累。

城配卡车司机的收入水平不高。样本2022年的月平均收入集中在8000元及以内，其中6000元及以内的占比高达43.7%。自雇城配卡车司机和他雇城配卡车司机的收入分布基本一致，不同之处在于，自雇城配卡车司机处于收入高低两端的个案占比更高。72%的样本声称2022年的收入与2021年相比"减少了"。与他雇城配卡车司机相比，自雇城配卡车司机中收入减少的样本占比要高，收入"基本持平"和"上涨了"的比例要低，表明自雇城配卡车司机承受了更大的市场风险。

因为工作时间长、夜间工作、饮食不规律、休息不充分等原因，城配卡车司机罹患颈椎病、腰痛、胃病等职业病的比例较高。

第三章　城配卡车司机的劳动过程

一　找货

找货是自雇城配卡车司机劳动过程的起点。本节主要介绍自雇城配卡车司机寻找货源的方式以及目前他们在获取货源方面所面临的困境。

（一）获取货源的途径

从事城配的卡车司机在找货方式上与从事长途运输的卡车司机既有相同点，也有不同点。相同点是都会尽量维护固定客户，卡车司机之间也会互相介绍货源；不同点则是城配卡车司机有一种独特的找货形式：趴活儿。相比于长途运输卡车司机，城配卡车司机在获取货源时对信息部等货运中介的依赖程度较低。

图1-21显示了自雇城配卡车司机获取货源的主要途径。占比由高到低依次为：平台（46.88%）、固定客户（19.27）、货运中介（15.10%）、朋友互相介绍（13.02%）和路边趴活儿（5.73%）。

1. 固定客户

一些自雇城配卡车司机是先有货源，然后才进入城配行业的，这些货源的提供者自然就成为他们日后的固定客户。另一些自雇城配卡车司机则是在跑运输的过程中，逐渐与一些货主形成了比较稳定的业务关系。由于业务需求、个人能力、可获取资源不同，自雇城配卡车司机拥有的固定客户的数量和规模不同。这些客户可能是生产企业或商贸企业等一手货主，也可能是物流公司、快递公司、电商平台。

与何种类型的货主建立固定客户关系直接决定了城配卡车司机的经营状

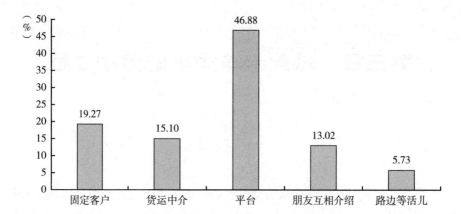

图 1-21 自雇城配卡车司机获取货源的主要途径

资料来源：2022 年中国卡车司机调查。

况。访谈中我们发现，如果固定客户规模较大、双方关系较为牢固，则城配卡车司机的经营状况就会比较稳定。W 市李师傅的货源主要来自当地最大的机械设备制造厂，他与该厂主管运输的负责人交情颇深，所以从来不为货源发愁。他不仅收入稳定，而且收入水平比较高。另一位城配卡车司机董师傅，为一家大型电商平台提供家电配送，虽然运费结算和支付经常延期，有时甚至半年才能结一次运费，但是稳定的货源保障了他的收入。

许多自雇城配卡车司机与固定客户的关系受到不断加剧的市场竞争和同城货运平台的挑战。尤其平台车价格低廉，小规模厂家或者物流公司出于节约成本的考虑，倾向于选择平台车。因此，如果双方的关系不是非常"过硬"，则自雇城配卡车司机的固定客户可能会流失。有些自雇城配卡车司机与固定客户的业务关系在形式上仍然保留，但是客户提供的货源数量大幅度减少。在一些自雇城配卡车司机看来，熟悉的货主如果只是偶尔找自己去拉趟活儿，就不能算是固定客户了。

我给以前的客户打电话，他说他现在用 HLL 或者用 YMM（注：HLL 和 YMM 是两个货运平台的名称），比我们便宜。现在都那样了。

除非跟老板关系很好，不然说没有就没有活儿了，都很现实，都不好干，手里都没有钱，只能是那样，哪个便宜用哪个了。（WF-Liu，卡车司机）

2. 朋友互相介绍

自雇城配卡车司机通常会互相介绍货源。之所以会将货源介绍给他人，最主要的原因是客户的货自己的车"拉不了"。客户的运输需求一般具有较强的不稳定性，有时发货量较大，用车需求就会增加，绝大多数自雇城配卡车司机拥有的货车只有一辆，为了满足客户的用车需要，他们会介绍自己熟悉的其他卡车司机一同参与运输。此外，有时客户提出用车需求，自雇城配卡车司机因为各种原因自身无法承担运输，也会转介给其他城配卡车司机。

对于介绍货源的卡车司机来说，这种方式既达到了稳定客户的目的，又有助于强化他们与其他自雇城配卡车司机之间的关系；而对于被介绍者来说，这成为一个获取货源的渠道。因此这种互惠互利的模式在卡车司机圈内非常盛行。但是其中存在一个潜藏的风险，就是"撬活儿"。所谓"撬活儿"，是指司机 A 有多余的货源（来自固定客户），介绍给司机 B，A 与客户已经谈好价格，但是 B 与客户联络时，给出了比 A 更低的价格，这样 A 的客户可能就会倾向于与 B 合作，如此一来，B 就把 A 的客户夺走了。为了避免被"撬活儿"，自雇城配卡车司机往往会选择让自己比较信任的人去接活。但即便是老道的自雇城配卡车司机，也会有"看走眼"的时候。尤其是随着自雇城配卡车司机的经营日趋艰难，这种现象的发生就更不足为怪了。

谈好的价格，打个比方，300 块钱，我找车过去，那个车干完活以后（说），你给我 280（块钱）就行，有的就要 260（块钱）。那物流（公司）不就省钱了？就撬客户呗。（WF-WGW，卡车司机）

3. 趴活儿

趴活儿是自雇城配卡车司机独有的找货模式，指的是自雇城配卡车司机在街边停靠，等待需要用车的货主来问询和洽谈业务。在山东省的 W 市，这被称为"街头出租"；在四川省的 C 市，这被称为"摆车"。

刚入行的、尚未建立起稳定客户关系的自雇城配卡车司机，对趴活儿有较大程度的依赖。B 市的王师傅 2002 年入行做城配，她说自己一开始没有固定货源，所以就在菜市场、批发市场以及物流园门口趴活儿。

> 人家在那儿趴，咱也趴去，就这么趴了好几年，慢慢有了自己的客户。（BJ-WHM，卡车司机）

对于那些拥有固定客户的自雇城配卡车司机来说，如果固定客户提供的货源充足，则趴活儿只是偶尔为之，反之趴活儿频次就会提高。访谈中不少自雇城配卡车司机表示，当前由于市场行情不好，虽然努力维持着客户，但是货源还是越来越少，他们也开始越来越频繁地趴活儿了。

趴活儿的地点通常在工业园区、物流园区、批发市场附近，但是在某些城市，趴活儿的地方并不限于这类区域。只要不妨碍交通，相关管理部门对城配卡车司机排队等活儿通常并不加以干涉。

> 我们就把车放到一个地方，留个电话号码；有的人就在车里面等。老板要送货，他直接给你打电话。有的老板会打电话跟你商量价格；有的老板按照公里数，直接把价格算好，然后给你打电话，拉多少货，到哪里，多少钱，问你去不去，你感觉划算就去。（DX-CSW，卡车司机）

在同一个地方趴活儿的自雇城配卡车司机或者本来就彼此熟悉，或者在趴活儿的过程中逐渐相识。他们常常会一起下馆子吃饭，一起打牌娱乐。货主到了司机趴活儿的地方之后，会根据车型、车长，选择需要的车辆，并与车主洽谈，谈成后自雇城配卡车司机前去装货。同一车型、同样距离的运输任务，不同的自雇城配卡车司机要价相差不大，从而避免了自雇城配卡车司机之间的恶性竞争。

> 去哪儿大概多少钱，就都要那些钱，不会说恶意地把价格弄得很低，基本上价钱都差不多。（BJ-WHM，卡车司机）

4.同城货运平台

与城际运输一样，同城配送领域近年来也出现了新的主体：互联网物流平台。这些平台通过提供即时、高效的车货匹配，日益成为自雇城配卡车司机找货的重要渠道。

与趴活儿的情况类似，如果自雇城配卡车司机的固定货源比较充足，则他们很少使用平台找货，但是新入行的自雇城配卡车司机往往会将平台作为得到货源的主要渠道。事实上，恰恰是平台使找货显得容易，才促使很多人买车入行。从问卷调查数据来看，在192位自雇城配卡车司机中，74.3%的人使用平台找货（见图1-22）。

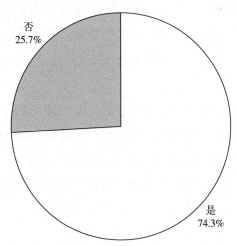

图1-22　自雇城配卡车司机是否使用平台找货

资料来源：2022年中国卡车司机调查。

自雇城配卡车司机通过平台所得货源占其总业务量的比例如图 1-23 所示。28.8% 的样本声称通过平台得到的货源占其总业务量的比例高达 81% 及以上。18.5% 的人声称这一占比在 10% 及以内。

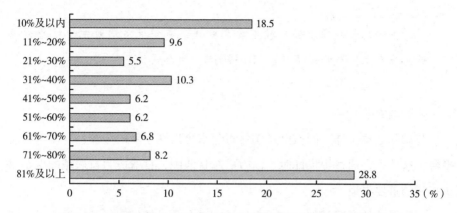

图 1-23　自雇城配卡车司机通过平台所得货源占其总业务量的比例

资料来源：2022 年中国卡车司机调查。

（二）"活儿少价低"

货源数量与质量关系着自雇城配卡车司机的劳动强度和收入水平。所谓货源数量，简单说来就是跑多少趟活儿。货源质量的衡量指标较多，最主要的是运价。与 2021 年相比，自雇城配卡车司机的货源在这两方面都出现了下滑。

先看数量的变化。问卷调查数据显示，与 2021 年相比，68.6% 的自雇城配卡车司机声称他们在 2022 年跑车的趟数"减少了"，23.4% 的样本认为跑车的趟数"基本持平"，8.1% 的样本声称跑车趟数"增加了"（见图 1-24）。

访谈资料为以上数据提供了支撑。接受访谈的自雇城配卡车司机，除了少数人，都指出"现在活儿少了"，而且少了很多。

> 我之前不是有一些厂里的关系嘛，去年的时候他们都还找我，说是有活儿就给我打电话。今年一过（完）年，活儿就开始越来越淡了。

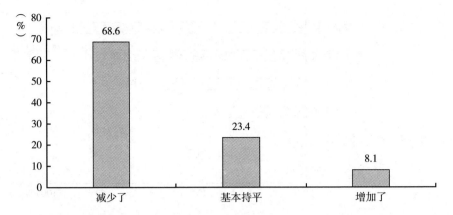

图 1-24　自雇城配卡车司机跑车趟数的变化

资料来源：2022 年中国卡车司机调查。

现在一歇就歇两三天。每个月怎么也得歇个七八天、八九天的。（WF-Liu，卡车司机）

现在活儿少，我的活儿比去年少了一半。去年我们找车（注：指活儿多忙不过来的时候，找其他司机运输）根本找不到，给你打电话说忙，给他打电话说忙，自己有客户的这些（司机）都是忙、忙、忙。现在车大部分都闲着。（WF-Li，卡车司机）

货源减少的原因，从问卷调查的数据来看，集中在"疫情管控"（90.6%）、"经济不景气"（70.2%）和"个人原因"（64.3%）三个方面（见图 1-25）。

相比于 2021 年，2022 年新冠肺炎疫情波及区域更广。为防止疫情扩散，出现病例的地区会采取不同程度的管控措施。这对卡车司机跑车造成了较大影响。

除了"疫情管控"对跑车的影响，"经济不景气"也是导致货源减少的一个重要原因。作为公路货运业的一个经营主体，自雇城配卡车司机的业务与上游的物流企业以及生产企业的效益紧密关联。调查显示，受到疫情防控、经济下行、环保政策趋严等因素的影响，很多企业经营惨淡，倒闭的也

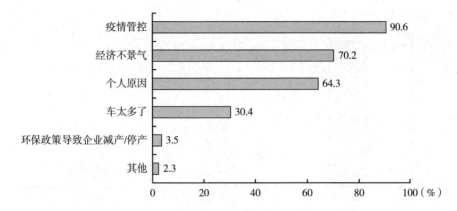

图 1-25 自雇城配卡车司机跑车趟数减少的原因

资料来源：2022 年中国卡车司机调查。

不在少数。一些拉建筑材料的自雇城配卡车司机指出，因为房地产行业不景气，他们服务的货主企业或者倒闭，或者销量大幅度减少，他们的活儿也就相应地减少了。

> 今年各个厂子效益都不好，我们的车也不好跑。我干的那个厂家，效益下降了，听说别的厂家效益也不好。厂家的效益不好，我们就不好。（WF-LXY，卡车司机）

> 今年过了年以后，因为疫情，有厂子就关了。后来环保整治，很多厂搬家，搬家费用好几万（元）好几万（元）地出，有时候它们一年搬好几次，就不干了，倒闭了。（问：为什么一年会搬好几次？）小厂没有环评，在这儿偷着干一段时间，再上那儿偷着干一段时间，查到了就让搬，干着干着觉着不挣钱了，就把设备卖了不干了。所以我们现在的活也越来越少了。这几年楼也卖得不好，盖楼的也少了，用车的也少了，一连串的（因素）。（WF-Wang，卡车司机）

再看运价的变化。课题组过往对卡车司机的问卷调查和访谈数据显示，近年来卡车司机运输订单的运价普遍出现了较大幅度的下降。从事城市配送的卡车司机也不例外。殷师傅告诉笔者，过去运价较高，一天干一个活儿"就不着急了"，但是现在因为运价降低，每天至少得干两个活儿，"一去一回，多干活儿才能维持住以前的收入"。（WF-YZJ，卡车司机）

运价降低的原因，主要有两方面。一是车多货少，自雇城配卡车司机之间的竞争激烈，尤其是新入行的城配卡车司机出于偿还贷款的压力，倾向于接受市场低价，以至于本来在城际运输中才会出现的回程车现象在同城运输中也日益盛行。

> 现在买个车，谁都可以上网干（指通过平台获得货源信息），老司机看着这个活儿价格不行，不干。新司机一看，呀，还行，他就干了。货主一看这个价格能发走了，下次肯定还能用这个价格发走。他就提前把信息发到网上去，靠（方言，指等待）个最低价。……以前我们进物流园去提货，空车去提回来，现在好了，同城的都要找回程车，哪儿有那么多回程车，价格老低了。以前是去外地了才有回程车，现在一个城市当中就要回城车，你还咋干？（WF-YZJ，卡车司机）

二是平台压价。同城货运平台上有两种决定运价的方式：平台定价、司机与货主协商运价。两种方式下的运价都比较低。访谈的几位自雇城配卡车司机表示，通过平台找的活儿的运价比通过固定客户找的活儿要低 1/3 左右，某些情况下前者甚至只有后者的一半。

郭师傅比较了货主向固定合作的司机和平台车给出的不同运价。

> 厂家给我安排了一趟，结果又有一票货要发。我当时赶不回来，客户又要得急，老板马上就在网上调车了，找我跑的话老板给两百（元），但是在网上叫车的话只需要给一百块钱……在平台上找货跑两趟的价格相当于有固定货源的跑一趟的价格。（CD-GRL，卡车司机）

二 装卸货

装货是卡车司机运输过程的起点,卸货则是终点。卡车司机对装卸货的参与程度和参与方式,与车型、运输方式和货物类型、货主的要求等多种因素有关。几乎所有的卡车司机都需要在装卸货时点数,即明确货物的数量、类型,这直接关系到卡车司机的收入。零担运输相对于整车运输,装卸货的次数更多,卡车司机更需要在上下货时点数,以避免不必要的纠纷。如果是高栏车或者平板车,卡车司机通常需要自己负责盖篷布、打栏板、拴绳子。一般情况下,卡车司机并不需要参与具体的装卸货的工作,如果货主要求装卸货,则卡车司机会与货主"谈钱",但是也有不少自雇城配卡车司机为了维护与货主的关系而免费装卸货。

与长途运输的卡车司机相比,城配卡车司机等待装卸货的次数频繁,花费的时间较多。为了能跑出趟数,他们会通过协助装卸货和取悦"掌权人"的方式力图缩短装卸货的时间。还有一些城配卡车司机则会或者因为公司要求装卸货或者为了获得额外的装卸货的收入而承担装卸工的所有工作。

(一)等待

长途运输的卡车司机主要时间在路上,"装一次跑几天",即便一次装卸货的时间较长,相对于路上跑的时间,也就不算什么了。城配卡车司机则不然,他们一天内装卸货次数相对较多,累积下来装卸货的时间往往比在路上跑的时间还要多。

城配卡车司机到达装货点时,往往并不能立刻装货,而是需要等待:等待其他车辆装完、等待货物出仓、等待点数。另外还需要办理相关手续。而这还只是一趟活儿所要完成的工作,如果一天拉两三趟,就意味着需要两三次地重复这些过程。

并不是说我们去了就能装。我们去了有可能前面还有车,需要排

队、等，等到我了，我再去办手续，工厂的人再去仓库里找货，找出来以后点数，再找工人来装车。（WF-Zhang，卡车司机）

据称，规模越大的厂家，排队等候办手续和装卸货的时间越长。因为这些厂家业务量大，使用的运输车辆多，而且手续烦琐。

> 进去以后，他要你这个证、那个证，车上带的各种证，排好队，好不容易进去以后，打这个人的电话不接，打那个人的电话不接，好不容易接了，去装车又是好一会儿。哎呀，我是送过一次，那一次我连厂都没进去，我那一趟货走了10公里去的，最后在门口我没进去，我又重新找了一个车，人家就从门口送到里头，人家要了70块钱，出来说下一次再也不给你干了，他进去待了两个小时，说那个人又是这、又是那的，货不给你搬，让你自己搬，太麻烦了。（WF-Wang，卡车司机）

就单纯的装货和卸货环节来看，如果货物数量较多，或者装卸难度较大，则装卸时间较长。如果遇到苛刻的装卸工，则装卸货的时间会延长，并且这种情况非常普遍。

> 装卸工给你卸着卸着你就找不着人了，你都不知道他去干嘛了。有的时候卸到一半人不知道去哪儿了，过了半个小时又回来，再卸一点，又找不到了。你只能在那儿等着，有时候一等就是两三个小时。（WF-Liu，卡车司机）

（二）抢时间的策略

城配卡车司机跑运输的收入一般是按趟数计算，所以"跑出趟数"非常重要。对于城配卡车司机来说，由于单次收入较低，他们就更需要通过增加跑的趟数来增加收入。车型越小，单次运价越低，对趟数的要求越高。相应地，对装卸货的时效要求就越高。

> 我们这种6米8（6.8米）的，如果装卸货，那都要谈钱的。小车不行，车太小，运费也少，你等不起，时间等不起。（WF-WGW，卡车司机）

虽然面对装车的长长的队列、面对装卸工有意无意的磨蹭，城配卡车司机往往只能耐着性子等待，但是有时他们也可以采取一些方法来缩短装卸货的时间。

第一，打通关系。这是指通过给予一些好处，取悦在装卸货过程中有权力的人，以使自己能够获得优先办手续或者装卸货的便利。这里所说的有权力的人，包括保安、负责办手续的人、收货人和装卸工。很多城配卡车司机声称，即使他们自己不抽烟，车上也会备着香烟，因为总是有一些关系需要打点，否则装卸货等待的时间会很长。

J公司的一位经理讲到她某次跟车的所见所闻。57岁的城配卡车司机为某超市送牛奶，为了防止其他人"加塞儿"，自己能早一点卸货，凌晨四点多便去为负责收货的年轻姑娘买早饭、打水。

> 2018年，我跟了一次车，去M超市送牛奶。送牛奶的这些司机，一宿是一会儿都不能合眼的，从下午五点出车装货到第二天早上七点是他们配送的时间。他们一个店一个店地送，从晚上十二点开始送，一直送到凌晨五点。我跟车的那个司机大哥57岁。到了地方，下车之后，你猜他干吗去了？四点多钟卖早餐的，卖油条、豆浆的刚支上摊，他就站那儿等着，四点半在那儿等着，大概五点十分炸油饼的炸出来了。买了油条、豆浆什么的，买了两兜，直接拎到M超市收货的办公室，给收货的小姑娘，很熟练地把豆浆往桌子上一搁。人家小姑娘趴着睡觉，也不搭理他。他拎着小姑娘桌子上的两个水壶给人家打水去，打完水放在桌子上，跟小姑娘说，我们在外头排队呢，给你报个到，你如果睡醒了先叫我，别让人家"加塞儿"。那个小姑娘也就十八九岁，这个司机

57 岁了，都是父亲辈的人了。（BJ-YBJ，企业管理者）

第二，主动参与装卸货。为了抢时间，城配卡车司机经常会亲身参与装货和卸货的工作。这样一方面可以加快装卸货的进度，另一方面司机搭把手也会让装卸工心里舒坦，不至于故意磨洋工。

> 工人装的时候咱搭把手希望快点装完，这样卸完货再接着干下一单活嘛。对我们来说时间就是金钱，谁不想多挣点钱呢？你拉一趟货，装半天、卸半天，一天干一趟那不行。本来 4 米 2（4.2 米）的（车）运费就不高，跑不远，一趟也就是一百来块钱。（WF-Zhang，卡车司机）

（三）"会开车的搬运工"

为了抢时间而参与装卸货的城配卡车司机扮演的是装卸货的辅助角色，用他们自己的话说就是"搭把手"。另有一些城配卡车司机则同时扮演着驾驶货车的司机和装卸工的双重角色。一些物流公司为了降低成本，或者不配备或者少量配备装卸工，这样装卸的任务便落到了城配卡车司机的身上[①]。公司减少了人力成本，卡车司机则因为装卸货获得一笔额外的收入。

王师傅受雇的 S 公司要求所有的城配卡车司机协助装货，城配卡车司机会因此每个月得到 800 元的额外收入。虽然名义上是协助，但事实上并没有其他的装货工，司机需要自己把货物一件一件地搬到车上。

> 早上五点半赶到。到了之后，你拉哪个网点，就到哪个网点的卡口那儿去。一堆货在那里，你把货装到车上。这一个小时之内会陆续往下流货，到达这个网点的货会流到这儿来，流下来的货继续装到车上。到

---

① 这里的公司指广义上的物流公司。卡车司机既包括与公司存在雇佣关系的员工，也包括作为这些公司的外协司机的个体卡车司机。

点之后，车就走了，去网点。（问：什么是流货？）流货就是有一个卸车口，像皮带机似的，把货放上面，就会往这儿流。每个货电脑扫描了，就知道要流到哪个卡口去，比如这件货是到我要去的网点的，货就会流到我这个卡口来，我就会把这一件货放到车上去。（BJ-WHM，卡车司机）

王师傅的装货工作是在白天，由于包裹较小，而且无须把车厢装满货再发车①，所以并不是特别辛苦费力。但是很多往商场、超市、夫妻店等地方送货的城配卡车司机通常在晚上从事装车、运输和卸车。有时候，他们不仅要上下货，还需要将货物搬运到指定地点并码放整齐。

一位任职于某冷链运输公司的经理告诉我，装卸车是他所在公司的城配卡车司机必须完成的任务。

工作环节包括装车，有的还得搬货。往肯德基、麦当劳送的话，要送进店，进店还得码放，冷藏的要搁到冷藏柜里，常温的要搁到托盘上，冷冻的要搁到冷冻仓里……有的店为了降低成本，无人值守，我们把货送到店，拿着钥匙开门，把东西放好，再锁上，人家全程监控。（BJ-Ji，企业管理者）

装卸货并不是轻省的工作。尤其是运送大型家电产品的城配卡车司机，除了要把货物装上车、卸下车，还需要将产品送到顾客家中。有时车辆停靠地点离目的地较远，还需要送货上楼，工作的艰辛程度可想而知。

前述 J 公司的于经理给我讲述了她另一次跟车所体会到的城配卡车司机的艰辛。司机开车到了客户家附近，在酷热的夏天，背着双开门的冰箱徒步800 多米，并且一步一挪地上了四层楼。最后却被客户投诉、扣钱，以至于这位司机不顾"大老爷们儿"的尊严而放声大哭。

---

① 在 S 公司，为了追求时效，一般是定点发车，所以司机不需要装满货再出发。

下午五点司机从家出门，六点多到库房，要拉 10 多家的冰箱。六点多到库房之后，可不是直接就能装，得在那儿排队，因为有很多车，大概排到九点多钟的时候排到了，到十点基本上装完车了，但是不能送，司机就开始理单子，弄完了大概是十一点多。第二天早上跟客户约了上门的时间。夏天，天热得跟什么似的。小区车开不进去。最近的停车场离客户家 800 多米。司机就背着一个双开门的冰箱走了将近一公里。我们要求司机必须得穿工服，工服还要保持整洁。司机问我能不能不穿工服，我知道我不在的时候他是不穿的，我说可以。他说我只要一穿，到那儿我的衣服没法要了，都能拧出水来。他就脱了衣服光着膀子背着这个双开门冰箱。客户家在四层，没有电梯，四层楼背着上去了，楼梯窄，冰箱宽，来回折腾，从下了车到背到家里走了一个小时。师傅直起腰来放冰箱的时候冰箱黏身上了，他给抖搂抖搂，冰箱就下来了。客户是夫妻俩，女的就说你看你把这个冰箱弄得都是汗，然后两口子就打开手机手电筒检查冰箱有没有坏，最终还真看出了划痕，其实这跟我们的司机没关系，因为冰箱是用大纸箱装着的。说有划痕，就给退了。我就赶紧给他们解释，（他们说）不行，你得让客户满意，还不能让客户投诉了？我们司机就背着冰箱从四楼到一楼，用了 20 分钟。下去之后，H 公司（指冰箱的生产厂家）的客服投诉电话就过来了。我们的司机，50 多岁了，就在那里嚎啕大哭，因为我们对司机有要求，客户投诉的话是要扣司机钱的。（BJ-YBJ，企业管理者）

三　运输途中

（一）"不得不超载"

在实施同城配送的卡车中，蓝牌轻型卡车占据了较大比例。根据《中华人民共和国机动车号牌》（GA36-2007）的规定，蓝底白字白框线的小型汽车号牌适用于中型以下的载客、载货汽车和专项作业车。其中，中型以下载货汽车，根据《机动车类型、术语和定义》（GA802-2008）的规定，包含了车长小于6米且总质量小于4.5吨的轻型载货车。

我国货运市场上蓝牌轻卡一直存在超载问题，甚至出现了不装货就已超载的怪现象。之所以如此，一个重要的原因是车的整备质量（自重）往往超过了机动车产品公告要求。根据公告要求，轻型货车的总质量不超过4.5吨，自重不超过2.6吨。但实际上，很多轻型货车自重就达到3.5吨甚至四五吨。汽车制造企业将卡车造得这么重，是为了增加卡车的载重能力，否则就会影响车辆的销路。按常理说，由于不合规，这类车是无法上户的，但是在实践中，只要购车人交一笔钱，经销商就会买通检测机构，将车辆上户的事一并解决。在检测比较严格的地方，则出现了特别的上户方法，如上户箱。"上户箱只有200公斤，过检的时候，把箱子装上去，然后拆掉车辆的备胎、淋水器或者空调减轻重量，以达到过检标准，上牌后，再把货箱卸下来，换上一个同样规格更重的货箱。"①

因为自重超标，所以要将货车总质量保持在规定范围内，只能是少装货，或者装泡货。但是泡货数量毕竟有限，在当前激烈的市场竞争条件下，卡车司机规规矩矩地装货就相当于自断生路。用一位城配卡车司机的话说就是，"不超载没活干，别人拉三四吨，你说我只能拉700斤，谁会用你？"（WF-Cheng，卡车司机）访谈的一些驾驶蓝牌轻卡的城配卡车司机承认，他们都会超载，所拉货物质量在5~7吨是很常见的现象，有的轻卡载货质量甚至达到10吨左右。

> 超（载）很正常。像我们这种高栏车本身就接近4吨，拉几百公斤，随便装装就超（载）。除非拉泡沫、海绵不会超载，别的（货物）

---

① 《蓝牌货车超载调查：空车就接近超载，谁是幕后推手？》，https：//new.qq.com/rain/a/20200102A0RBN900，最后访问日期：2022年12月2日；《5月21日焦点访谈蓝牌轻卡空车超载，时刻面临处罚，背后藏着什么猫腻》，https：//www.sohu.com/a/315935487_691739，最后访问日期：2022年12月2日。

装个两三吨不是很正常嘛。我这个车（自重）是3吨9（3.9吨），总质量要求是4496（公斤），（只能）拉400公斤，我如果拉3吨，就已经超载200%，接近300%了，看着不起眼的东西已经超载了。（WF-Cheng，卡车司机）

超载的后果主要有两方面。第一，安全隐患。超载会影响车辆的操控性能，使刹车距离延长，车辆很容易因此发生侧翻。除了车辆安全和人员安全，超载也对公路、桥梁等公共设施具有很大的破坏性。

很多4米2（4.2米）的货车在高速上爆胎，马力大、速度快，拉得多，轮胎又小。货箱边厢窄，拉那么多货，一爆胎很容易侧翻。反正拉多了，我们6米8（6.8米）的车拉10吨，它也拉到10吨，制动性就不行。再就是它的轮胎小，轮胎面又窄，着地率也不行。有时候他们也不是不想刹，就是刹不住，反正超载危险系数很高。（WF-Dong，卡车司机）

第二，罚款、扣分。超载如果被交警发现，按规定既要罚款也要扣分。不同城市对罚款和扣分的额度规定不同。据程师傅介绍，在W市，超载30%罚款200元扣3分，超载60%罚款500元扣6分，超载100%罚款1000元扣6分。惩罚的执行力度依据地域和交警个体而有所分别。在某些地方，如果超得不多，交警比较好说话，卡车司机态度好一些，则可能只罚款不扣分。为了逃避罚款和扣分，有的城配卡车司机会趁交警不在的时候通过，更谨慎一些的则选择在晚上通行。

不能跟交警顶嘴，他说超载了，我就答应着说是超载了。要跟他说没超，他让我去过磅，一过磅肯定会被罚的。还不如说好话，是吧？警察他怎么说我就怎么做。还有，确实要看人面相，比较好说话的，可以跟他说说情，只罚款不扣分或者是少罚点，有些警察还是愿意的。我觉得C市的警察还好，除了电子眼不能讲人情，其他地方的交警都还可

以。（CD-GRL，卡车司机）

3 米 8（3.8 米）的车，正常的话只能装两吨，但是我们七八吨都会拉。我们（车）跑过去，交警一看轮胎和钢板，（发现）你超了，就要罚。100 块，200 块……有时候晚上偷偷地跑，有时候就在群里问一下，有微信群嘛，在群里面问一下，谁刚从那里过来，有没有交警，他说没有我就赶紧跑过去了。有时候就绕一下，反正能绕尽量绕，能躲就尽量躲………有时候是晚上跑，到了那里（指卸货的地方）等到天亮再卸，省一百块、两百块钱，也划算。（DX-CSW，卡车司机）

（二）路权难题

因为城配卡车司机的工作区域大部分是在城区内，所以城市的交通限行规定对他们影响很大。限行的情形是多种多样的，可能是 24 小时禁止进入城区，可能是在某些时间段（如每天上下班的高峰期）禁止通行，也可能是限制在某些路段通行。上述每一种限行，针对不同类型的车辆，具体规定往往又有所不同。

1. 不同规模城市的限行规定

限行的严格程度与城市规模直接相关。在三四线城市，蓝牌货车一般畅通无阻，黄牌货车①通行则会受到限制。在山东省的 W 市，黄牌货车若要在市区通行，需要提前办理通行证。通行证每三个月办理一次，每个通行证可以选择 20 条路线。这 20 条路线除了早、中、晚三个高峰时段②之外，黄牌货车都可通行。

一线城市交通管理部门对货车的限行更为严格。为了减少大气污染，政府相关部门鼓励使用新能源货车，因而对燃油车的限制较多。如在四川省的

---

① 黄牌货车是指悬挂黄底黑字黑框线号牌的车辆，包括中型（含）以上载客、载货汽车和专项作业车，半挂牵引车等。
② 高峰期的三个时段分别为早上 7 点到 8 点半，中午 11 点到 12 点，下午 5 点到 7 点。

C市，全天 24 小时禁止国Ⅲ及以下排放标准的货车驶入绕城高速以内区域。确实必须在白天运输的、新能源车目前无法替代的燃油和燃气货车（只限于六大类），达到一定的排放标准（国Ⅳ及以上），且没有违章记录的，可以申请通行码白天入城。

特大城市对货车的限行规定几近严苛。在 B 市，2014 年 4 月 11 日以前，四环及四环路以内道路，早 6 点到晚 11 点载货汽车禁止通行。从 2014 年 4 月 11 日起，B 市对载货汽车的禁行范围由四环路扩至五环路，并不区分燃油车和新能源车[①]。货车要进入五环以内，只有两种途径：第一，在 23 时至 6 时的夜间行驶；第二，持有通行证。与 W 市不同，在 B 市，通行证是绝对的稀缺资源。以前，通行证"一托四"，即一个通行证可以四辆车使用，但是现在改成了"一托一"，即一车一证。通行证的办理程序并不复杂，根据 2022 年 4 月 30 日的规定，办理通行证时，由本市重点物资运输需求单位根据物资类别，向市发展改革委、市交通委、市水务局等归口单位提出申请，由各归口单位进行审核，审核通过后系统即可生成电子版通行证，但是获得通行证并不容易。一是因为通行证总数有限。据 2014 年央视记者的调查，当年 B 市货运车辆为 28 万辆，但是通行证只有 1 万张。近年来，城市配送货车数量不断增加，但是通行证数量未有新增。二是因为获得通行证的一个必要条件是车辆在一个季度内没有违章记录，而这对于很多车主和企业来说是很难达到的。因为货物必须送入城区，而只要是白天入城，就会违章，有违章记录就不能办通行证，如此形成一个恶性循环。对于货车数量多且车辆需频繁进入城区的物流和快递企业来说，路权已经成为最让人头疼的问题。

据 S 公司陆运管理处的一位经理介绍，S 公司属于 B 市的保供企业，城市配送业务量很大，但是通行证严重不足，这给企业的整体运营带来极大压力。

---

① 据一位访谈对象介绍，在 2022 年 7 月后，新能源货车白天进入五环以内电子眼也开始抓拍，在此之前，则只有交通警察管制。

我们在五环内跑的车辆大概有 600 多台，只有 300 多台是有通行证的。现在 B 市办通行证都是季度性的，我们这个季度要先把违章全部清理掉才能办通行证，但是我们车辆又不能停，只要跑又会违章。（BJ-FXB，企业管理者）

在 B 市，不仅仅五环以内货车通行难，五环以外的各个行政区域，对货车的禁行也日趋严格。五环内的通行证在五环外的各区并不被认可，货车如果要在这些地方合规地通行，必须有当地的通行证。

有时候环路外面有的地儿也拍，一张通行证解决不了全市的通行问题，每个区都需要你办证。（BJ-Liu1，企业管理者）

如果没有通行证却强制通行，则会被定为违章。对于企业来说，违章如果超过了一定的标准，除了无法办理通行证之外，还将面临车辆被贴封条停运、处以 3 万~5 万元的罚款甚至被吊销道路运输许可证、取消货物运输的资格等各种惩罚（BJ-Zhang，企业管理者）。面对限行严格又办证无门的现实情况，B 市的物流企业采取各种方式来应对，或者寻找外协车辆完成运输，或者以客载货、化整为零，即改用金杯车、小面包车或者依维柯等类车辆进行货物运送，但是这两种方式都会增加企业的运营成本。有的企业会选择在夜间运输。对于业务量大且必须在白天作业的企业来说，上述办法只能解决一小部分问题，因此限行违章在物流企业非常普遍。一些企业负责人声称，限行违章罚款已经成为企业最主要的成本。鉴于本篇关注的是城配卡车司机，我们在此不对物流企业的困境展开详述。

2. 城配卡车司机的行动策略：是等还是闯？

面对时间上的限行，城配卡车司机无外乎两种选择：等或者闯。是等还是闯，取决于多种因素。受雇于企业的城配卡车司机，会按照企业的规定并结合自身的情况行动。个体城配卡车司机会衡量二者的收益和成本。如果没有时效要求，且不容易找到下一票活儿，或者虽然有活儿但是运价抵不过罚款，他们可能就会等待。反之，如果货源较多，则个体城配卡车司机宁可闯禁行，被罚款，也不会等待。W市的王师傅说到自己在2022年五六月间的经历：因为某工业园区的企业搬迁，他得到的运输订单很多，这两个月他经常闯禁行，因为闯比等的收益更大。

> 罚一次200（元），多跑一趟就出来了。就那样偷着跑，逮住就（认）罚，逮不住就赚了。（WF-Wang，卡车司机）

是等还是闯，城配卡车司机也会根据路段和交警的执法严格程度来做选择。如果某些路段没有电子眼，如果某个路口的交警好说话，他们就更可能闯禁行。与超载时的情形一样，他们在与交警交涉的时候，会特别注意自己的态度和表达的艺术。

> 有的路段通行证不给办，就硬闯。别在高峰期闯，别在禁行点闯。一次给F柴油机厂搬家，老厂搬家，我给运东西。在中医院那边交警把我拦下了。交警说："你能走？"我说："师傅，我知道不能走，但是通行证办不了，我又必须走这个路。平常俺不走，就因为星期天我们才走，星期天上班的人少，今天必须搬出来。"跟他说以后，他说："快走，快走。"有时候被交警拦住了，我就说："啊呀，师傅，你罚钱不要紧，别扣分了吧。"他看一看你的本，或者用警务通一查，看你的本里扣没扣分，一年12分，一看你已经扣了9分了，他就不扣你的了。但是钱该罚还得罚，闯禁行罚200（元），还是罚200（元），但是不说是因为禁行，说不按导向行驶了，或者交通设施不安全了，就按不扣分的项目罚你的款。（WF-Li，卡车司机）

3. 限行对城配卡车司机的影响

限行对自雇城配卡车司机和他雇城配卡车司机的影响有所不同。对于自雇城配卡车司机来说，限行的影响主要表现在收入方面。自雇城配卡车司机的活儿一般不稳定，所以他们难以通过提前规划来规避限行的影响。一旦遭遇限行，他们或者不得不等待，而等待对靠趟数挣钱的城配卡车司机来说就意味着收入的减少；或者为了赶时间而闯禁行，而这又可能面临罚款的风险。如果是因货主的要求而闯禁行被罚款，一些货主可能会主动承担罚款，但是有的货主也不会承担。为了维护与货主的关系，卡车司机通常不会找货主要这笔钱。自雇城配卡车司机的运营费用因此便增加了。

> 禁行对短途影响太大了，有时候早上货刚一装完，坏了，到（禁行）点了不能走了。或者是他们（指货主）打电话晚了，九点、十点打电话要你过去，装完车，就到（中午）禁行时间了，下午送过去，回来又遇到人家下班时间限车了。一天就那么点时间。（WF-Wang，卡车司机）

他雇城配卡车司机的收入受禁行规定的影响较小。虽然他们的收入多是按照跑的趟数来定的，但公司一般会通过合理的调度使每位司机每天跑的趟数都基本稳定。如果因为工作需要，司机不得不闯禁行而产生了罚款，则企业会承担这笔罚款，所以限行对他雇城配卡车司机收入的影响并不明显。

限行对他雇城配卡车司机的影响，主要在于因闯禁行扣分而产生的学习相关法律法规的负担[①]。按照规定，持 B 本和 A 本的货车司机，即使是扣 1 分，也需要参加由公安机关和交通管理部门组织的道路交通安全法律法规的学习。如果扣分在 6 分以内，则司机需要在网上学习 3 小时；如果扣分在 6 分以上，则司机需要到交通队所属的学习机构去学习。如果在一个自然年内，12 分扣完，则驾照会被吊销，且需要 2 年后才可以重新申领驾照。当然，通常情况下，12 分扣完的情况是不会发生的，自雇城配卡车司机会想办法消分，企业也会采取相应的策略将雇用的城配卡车司机撤离分被扣完

---

① 自雇城配卡车司机也面临着同样的问题，但是对于他们来说收入问题更为突出。

的危险。① 但无论如何，交通安全法律法规的学习都需要付出额外的时间和精力，频频扣分也会带来较重的精神负担。

> 扣分特严重。电子眼拍，警察也截，现在拍得比较多，监控厉害了。扣钱还好一点，扣分买不了，只能学，重新学。利用休息的时间学习，有时候一个月学两次，比较苦。(BJ-WHM，卡车司机)

（三）"无处可停"

除了禁行，城配卡车司机面临的另一个难题是停车。大城市对车辆合规停放的管理非常严格。城配卡车司机的工作并不只是货车的驾驶，而是涵盖了从装货到卸货的整个过程。无论是装货还是卸货，货车都需要停靠一段时间。但是很多装卸货的地方并没有专门的场地，按交通管理规定又不是停车地点，所以货车如果在此停靠，就会造成违停。

T公司是B市一家从事快销品以及社区团购电商业务配送的企业，业务范围涵盖了B市的五个区。企业经理张先生谈到货车停靠的困境。

> 在夜间的时候还好一些，在白天送货的时候，面临着"无处可停"的情况。大部分五环内的超市或者配送点位附近是没有停车的地方的，所以司机去了之后只能是停到离店铺或者卸货地方最近的那些点，停到这些点就会占路。现在不仅交警能对车辆贴条（指违法停车告知单），好多协警也是有贴条权力的，只要看到车辆违停了，他不管你什么原因，他就是以贴条为目的，贴完就走了。司机在卸完货之后，发现车上有一个违章，没办法，只能自认倒霉。如果要把车停到停车位上，可能

---

① 一位快递公司的车队长指出，为避免司机被扣完12分，企业会把扣分比较多的司机暂时停岗或者把他们调整到不限行的地方。"我们给停岗，给司机几天假期赶紧学，学完减分。或者调整到远郊区县，有的地方不限货（车）嘛，跑个把月再把这分积累回来，再跑。"(BJ-YWL，车队长)

就特别远，卸货的时候会很不方便，甚至要出去一公里能才找到合适的停车地。（BJ-Zhang，企业管理者）

在 C 市，2015 年 12 月 14 日之前，对违禁停车行为处以 150 元的罚款，之后禁停区域扩大，罚款额度降低到 50～100 元，但增加了扣 3 分的处罚。在 B 市，如果因为违停被贴条，则会罚款 200 元并扣 3 分。由于城市配送单次运费较低，一两百元的罚款是不小的支出。

跑一趟 200 块钱，罚 150（块钱），一天就白跑了。跑短途特别要注意这个方面，因为跑一趟钱太少了。（CD-CSG，卡车司机）

要避免违章停车，有两种办法：第一，保证车上有人，看到有交警或协警贴条就赶紧把车开走；第二，将车辆停在合规的停靠地。但是这两种办法都有限制。就第一种方法来看，城配车辆一般不会配备两个人，而司机往往又要参与装卸货，因而不会一直停留在车上。

卸货的时候你去帮忙搭个手，这时候罚单就给贴上去了。（CD-CSG，卡车司机）。

就第二种方法来看，如果合规停靠的地方较远，装卸货就会很不方便。在货量大、单件货物较重和体积较大的情况下，这种不便就更为突出。

一般城市配送基本上都是一个驾驶员，不可能配两个。如果货物比较大、比较重的话，就麻烦了。比如冰箱、洗衣机这种大件，你不可能停两公里以外，再搬过去或者再用小车拉过去，太远了。（BJ-Liu，企业管理者）

四 小结

本章按照找货、装卸货、运输途中三个阶段描述了城配卡车司机的劳动过程。

找货是自雇城配卡车司机劳动过程的起点。与长途运输的卡车司机一样，自雇城配卡车司机努力维护自己的固定客户，因为这样可以有稳定的货源，运价也相对较高。除了固定客户，朋友互相介绍也是自雇城配卡车司机获得货源的一个重要途径。刚刚入行且没有固定客户资源的城配卡车司机则多通过趴活儿和互联网货运平台找货。绝大多数自雇城配卡车司机面临着"活儿少价低"的困境。一方面，受到"疫情管控""经济不景气"等因素的影响，很多自雇城配卡车司机声称2022年跑车趟数大幅减少，经常没活儿干。另一方面，油价上涨、运价下降意味着单次运输的收益下降。两方面因素的叠加，导致自雇城配卡车司机收入下降，经营维艰。

相对于长途运输的卡车司机，城配卡车司机每日运输趟数较多，装卸货颇为频繁。因为每次运输任务都需要经历办手续、装卸车等过程，所以等待是他们劳动过程中的一个突出特征。由于城配卡车司机的收入在很大程度上取决于每天所跑的趟数，他们会想办法缩短等待的时间，如自己参与装卸货、取悦装卸货过程中的"掌权人"等。但是对于很多城配卡车司机来说，他们或者根本没有采取这类行动的空间，或者即使采取这些策略，效果也非常有限。

与长途运输的卡车司机相比，城配卡车司机因为运输距离较短，所以面临偷油、偷货、碰瓷等方面的风险较小，但是由交通管理规定带来的挑战很多。首先是超载问题。城配卡车司机的主力车型——4.2米的蓝牌轻型卡车，因为车辆自重超标导致超载运输成为普遍现象。卡车司机会采取跟交警说好话、夜间行驶等策略躲避或减轻由超载带来的罚款和扣分，但面临着因车辆侧翻而产生的人身安全风险。其次是限行问题。城区对货车的通行时间和通行路段通常都有限制，在大城市这类限制非常严格。面对限行规定，城配卡车司机会综合各种因素做出"等"或者"闯"的行动选择。对于自雇城配卡车司机而言，无论是等还是闯，都面临着收入减少的风险。虽然受雇于企业的城配卡车司机的收入不大会受到限行的影响，但是由闯禁行导致的扣分增加了他们学习交通法律法规的时间和精神负担。最后是停车问题。如果装卸货没有专门的场地（这是很多城市面临的问题），则城配卡车司机往往或者只能将车辆停靠在合规的地方，自行将货物搬运到目的地，或者只能违规停车而遭受罚款和扣分的处罚。前者增加了城配卡车司机的劳动时间和劳动强度，后者则增加了城配卡车司机（或企业）的成本和其他方面的负担。

第四章　同城货运平台中的城配卡车司机

一　同城货运平台概况

信息技术的发展，改变了公路货运业的组织方式。伴随着 2013 年前后的 O2O 浪潮，基于云计算、互联网、大数据的网络货运平台不断涌现。在资本的助力下，同城货运平台飞速扩张，体量呈指数级增长。经过 2015~2016 年的烧钱大战，到 2017 年，同城货运平台第一梯队仅留下了 H 和 K 两大平台。到 2020 年，随着 D 公司和 M 集团纷纷宣布进军同城货运，同城货运市场出现新的分化，形成了 H、K、D 和 M 四足鼎立的局面。

2013 年，同城货运平台 H 在香港创办。2014 年，H 平台进入东南亚市场，年底进入中国大陆，迄今获得 8 轮融资，累计融资额超 25 亿美元。根据 H 平台官网数据显示，截至 2021 年 10 月，平台已覆盖 352 座城市，月活司机达到 66 万人，月活用户达到 840 万人。

根据"华经产业研究院"整理数据显示，2020 年中国数字货运平台总交易额约为 2716 亿元，H 平台总交易额达到 392 亿元（占比 14.4%），占据同城货运市场 50% 以上的份额，H 平台因而被视为同城货运市场的龙头企业[①]。

K 平台成立于 2014 年，定位是"以满足城市短途货运为切入点，实现基于用户位置下单、司机系统派单、在线支付及服务评价的全流程交易闭环的短途货运交易服务平台"。2019 年，K 平台的业务范围已覆盖 6 个国家及

---

①　《2022 年电商快递与网络货运研究报告_ 企业_ Right_ 物流》，https：//business. sohu. com/ a/581519359_ 121123887，最后访问日期：2022 年 11 月 8 日。

地区 346 个城市的超 2000 万用户，拥有 360 万名平台注册司机。① 从 2018 年至 2021 年，K 平台中国内地托运人平均月活跃用户数分别为 69.1 万人、66.8 万人、49.5 万人和 45.6 万人，活跃司机数量从 2019 年的 27.24 万人减少至 2021 年的 21.35 万人，呈现一定的下滑趋势②。2022 年 6 月 24 日，K 平台正式在香港上市。

相比于 H 平台和 K 平台，D 平台建立的时间较晚。开发 D 平台的公司本来业务集中在网约车服务上。2020 年 6 月，该公司成立了一家专门运营同城货运业务的子公司。2022 年 6 月 23 日，D 平台正式上线。上线后 3 个月内，D 平台日订单突破 10 万笔。上线后 6 个月内，D 平台在 8 个城市完成了 1100 万笔订单。

M 集团创立了国内最大的干线物流平台，主要业务是通过技术手段实现车货的高效匹配，减少货车空驶率，目前是干线物流行业的龙头。2020 年 11 月 24 日，M 集团宣布全面进军同城货运市场。同城货运和干线运输虽然运输场景不同，但同属物流业。M 集团在干线运输上积累的数据、客户规模和经营经验，使其很快便在同城货运领域站稳了脚跟，成为 H 和 K 平台等较早入行的同城平台企业的有力竞争对手。

二 基于同城货运平台的劳动过程

在《中国卡车司机调查报告 No.3》中，我们介绍过以城际运输为主营业务的货运平台如何改变车货匹配的方式，进而影响到物流企业和卡车司机的经营状况。同城货运平台与城际运输平台有一致之处，两类平台主要都致力于车货匹配业务，即通过将车主与货主高效联结，提升匹配效率，减少空驶率。两类平台都拉低了货运市场的运价，是导致卡车司机收入降低的重要

---

① 《DD：货运业务日单量突破 10 万，计划年内进入更多城市》，https://www.thepaper.cn/newsDetail_forward_9381469，最后访问日期：2022 年 12 月 3 日。

② 《市场流失、持续亏损、讲不好故事的 K 为何要赴港上市？》https：www.163.com/dy/article/H9GOUANQ055394Y9.html，最后访问日期：2022 年 12 月 3 日。

因素。不同之处在于，同城货运平台较多采用平台定价模式，而城际运输平台以司机竞价模式居多。同城货运平台相对于城际运输平台，对卡车司机劳动过程的控制更多。本节着重叙述城配卡车司机基于同城货运平台的劳动过程。

（一）成为平台用户

卡车司机加入同城货运平台的门槛很低。各大平台的要求基本相近。一般来说，司机需要提供有效身份证、驾驶证，行驶证供平台审核，4.5 吨以上货车需要提交车主的从业资格证和道路运输许可证；车辆的使用年限、保险、货箱长度通常也需要满足一定的要求。

所有平台都要求卡车司机缴纳一定额度的押金。如果加入 H 平台，卡车司机需缴纳 1000 元押金，押金在缴纳 6 个月后可退还，另需缴纳车身广告费用 500 元。无车的司机加入 H 平台，可以租代购，租金根据车型和租期而有所不同。K 平台的押金为 500 元，自缴纳之日起满 3 个月以上，可在离职时申请退还。D 平台的押金也是 500 元，如果是无车加入，则需要缴纳押金 1 万元，且每月需要缴纳 3000~4000 元的租金。M 平台没有对押金的硬性要求，但是如果缴纳 1000 元的保证金，则可以优先抢货。

各平台进入市场之初，为了吸引卡车司机，均会给使用平台的卡车司机较多的补贴与奖励。如 D 平台在建立初期对司机的补贴主要有两类：一是每日的接单奖励补贴，奖励随接单量的提升而增多；二是核心市场在线补贴，只要司机把车停在某个区域内，即使不接单也有补贴可拿。[①] H 平台除了给予司机接单奖励之外，如果司机介绍其他司机加入平台，还会给予司机老人介绍新人的奖励。

（二）会员费和佣金

如表 1-5 所示，除了 M 平台外，其他三大平台均对司机推行会员制。平

---

① 《DD 入局同城货运，一场闪电战，还是持久战？》，https://www.163.com/dy/article/ G3HS9GU5053//XTL.html，最后访问日期：2022 年 12 月 2 日。

台根据不同地区物价和居民消费能力的差异，制定了不同的收费标准。在 B 市，K 平台的会员费为 699 元/年。在 W 市，H 平台白银会员的会员费为 179 元/年，黄金会员的会员费为 319 元/年，钻石会员的会员费为 499 元/年；在 B 市，上述三个级别会员的会员费分别为每年 299 元、599 元和 799 元。会员与非会员、不同级别的会员，享有的权利不同，主要表现在接单数量和抽佣比例上。在 H 平台上，如果卡车司机不购买会员资格则每天只能接两单，且抽佣比例较高。在 K 平台上，与非会员相比，会员抢单成功率更高，而且可以免交信息费。

表 1-5　同城货运平台的会员费和抽佣规则

平台名称	会员费	抽佣制度
M 平台	无	每单抽取技术服务费,计算规则不明
H 平台	白银会员 179 元/年,黄金会员 319 元/年,钻石会员 499 元/年(W 市)	非会员每单抽取 15%,白银会员每单抽取 11%,黄金会员每单抽取 8%,钻石会员每单抽取 5%
D 平台	—	每单抽取技术服务费 10%,缴纳 0.9 元货物保障费,购买会员后可享受一个月每单抽成 4%
K 平台	699 元/年(B 市)	每单抽取 15%的技术服务费,以及 1.5 元物料损失费

注：H 平台在不同地区的会员费收费标准不同。城市消费能力越强，价格越高，部分地区钻石会员费甚至达 1000 元左右。

资料来源：根据网络资料和访谈资料整理。

除了会员费，平台从司机处获得的收入主要是佣金，也称信息费或者技术服务费。各平台的抽佣制度有所差别。H 平台在 W 市的抽佣比例与会员级别相关，非会员每单抽取 15%，白银会员每单抽取 11%，黄金会员每单抽取 8%，钻石会员每单抽取 5%。D 平台每单按照运价的 10%抽取技术服务费，购买会员后可享受一个月每单抽成 4%。B 市的 K 平台每单抽取 15%的技术服务费，以及 1.5 元物料损失费。M 平台每单抽取技术服务费，技术服务费的额度与订单运价、货源在平台上停留时间等因素有关，具体计算规则并不明确。

不知道怎么算的，感觉就是这个活好了，技术服务费就高点，活不好的，时间长走不了的，它就搞个技术服务费限时优惠。（WF-YZJ，卡车司机）

活儿刚出来的时候可能是 32（元），过十分钟以后就变成了 26（元），再过一段时间，如果还没有抢的，就会越来越少、越来越少。有直接秒抢的那种，技术服务费很高。（WF-Liu，卡车司机）

如果通过平台找活儿不是主要的获取货源的方式，则城配卡车司机一般不会购买会员资格，因为这样不划算。但是依赖平台找货的司机则不得不接受平台的规则。由于运输成本上涨、平台订单运价较低，城配卡车司机普遍对平台"两头吃"（会员费和佣金）的做法感到不满。

（三）抢单/派单

M 平台和 H 平台都实施抢单模式，D 平台为派单模式，K 平台则是两种方式兼有。据一位在 K 平台上找活儿的城配卡车司机介绍，在 K 平台上，如果不交会员费，则司机只能接受平台派单，平台每单抽成 10%；如果司机购买了会员资格，则可以在平台上抢单，且平台不抽成。（BJ-Wang，卡车司机）

在抢单模式下，卡车司机能否抢到货以及抢到好货的难易程度，与是不是平台会员、会员级别、平台活跃度等各种因素有关。在 M 平台上，司机需要交 1000 元押金以获得优先抢的权利（一个月只能优先抢 15 天），否则基本上抢不到好货。在 H 平台上，司机如果不购买会员资格，则一天只能抢两单，而且还很难抢到。成为 H 平台会员的司机，如果活跃度高、行为分高、会员级别高，则抢货更容易。

原先的时候看账号，后来又看谁离得近，谁近谁就能抢到。账号分高，活跃度高，就能抢。活跃度就是看你一天能干多少活。你不取消订

单就行，不会被判责任，你的分就高，也别迟到。（WF-Mou，卡车司机）

此外，据一些访谈对象介绍，在 H 平台上，中型货车比小型货车更容易抢到货，因为中型货车抢到单后不会因为装不了货而取消订单，而取消订单则意味着平台佣金收入减少。

> 同一个单，中货车抢了，小货车也抢了，中货车就中了，小货车就不中。就算你行为分、准点率、完单率都比他高，你也不会中，平台优先让大车抢中……他抢中了以后他就不会取消了，因为能上小车的货，大车肯定能装了。取消的话，平台就不能挣信息费了。（WF-Xiang，卡车司机）

抢到合适的订单并不容易。尤其是 2022 年，平台上的货源相比于以前有所减少，好货更少，从事城市配送的卡车司机却有增无减，抢到货很多时候要靠拼手速和"运气"。

> 只能说是凭运气。盯着平台看，出来一个（货源）你就快看一看在哪个地方，觉得这个活差不多能干，直接定，不然过一两分钟直接就让人抢了。有一次我跟客户都沟通完了，到平台上交定金的时候没有了，直接让别人给抢了，人家也不跟货主打电话，直接抢了。（WF-Liu，卡车司机）

（四）定价

与城际运输平台不同，同城货运平台一般由平台计算运价①。在 H 平台

---

① M 平台与其他同城货运平台在订单定价规则上有所不同。M 平台有两种定价方式：一种是货主给出"一口价"，另一种是司机和货主协商运价。由于 M 是从城际运输扩展到同城货运的，平台在同城货运业务上的定价方式也沿用了城际业务的规则。但是一些访谈对象称，M 对同城配送业务也逐渐开始采用平台定价的模式。

上，平台按照运输距离和车型计算运价。不同城市的起步价和每公里单价有所不同。在 B 市，H 平台上的小型面包车 5 公里之内 30 元起步，超过 5 公里则按每公里 3 元计算；中型面包车 5 公里以内 56 元起步，超过 5 公里按每公里 4 元计算。（BJ-Zhao，卡车司机）

1. "吃公里数"

平台对运价的计算主要基于运输距离，所以对距离的测量就成为影响卡车司机单次运费的关键要素。根据访谈对象的反馈，H 平台经常出现"吃公里数"的情况。这是指平台给出的运输距离要小于城配卡车司机实际的运输距离。"100 公里的能差七八公里，差得多的甚至能达到十几公里。"（WF-Wang2，卡车司机）

"吃公里数"的现象可能是由两个原因导致的。一是平台预估距离时没有考虑到实际的路况，如某些区域限行，需要绕路，某些地方需要走地下通道等。如果城配卡车司机跑车途中遇到这些情况，则他们的实际运输距离就会比预估距离要长。

> 平台按照直线距离给你计费。比如说东西走向，走 CA 街（注：B市核心区域的一条街道），有的司机走不了，有的车破的，拉货多的，不是京牌的，走不了 CA 街。直线距离很可能十公里，但是走不了得绕，那你就得走 15 公里。平台按照直线距离收费，但是你得走圆，那你费用不就多了嘛，包括时间、油费。所以一般比较明白的老司机对这种会绕大圈的单都不会接。但是你活儿少，没活儿，那也得接。（BJ-Zhao，卡车司机）

> B 市（有）很多限行道路，有疫情防控封掉的路，原来可以走，但是现在就不让你走，你能咋办呢？只能绕……还有，在平台上接活儿，到地下是没有钱的，下地库不算。比如送到哪个大厦，要下地库，平台就没有这个计算规则。有的地库，能从二环到四环，这边出口上三环，那边出口上四环，十几二十公里就没了，不过那种情况很少。（BJ-Wu，卡车司机）

二是城配卡车司机出于节约成本的考虑所走的路线与平台基于效率预估的路线不同。一位访谈对象指出，有时按照平台给出的路线，需要走高速路，高速路离司机所在地的距离更近。但是货主通常不承担高速过路费，所以卡车司机会选择走下道，这样他所跑的距离就会比平台预估的距离要远。（WF-Wang2，卡车司机）

面对"吃公里数"的现象，一些城配卡车司机会向平台申诉。每当这时，平台一般都会让城配卡车司机与货主协商加钱，但是通常情况下货主不会认可，所以城配卡车司机只能自己承受亏损。有的城配卡车司机可能会通过不把货物运到目的地的方式迫使货主加钱，但是因此招致的货主的差评将对城配卡车司机后续在平台接单产生不利影响。

按照导航是 40 公里，平台算的是 35 公里，非要吃你 5 公里。要不就是直线距离。你要是给客服打电话，客服说咱这是预估距离，和司机实际走的距离是不一样的……我上次就遇到过，我一单下来差了十来公里，我说这个咋算，客服说是平台预估的。我说你预估的不烧油，我这实际的距离才烧油呢！我用百度导航还有高德导航都试了，都是差十几公里。这十几公里烧的都是油，都是钱啊。（平台客服）叫我去和货主协商，让他加钱，每公里 4 块钱，十公里就是 40 块钱，（但是）货主不认可。（BJ-WANG，卡车司机）

如果要绕特别远的路，可以打电话给下单人，说这个路程超出平台显示的距离了，需要补钱。好说话的一两公里就给他送了，他不补钱的话你就带到那里，就不给他送。（BJ-Wu，卡车司机）

2. "多因素"运单

除了"吃公里数"之外，H 平台司机反馈较多的问题是"多因素"运单。所谓"多因素"运单，是指司机接单时，平台不显示运输里程和运价，而是待运输完成后，平台根据路况、天气、里程等多个因素的综合评估给出最终的运价。同样的订单，如果标记的是"多因素"，运输完成后平台显示的运费要比非"多因素"订单的运费低。

> 今年的单子比去年的单子运费还低，去年的单子是以公里数收客户的运费，今年弄了一个"多因素"，同样的活儿，跑同样的地方，去年假如能挣到90多块钱，现在也就拿到手70来块钱。（WF-Wang2，卡车司机）

平台推出"多因素"订单时，对司机给出的理由是为了增加司机的收入。面对实际收入不增反降的情况，城配卡车司机对"多因素"订单颇为不满，认为所谓的"多因素"订单实际上是拿卡车司机的钱给货主当优惠券。

> 就是拿我们的运费给客户当优惠券，相当于给客户便宜了。以前是平台给优惠券，现在是用司机的钱给他当优惠券。（WF-Mou，卡车司机）

被访者声称，目前H平台上90%以上的订单都是"多因素"订单。因此，如果要通过H平台找货，那么尽管"多因素"订单运价低，城配卡车司机也只能接受，没有其他的选择。

（五）过程控制

尽管平台与城配卡车司机之间并非雇佣关系，但是为了保障平台的营利和持续运转，平台必须对城配卡车司机的劳动过程进行控制①。一方面，平台通过补贴和奖励的方式激励城配卡车司机多接单，通过树立榜样激励城配卡车司机在绩效上表现出色；另一方面，平台通过准点率、行为分等量化考

---

① 不同的平台对城配卡车司机的劳动过程的控制有所不同。H平台占据了同城货运市场的较大份额，通过H平台找货的城配卡车司机数量众多，所以本节主要基于H平台的情况展开叙述。

评的方式对城配卡车司机的服务质量进行控制。

1. 激发工作积极性

前面提到，在平台刚进入市场的时候，多通过提供补贴来吸引用户。随着平台用户增多，平台在市场上立稳脚跟，便开始削减或者取消补贴。但是在逢年过节、电商促销的时候，因为对货物运输的需求量大，为了保证车辆的供给，平台也会给予接单的司机一定额度的奖励。

> H平台刚开始的时候不要押金，给司机钱，你贴上车贴一个月给你多少钱，你接单之后在平台上有奖励，今天接（第）一单奖励你40（元），接第二单再奖励你20（元），再接一单再奖励你多少钱，搞这种活动……现在奖励少了，一般是过节的时候，中秋节、国庆节的时候有奖励。它是怕放假了司机不想干，怕万一客户用车找不到司机，所以吸引司机去干，干上几单有个奖励。（WF-Wang2，卡车司机）

除了高峰期的接单奖励，为了激发城配卡车司机的工作积极性，平台还会进行各种评选活动，对业绩出色的司机给予荣誉称号和物质奖励。2022年6月，H平台举办了第五届魅力司机评选活动，从2.5万名报名司机中遴选出十大魅力司机，并给予1万元现金奖励和6个月H平台钻石会员的资格。2022年7月，H平台从平台上66万月活司机中，选出两位达到了百万流水级别的司机，向他们颁发了"百万接单王"的获奖证书和奖杯，并且向两名司机分别发放1万元现金奖励。[1]

2. 时间控制：准点率

H平台上的每位司机都有一个准点率。准点率=最近40张已完成的准点订单数/最近40张已完成的订单数×100%。关于是否准点的判断，平台给出的规则是，如果订单是即时单，则系统会根据司机到达起点附

---

[1] 《HLL奖励"百万接单王"，将建立司机荣誉体系》，https://baijiahao.baidu.com/s?id=17838831923475509&wfr=spider&for=pc，最后访问日期：2022年12月3日。

近一定范围的时间，对比系统给出的预计到达时间，判断订单是否准点；如果订单是预约单，则系统会根据司机到达起点附近一定范围的时间，对比订单的用车时间，判断订单是否准点。准点率越高，司机抢单成功率越高。

> 接上单以后，有20分钟到半个小时之内你过去。迟到了不扣钱，扣你的准点率，准点率降低了，你下一次再想接单，同样的人家也接，人家准点率比你高，人家就接走了，你就接不到了。（WF-Xiang，卡车司机）

3. 行为分

每位在H平台上注册接单的城配卡车司机都有行为分，行为分的满分是120分。如果发生下列情况，行为分会被扣减。

（1）不合理收费

在H平台上，运价由平台规定，但是会存在一些城配卡车司机和客户协商费用的情况。一是城配卡车司机到达装货点之后，发现需要超载超限运输，或者实际工作量超过了货主下单时的说明，便会要求货主加钱，但因此可能被货主以不合理收费为由给出差评甚至投诉。平台也就会因此扣减司机的行为分。

> 我去装货之前跟我说不超高、不超载的，去了又超载、又超高的，还不愿意取消，还不愿意加钱，我就给他闹了闹。他不给钱我就不给他卸货。后来他把钱给了，我把货也卸了。货主想让平台介入让我把钱退回去，怎么可能退回去？平台后来给我扣分了。（WF-Mou，卡车司机）

二是货物的装卸和搬运费用。在H平台上，由平台制定的运价只限定在运输环节，并不包括货物的装卸和搬运费用。如果货主需要城配卡车司机装卸或搬运，就需要和司机协商相关费用①。被访的城配卡车司机指出，他们向货主要求的费用并非不合理，且有时当面与客户达成了一致意见，事后客户却给出差评或者投诉。只要客户给司机差评或投诉司机，平台就很可能扣减司机的行为分，而不会找司机了解具体情况。

> 有一次拉货，我跟客户说好了帮她把东西搬上去，她给我多少钱。她把钱给我了，之后给我评价乱收费，平台也不了解（具体情况），它就认为是你乱收费。（WF-Xiang，卡车司机）

（2）违规取消订单

卡车司机取消订单的原因是多种多样的，有时是因为货主没有备注清楚，电话沟通后司机发现自己拉不了，所以只能取消；有时是因为抢单之后，司机与货主在加价等方面没有谈妥，所以取消；有时则是司机为了绕开平台与货主私下交易而有意取消订单。尽管很多情况下，城配卡车司机认为自己取消订单并不全是自己的责任，但是除非司机能够向平台解释清楚，否则平台都会扣司机的行为分。

> 有时候你接了单子，货主不备注（要求），你（发现）拉不了，或者是货主备注了你没看清，你划上了，平台就派给你了，你看不合适，你取消，会扣5分，也分情节严重不严重，严重的最多一次能扣到40分。（WF-Xiang，卡车司机）

> 客户发（货）超载，我们取消订单，平台判我们的责任。具体什么责任咱不知道，就判是我们的责任，认为我们诱导客户取消。我也不想拉超载，查车查得这么严，也不给加点钱，还叫免费装卸，一说装卸

---

① 2018年，H平台上线了搬运费计价功能，根据货物体积、所在楼层、平地搬运距离等因素综合考量，给出搬运费参考价。货主可选择接受这一标准，也可选择和司机自行协商。

得加钱，平台又给你判责任。（WF-Mou，卡车司机）

（3）跳单

所谓跳单，是指城配卡车司机通过平台抢到单后，为了与客户私下交易而取消订单的行为。司机绕开平台，主要是为了免除交付平台的技术服务费。但是平台能够掌握司机的行动轨迹，所以很可能会发现司机虽然取消了订单，实际上却在执行订单任务。

> 你跑到货主那儿去了，你和货主说这个单子不走平台，走线下，你取消订单。你把货给他拉过去了，平台根据你走的路线知道你把货拉走了，认为你跳单就扣你分。我那次就让平台发现了，我以为只是让客户取消订单就行了。平台扣了我20分呢。（WF-Wang，卡车司机）

行为分的多少直接影响到司机抢单的难易程度。

> 90分以上比较好拉，90分以下还行，能过得去，60分以下就很难拉了。（BJ-Wang，卡车司机）

扣掉的行为分也可以再涨上去，方法是通过多干活儿来"养分"。城配卡车司机或者通过抢单，或者通过接受平台派单，来获得订单。根据平台的规定，每完成10个订单，可以回1分。

> 有时候平台会给你派个单，你必须得把这单给干了，不干（行为分）会越来越低，你干的话，分就会慢慢往上涨。（BJ-Wang，卡车司机）

> 扣了行为分，你再抢单就不好抢了，除非人家不愿意干了，就你干，能抢到单，连续一个星期都很难抢到单。慢慢养分，干10个单加1分，慢慢把分提上去。（WF-Wang，卡车司机）

4. 罚款

有时，平台还会对城配卡车司机的违规行为进行罚款。因为司机加入平台的时候向平台交纳了押金，所以平台会直接从押金中扣除罚款。最经常发生的罚款围绕车贴展开。所谓车贴，就是在车身张贴的关于平台的宣传画面或者文字。

城配卡车司机与 H 平台签订的合作协议中，包含了司机们要在驾驶的车辆上张贴广告的条款。司机贴好车贴才能正常接单。每隔一段时间，平台还会要求司机上传车贴的照片以验证车贴的完整性。司机要在收到车贴抽查通知后三个小时内上传关于车贴的照片，超出三个小时不上传的，或者车贴不完整的，都会被平台处以 200 元罚款。

城配卡车司机张贴车贴，对于平台来说是一举两得的事情。一方面，司机通过张贴车贴为平台免费打了广告；另一方面，这一规定也是一种控制司机加入其他平台的手段。车贴要定期拍照片上传，不合格会扣押金。司机因而不可能同时使用两个平台，因为平台都要求张贴车贴，车贴如果撕下来就很难完好无损地再贴回去。但是，如果按照平台要求张贴车身广告，城配卡车司机可能会被交警以妨碍驾驶的理由罚款。根据《中华人民共和国道路交通安全法》，如果机动车因喷涂、粘贴标识或者车身广告而影响安全驾驶的，司机将被处 200 元以上 2000 元以下罚款。据称，H 平台曾经表示会对交警开出的车贴罚单予以报销，但是有时交警不会开出罚单，且报销需要在线下进行，手续烦琐，所以报销不易实现。后来平台干脆取消了报销，这便使城配卡车司机无论贴还是不贴车身广告都可能因罚款而遭受损失。

5. 封号

封号是平台对城配卡车司机采取的最严厉的一项惩罚措施。被封号，不仅意味着司机无法通过平台接单，而且意味着司机交付平台的押金可能无法取出。

按照 H 平台的规定，如果出现以下三种情况，平台就会对司机封号。(1) 司机在平台的评分低于 4.5 分，将被永久封号。所谓评分，是指近 40 单有效评分订单中，客户对司机评分的平均数。不足 40 单按照实际完成数计算。（2）如果司机的拒单率过高，则会被永久封号。拒单率是指近40张已接的订单中，因司机个人原因没有完成的订单占比。面包车拒单率≥25%，轻货拒单率≥30%，车厢大于3.8米的货车拒单率≥35%，车主就会被永久封号。（3）其他违规行为，包括刷单、共用账号、诋毁公司形象[①]等。

访谈中我们发现，平台对司机封号往往并不限于上述规定的情况。如果城配卡车司机与平台客户之间发生了较为激烈的冲突，平台认定为司机的责任，就很可能对司机封号。一位城配卡车司机讲述了他的朋友因为与客户就费用未能谈妥把货拉走而被平台封号的事情。

> 如果你和客户有纠纷，直接就给你把账号封了。我有一个朋友的账号就被封了，后面好不容易才解决。封完账号就不会给你退钱了，保证金你是拿不回来的。他给客户卸完货了，然后客户让他搬运，因为我们是司机，只负责运输，不负责搬运，但是那客户硬要我朋友给他搬货，又不给钱，（否则）就不点完成订单，我那朋友气不过就把货拉跑了。客户投诉，账号就被封了。后来他好不容易申诉把号要了回来，取出保证金，退出不干了。（BJ-Wang，卡车司机）

（六）纠纷处理

通过平台得到订单的城配卡车司机和货主之间的纠纷主要围绕以下几个方面：运输和装卸过程中发生身体伤害的赔偿；因装卸、搬运、等候等发生的费用不能达成一致意见；双方在互动中的攻击性态度、言语和行为方式等。纠纷发生之后，城配卡车司机和货主都可能找平台申诉，但是平台或者不介入，而让司机和货主进行协商；或者较多地判定为司机的责任并对司机

[①]　如果司机在自媒体上发布了不利于平台的言论，平台就会以扰乱平台经营秩序为由封对司机账号。在某视频网站上，一位城配卡车司机声称自己因此已经被封号15天。

进行惩罚。从前文的过程控制中我们可以明显地看到这一点。在城配卡车司机看来，不管哪个平台都是向着货主的，并不顾及司机的权益。

H平台会建议司机在装卸货时"搭把手"，给出的理由是司机可以因此加快装卸货的时间，从而增加每天跑的趟数。

> 我们每次打电话订完单之后，平台自动就会说，为了让您尽快完成单，司机"搭把手"。它意思是说本来他一个人搬需要10分钟，你帮他一块儿搬，两个人搬，5分钟就干完了，省下那5分钟你就可以去接活。（WF-Wang2，卡车司机）

平台对城配卡车司机"搭把手"的建议却被一些货主当成了司机的分内之事。据称，如果司机没有"搭把手"，货主甚至可以向平台投诉。而在"搭把手"的过程中发生的身体伤害，货主和平台往往都不会给予赔偿。王师傅便有一次这样的经历。他帮一位货主搬运柜子，手被压伤，花费几千元做了小手术，但是货主和平台都没有赔偿，最后不了了之。

> 按照平台上给的价格，我们是不负责装卸的，但是平台又说"搭把手"，弄得客户你不给他装卸他有时候还投诉你。而且"搭把手"你出了事故平台还不承担责任。我去年因为搬一个柜子"搭把手"，手被压坏了，住了7天院，还做了一个小手术，花了好几千块钱。货主不给报，平台也不给报。我问平台客服，他说你在自我保护的前提下才能给货主"搭把手"。最后打电话12345，也没有结果，打免费律师的电话也打不通，最后就不了了之了，自己掏的钱。（WF-Wang2，卡车司机）

三　小结

随着同城货运平台的兴起和扩张，很多城配卡车司机成为平台劳动者。

一些人是在传统的找货方式之外增加了平台这一获取货源的途径，另一些人则是因为平台提供了车货匹配的渠道而选择买车入行。本章介绍了通过同城货运平台获取订单的城配卡车司机的劳动状况。

尽管同城货运平台提供了货源，但是城配卡车司机对同城货运平台的满意度不高。原因在于以下三个方面。第一，平台"两头吃"。城配卡车司机要想在平台上抢单或者抢到好单，通常都需要缴纳会员费。城配卡车司机每完成一个订单，平台还会向之收取一定额度的佣金（也称信息费或技术服务费）。

第二，平台订单运价低。同城货运平台上的订单运价有平台定价和协商议价两种方式。两种方式下的运价都比较低。在平台定价模式下，存在平台预估距离低于司机实际行驶距离的"吃公里数"的现象，以及号称提高司机收入的"多因素"订单事实上却拉低了司机收入的现象。

第三，平台对城配卡车司机的劳动过程进行了较多控制。如，平台为城配卡车司机设置了行为分和准点率，准点率越低，行为分越低，则接单越难。平台要求司机按规定张贴车贴，否则处以罚款。当司机的拒单率、行为分达到某个标准，或者被客户投诉时，平台可能对司机进行封号处理，等等。在城配卡车司机看来，平台对司机责任的判定存在较多不合理之处，并不顾及司机的利益。

第五章 结论

开篇我们提出，既然课题组 2017 年已经对卡车司机的基本信息以及工作生活状况进行了较为全面和翔实的调查[1]，那么对城配卡车司机进行专项研究的价值和意义何在？针对这一问题，我们给出了三个理由。第一，城配卡车司机的工作有其特殊性，因而不应被淹没在卡车司机的"总体一般"中，而需要专门加以呈现。第二，城配卡车司机可以成为一扇窗户，透过它，我们可以看到自课题组 2017 年首次对卡车司机展开调研至今，卡车司机群体的处境是否发生了变化；如果有变化，引致变化的因素有哪些。第三，对同城货运平台的研究，有助于我们更深入地理解互联网物流平台对公路货运业和从业者的影响，从而拓展和深化对平台经济和平台劳动的认识。在本篇的最后一章，我将围绕这三个方面进行概括的叙述，是以完成对全篇的总结。

一 城配卡车司机劳动的特殊性

与长途运输的卡车司机的劳动相比，城配卡车司机的劳动至少在三个方面表现出特殊性。

首先，城配卡车司机的工作更为碎片化。与长途运输的卡车司机装一次货跑几天的工作方式不同，城配卡车司机的一天被切割为多个片段。办理手续、装车、驾驶、卸车、搬运、码放，这些工作在城配卡车司机的一天中至少会两三次甚至更多次地重复。

其次，城配卡车司机更多地参与货物的装卸和搬运工作。这是因为，其

---

[1] 参见《中国卡车司机调查报告 No.1》，社会科学文献出版社，2018。

一，城配司机需要通过参与装卸货物来"抢时间"。相对于长途运输，城配单趟运价较低，这就意味着城配卡车司机格外需要"跑出趟数"以保障其收入，而要"跑出趟数"，就需要缩短单次运输的时间。装卸货是城配中较为耗时的环节，因此城配卡车司机为了"抢时间"，就会在可能的情况下亲自参与装卸货物[①]。其二，城市配送有较大一部分属于 C2C（"客"对"客"）的货物运输。交易主体的性质导致这类运输不可能有专门的装卸工存在，因而城配卡车司机就会较多地参与货物的装卸和搬运工作。其三，相对于长途运输，同城配送的货物体积较小、重量较轻，因而城配卡车司机参与装卸和搬运是可行的。城配卡车司机受雇的企业或货主因此也可以为了降低人工成本而向司机提出装卸和搬运的要求。

最后，城配卡车司机受到的限制更多。因为工作地点在城区，他们比长途运输的卡车司机面临着更多的交通规章的约束。在一线城市和特大城市，这种约束尤其严格。他们在白天通行受限、货车停靠受限，因此更需要等待，需要跟交警说好话，需要承受由违规带来的罚款、扣分和精神压力。除此之外，城配卡车司机还受到来自同城货运平台的限制。虽然他们通过同城货运平台增加了得到货源的机会，但是不得不接受平台的定价规则以及平台对其劳动过程的管控。

二　社会条件的变化与卡车司机的收入困境

我们对城配卡车司机进行专项调研的第二个理由是以城配卡车司机为窗口一窥社会条件的变化对卡车司机的影响。在 2017 年课题组对卡车司机群体展开调研之时，便已出现卡车司机收入下降的趋势。其后，课题组对卡车司机的多次调查均显示，这一趋势不仅没有得到逆转，反而程度在加深。本

[①]　在"抢时间"这一点上，同城配送与长途运输也存在差别。长途运输的卡车司机如果抢时间，可能会通过提高驾驶速度或者优化路线来达到目的，城配卡车司机则不然。这是因为，城区对车辆行驶速度限制在较低水平，而且因为运输距离短，路线规划通常也不具有实质意义。

次针对城配卡车司机的调查表明，城配卡车司机的收入困境颇为突出。数据显示，无论是自雇还是他雇城配卡车司机，2022年的收入都往低收入区间集中，月平均收入在6000元及以内的最高，为43.7%。在B市这样一个高物价的城市，很多受雇于大规模物流企业的城配卡车司机每个月的工资收入仅在六七千元。绝大多数被访的城配卡车司机均感慨"活儿少""价太低""难干"。考虑到很多长途运输的卡车司机因为长途不好跑而转向"倒短儿"，长途运输的卡车司机的收入之困亦可见一斑。

卡车司机的收入困境是一系列社会条件的变化累加的结果。首先，疫情封控。新冠肺炎疫情极大地影响了卡车司机的经营状况。2021年3月，课题组开展的关于疫情影响的调查显示，疫情期间坚持跑车的自雇卡车司机中，超过八成的人收入下降幅度不低于20%，近四成的人收入下降幅度超过了40%。2022年3月，课题组调研发现，卡车司机在2022年3月的收入大幅下降，超过1/3的卡车司机净收入在3000元以下。本次调查显示，虽然疫情封控对城配卡车司机的影响并不像对长途运输的卡车司机那样突出，但是城配卡车司机同样深受疫情的困扰。只要所在城市出现疫情，他们就很可能或者被封在家，或者因为目的地有疫情而无法跑运输。对于跑一趟才有一趟钱的卡车司机来说，疫情封控带来的不仅是收入的减少，而且是巨大的精神压力。

其次，经济不景气。从2014年开始，我国经济进入新常态。近年来，受到房地产调控政策、环保政策、新冠肺炎疫情等因素的影响，我国经济增速缓慢，企业经营困难。许多生产企业倒闭或者减产，卡车司机的货源因此减少。物流企业也面临着成本上升、经营活动受限、利润下降等诸多困境。这些企业或者属于自雇卡车司机的客户，或者属于卡车司机的雇主，它们经营困难也直接影响到卡车司机的收入水平和收入稳定性。

最后，平台压价。在《中国卡车司机调查报告No.3》中，我们曾以城际货运平台为例，展现了互联网平台对货运市场的运价产生的影响。一方面，平台使信息透明；另一方面，平台的竞价模式导致必然出现"价低者得"的现象。由此产生的后果是，不仅平台货源的运价被大幅拉低，卡车司机的固定客户给出的运价也被拉低。同城货运平台虽然在运营方式等方面与城际货运平台不同，但是同样存在压价的问题。本次调查数据显示，91.1%的城配卡车司机认为自己用于找货的平台存在的主要问题是运费低。在所列的平台的各类问题中，该选项的占比最高。然而，尽管平台订单价格低，但是新入行的司机不得不使用平台找货，固定客户逐渐流失（这种情况较为普遍）的"老"司机也越来越依赖平台，由此加剧了城配卡车司机在平台上围绕货源展开的竞争，竞争反过来又进一步拉低了运价。

三 作为平台劳动者的卡车司机

作为传统行业的公路货运业已经日益卷入新经济、新业态。基于大数据和云计算的数字平台改变了公路货运业的组织方式，也改变了从业者——卡车司机的处境。结合本次对同城货运平台和2019年对城际货运平台的调研，我们认为，平台在三个方面改变了卡车司机的工作。

第一，卡车司机的收入水平降低。前文已经对此进行了分析，此处不再赘述。

第二，卡车司机的工作自主性减小。城际货运平台具有明显的撮合性，即通过提供信息，在车主和货主之间建立联结。这种方式虽然影响了劳动力市场的供求和劳动力价格，但是并未影响卡车司机工作的自主性。同城货运平台则不然。平台通过准点率、行为分、客户评价等一系列措施对城配卡车司机的劳动过程进行控制，这意味着因自由而进入货运行业的卡车司机的工作自由度和自主性已然降低[①]。

第三，卡车司机原子化程度和彼此竞争加剧。与车间工人的集体劳动相

---

① 不能否认，平台对城配卡车司机的劳动过程进行管理确实起到了维护市场秩序以及客户合法权益的作用，但是其中的问题也很明显。其一，按照城配卡车司机的说法，平台只是对卡车司机进行管理，却不对货主进行管理，而且平台对卡车司机责任的判定常常有失公允。其二，当以中间人身份出现的平台，对平台劳动者的劳动过程进行实际控制的时候，就已经对其所谓中介的地位提出了否定。这时平台和平台劳动者之间的关系属于何种性质，平台是否应履行雇主的责任，在关于平台经济的相关研究中已经有了很多讨论。

比，卡车司机的劳动是一种个体化、原子化的劳动。"他们大多是从初级社会关系那里得到入行的资源，但入行之后只能随着劳动轨迹各自独立地展开劳动过程。"① 平台加剧了卡车司机的原子化程度，这是因为，当卡车司机通过平台找货之后，他们不仅独立地展开劳动过程，而且对通过建立关系网络、以组织化的方式来得到资源的需求也降低了。不仅如此，平台还加剧了卡车司机之间的竞争。为了获得订单，卡车司机在平台上竞价，使运价不断走低，并由此激发了彼此间进一步的对立。平台对货运市场的介入和扩张，削弱了卡车司机的结社需求和结社力量，这使卡车司机未来面临市场、制度乃至自然环境等多重力量的冲击，可能会处在更为风雨飘摇的境地。

① 参见《中国卡车司机调查报告 No.1》，社会科学文献出版社，2018。

第二篇
冷链运输与冷藏车司机*

沈 原 喻加耀**

* 本文作者谨对王飞女士、王卓群女士、宫宝涵先生、范传文先生、时嵩先生和杨永亮先生的帮助致以诚挚谢意。

** 本报告的问卷由沈原和喻加耀共同设计，问卷数据的处理和分析由喻加耀完成，访谈由沈原完成。北京工业大学社会学系的三位同学参与了部分访谈录音的文字录写工作。本报告由沈原和喻加耀共同写作，由沈原定稿。

第一章 公路货运业的冷链运输与调查方法

一 公路货运业中的冷链运输

（一）冷链运输

"冷链运输"又称"冷链物流"，是指产品在售卖给消费者前，为保证质量与效用而在生产、仓储、运输、销售等各个环节中始终保持处于规定的恒温环境下的一种物流运输模式或系统。图2-1简要地呈现了需进行冷链运输的农产品或其他产品从田间采摘（或来料生产）到运送至消费者（或终端门店）手中的各主要环节。按照承运方式来划分，冷链运输又可分为航空冷链运输、铁路冷链运输、水路冷链运输与公路冷链运输。在我国，公路冷链运输在各运输方式中占比最高，达89.7%（数据截至2020年）。

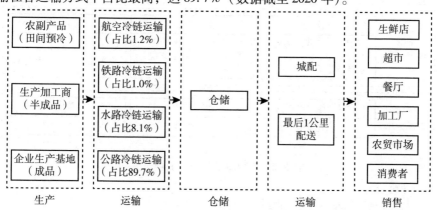

图2-1 冷链运输各环节示意

说明：数据截至2020年。

资料来源：中物联冷链委、平安银行。

从产业链的分工来看，我国冷链运输产业链可大致分为上游、中游和下游三段。主要负责冷链材料生产、设备制造、设施建设、技术研发的为上游，提供冷链仓储和运输等项服务的为中游，而在食品、生鲜类产品和医药产品等领域的具体承运则为下游。其中，按照提供的冷链运输服务类型，中游的诸厂商又可分为主要提供冷库仓储的仓储型服务提供商、主要提供运输服务的运输型服务提供商与综合型服务提供商三类。值得注意的是，我国冷链物流承运产品主要为食品、生鲜类产品（占比达90%），其次为医药产品（占比达9%）（见图2-2）。更进一步地看，我国冷链物流所承运的食品、生鲜类产品中，蔬菜、水果合计占比过半，达52%；其次是肉类，占比为20%；再次为水产品，占比为16%；乳制品与速冻食品合计占比为12%（见图2-3）。

上游 材料/设备/ 设施/技术	材料	设备	设施	技术
	·材料类型：制冷剂、保温材料等 ·代表企业：巨化股份、三爱富、红宝丽、联创互联等	·设备类型：冷藏车、冷藏集装箱、制冷压缩机等 ·代表企业：中集集团、河南冰熊、三花智控等	·设施类型：冷库、配送中心等 ·代表企业：万纬冷链物流、上海郑明现代物流等	·技术类别：仓储技术、运输技术、管理技术 ·管理技术举例：车厢智能温控系统、车辆监控系统、冷链溯源系统等

中游 仓储/运输	运输型	仓储型	综合型
	代表企业：双汇物流、靖海集团、博华物流、众荣物流等	代表企业：太古冷链、普菲斯、山东家家悦、大昌行等	代表企业：顺丰冷运、京东物流、荣庆物流等

下游 物流应用	食品、生鲜类产品	医药产品	其他
	占比90%	占比9%	占比1%

图2-2 我国冷链物流产业链全景

说明：数据截至2020年。

资料来源：中物联冷链委、平安银行、中商产业研究院。

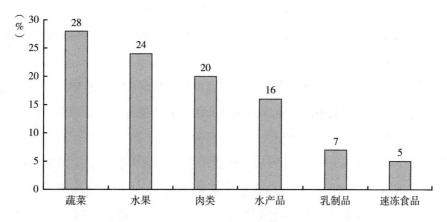

图 2-3 食品冷链需求分类

说明：数据截至 2020 年。
资料来源：中物联冷链委、平安银行。

（二）发展概况

一般认为，我国冷链物流业的发展过程可分为三个阶段：2007 年及以前为第一阶段，2008~2017 年为第二阶段，2018 年至今为第三阶段。

2007 年及以前，我国冷链物流可谓有"冷"无"链"，冷链仓储与运输资源匮乏，冷链基础设施和冷链网络建设缺失，冷链运输行业的总体规模较小，发展处于萌芽阶段。

2008 年，奥运会的承办成为我国冷链物流发展的转折点。彼时国际奥委会和中国奥组委对参赛运动员的食品安全把关甚严，特别是对需要冷藏冷冻的产品要求颇高。逢此机缘，我国催生出一批一体化的冷链物流企业。嗣后，随着一系列支持政策的出台，同时伴随着国家对食品安全和冷链运输标准的显著提高，2008~2017 年，我国冷链物流行业进入规范化起步发展阶段。

2018 年至今为大发展阶段，随着冷链运输基础设施体系日臻完善，行业全方位升级，消费结构升级带动需求持续增长，以及国家出台各项利好政策，加大扶持力度，所有这些都促使我国冷链物流行业的发展驶入快车道。

截至 2020 年，我国冷链物流行业的总市场规模由 2013 年的 900 亿元增长至超过 3800 亿元，同时冷链物流需求总量由 2013 年的 7720 万吨增长至 2020 年的 26500 万吨。

尽管如此，亦应承认，我国冷链物流发展水平同发达国家相比仍存在较大差距。以冷链物流中承运需求占比最高的食品、生鲜类商品为例，我国的蔬果类、肉类、水产品类冷链流通率分别为 35%、57% 和 69%，而发达国家则普遍保持在 95% 至 100%。[①] 从生鲜农产品损耗率来看，发达国家普遍保持在 5% 左右的水平，而我国的水果、蔬菜、肉类、水产品损耗率则分别为 10%、19%、7% 和 9%，[②] 两者差距甚大。由此可见，提高我国冷链运输能力仍然任重道远。

（三）冷藏车司机

本次调查主要聚焦从业于冷链物流产业链中游、主责为提供公路冷链运输服务的冷藏车司机群体，他们有的自己购买冷藏车，作为个体车主直接参与产业链中游的竞争，此即所谓"自雇"冷藏车司机；有的并不拥有冷藏车，而是凭借驾驶技能受雇于提供冷链运输服务的大小公司/车队参与市场竞争，此即所谓"他雇"冷藏车司机。但不论"自雇"还是"他雇"，冷藏车司机都构成公路冷链物流运输业的一个核心工作群体，可以说是冷链运能得以实现的具体承载者，是冷链运输的一个最为重要的环节。

据中物联冷链委数据，截至 2021 年，我国冷藏车保有量已超过 30 万辆。按照一辆冷藏车配备 1~2 名驾驶员来估算，我国冷藏车司机总量应落在 30 万人至 60 万人的区间。这个体量相比于公路货运业中普通货运司机数以千万计的体量而言似乎微不足道。但必须看到，一方面，冷链物流因其相比于普通货运而言，有更大的投入与更高的信息技术要求，素有物流运输业的"皇冠"之称，故从业于冷链物流的冷藏车司机的劳动过程及其与普货

---

① 数据来源于中物联冷链委。
② 数据来源于中物联冷链委。

司机的联系与区别显然值得探究，以昭示其独有特点；另一方面，考虑到当前对冷链物流业日增的社会需求与其蓬勃的发展趋势，冷藏车司机在何种程度上能够成为普货司机一个可能的职业发展方向，亦为业内人士，特别是不少普货司机所关心的议题。故辟专章，详加探讨。

二　冷藏车司机调查概况

本轮调查分为问卷调查与实地访谈两个部分进行，具体情况如下。

（一）问卷调查

1. 实施地点

本轮问卷调查主要分京内、京外两处展开。京外调查仍由传化慈善基金会及传化·安心驿站负责选点，挑选位于杭州的两家冷链运输公司发放问卷，京内调查则挑选了北京市郊的六个冷链运输公司发放问卷。从问卷发放和数据收集角度看，仍带有较为明显的"传化数据"特征，亦难免有系统扭曲之嫌。

2. 调查时间

本次问卷调查自 2022 年 5 月 12 日起，至 2022 年 5 月 31 日止，共计 20 天。

3. 数据回收

本轮调查共计回收问卷 574 份，经清洗后获得有效问卷 540 份。

（二）实地访谈

1. 访谈时间

本轮访谈自 2022 年 3 月起陆续进行，至 7 月底为止，共持续四个月左右的时间。因受疫情影响，本轮实地访谈只能在京内间歇进行。故历时虽长，但收效却非甚高。

2. 访谈人数

本轮访谈共采访坐落于京郊的冷链运输公司 4 个，其中大型冷链物流公司 1 个，中小型公司/车队 3 个，面访基层管理人员和冷藏车司机共计 13 人。需要说明的是，课题组所访谈的大部分基层管理人员亦为卡车司机出身，有多年驾驶普通货车和冷藏车的经历。受访者基本信息如表2-1 所示。

表 2-1　受访者基本信息

序号	受访人编码	职位	性别	出生年代	文化程度*
1	HKLL-CXW	基层管理人员	男	1980 年代	专科
2	JDLL-WY	基层管理人员	男	1990 年代	专科
3	YSCS-YY	基层管理人员	男	1990 年代	初中肄业
4	YSCS-ZJL	基层管理人员	男	—	—
5	HKLL-CL	冷藏车司机	男	1980 年代	中专
6	JDLL-GSL	冷藏车司机	男	1980 年代	初中肄业
7	JDLL-LYJ	冷藏车司机	男	1980 年代	高中肄业
8	FYHR-LHL	冷藏车司机	男	1980 年代	高中肄业
9	FYHR-YHL	冷藏车司机	男	1970 年代	高中
10	HHLL-ZP	冷藏车司机	男	1980 年代	高中
11	YSCS-ZQF	冷藏车司机	男	1990 年代	专科
12	YSCS-ZJD	冷藏车司机	男	1980 年代	初中
13	YSCS-ZZJ	冷藏车司机	男	1980 年代	初中

  * 为保证问卷调查的数据回收量，我们尽可能地对问卷题目进行了精简。鉴于本课题组往年历次调查均表明卡车司机群体的文化程度多为初高中学历，呈现高度一致性，故我们仅在个案访谈中设置了文化程度相关的问题，以进行验证性分析。

  资料来源：2022 年中国卡车司机调查。

3. 访谈结果

本轮访谈录音时长共计 486 分钟，访谈文字录写共计 126100 余字。

本篇即基于这些问卷数据和访谈资料撰写而成。

第二章　成为冷藏车司机——户籍区隔下的择业选择

一　冷藏车司机的基本群体特征

（一）男性群体

本课题组在第一部调查报告中已经指出，我国的卡车司机是一个以男性为主的蓝领职业群体，在该群体内充盈着特定的男性气质。[①] 历年来的多次调查亦一再印证了此一判断，卡车司机群体内男性占比远高于女性。样本冷藏车司机群体的性别结构亦复如是。从本次调查来看，女性占比更是微乎其微。调查数据表明，样本冷藏车司机中男性占比为99.4%；而女性仅有三位，占比为0.6%（见图2-4），这一比例较之普货司机群体内的女性占比还要低许多。

样本中的三位女性冷藏车司机从年龄看均为"80后"，且均在2010年前后考取驾照，目前两位持有C1等级驾照，一位持有B2等级驾照。她们中的两位在2010年后便已经开始驾驶冷藏车，入行较早；另一位在2015年之后才正式成为冷藏车司机。值得一提的是，2015年之后入行的这位女性冷藏车司机是三人中唯一的车主，其入行伊始便购买了冷藏车，购车费用在20万元以内，是一辆F类冷藏车。

（二）精壮劳力

调查发现，样本冷藏车司机多为三四十岁的中年精壮劳力，76.3%的样

[①] 《中国卡车司机调查报告No.1》，社会科学文献出版社，2018。

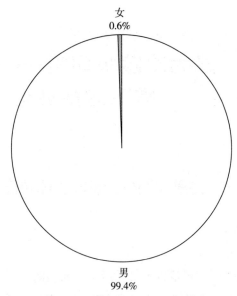

女
0.6%

男
99.4%

图 2-4 样本冷藏车司机的性别

资料来源：2022 年冷藏车司机调查。

本冷藏车司机出生年份在 1971~1990 年。值得注意的是，84.4%的样本冷藏车司机出生于 1990 年及之前，这意味着超过八成的样本冷藏车司机的年龄已大于 30 岁。相形之下，在 1991 年及之后出生的样本冷藏车司机占比仅为 15.5%，其中 1991~2000 年出生的样本冷藏车司机占比为 14.8%，远低于 1981~1990 年出生的占比（41.1%），以及 1971~1980 年出生的占比（35.2%）。由此可见，冷藏车司机职业如同一般货运司机一样，就整体而言"90 后"的年轻一代占比较低（见图 2-5）。

（三）户籍分布

2020 年第七次全国人口普查数据显示，截至 2020 年 11 月 1 日，我国城镇人口占比达 63.9%，城镇化率超过全球平均水平。① 但本课题组的系

---

① 《第七次全国人口普查公报（第七号）——城乡人口和流动人口情况》，https://baijiahao.baidu.com/s? id=1699426296448738782&wfr=spider&for=pc，最后访问日期：2022 年 12 月 19 日。

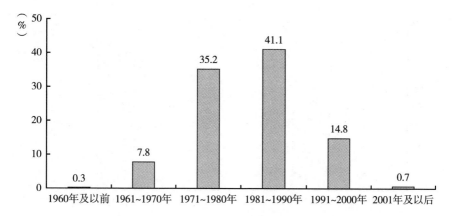

图 2-5 样本冷藏车司机的出生年份

资料来源：2022 年冷藏车司机调查。

列调查均表明，卡车司机这一群体仍以农家子弟为主。样本冷藏车司机群体也不例外。调查表明，约 2/3 的样本冷藏车司机起自田家（占比为63.6%）。然而不可忽视的是，亦有超过 1/3 的样本冷藏车司机为城镇户籍，占比达 36.4%（见图 2-6）。这一比例显然高于本课题组 2017 年调查时所发现的普货司机群体中城镇户籍卡车司机的占比（18.3%）。[①] 这意味着在公路货运业中，相比于普货运输，有更多城镇户籍的劳力愿意选择以冷链运输为业。

（四）地域分布

由于冷链运输业的特殊性，本次调查之线上问卷的发放渠道主要依赖冷链运输公司。调查发现，样本冷藏车司机的户籍分布多为就业公司/车队所在地的周边省份，呈现对于就业公司/车队的某种地域性依附特点（见图 2-7、图 2-8）。

---

① 《中国卡车司机调查报告 No.1》，社会科学文献出版社，2018，第 23 页。

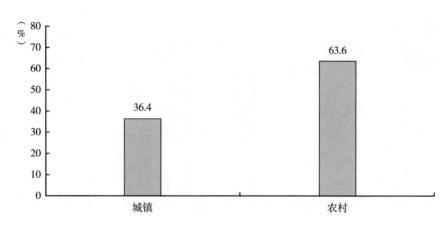

图 2-6　样本冷藏车司机的户籍身份

资料来源：2022 年冷藏车司机调查。

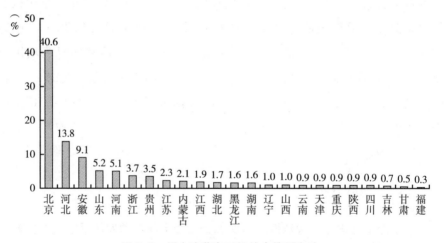

图 2-7　样本冷藏车司机的户籍所在地

资料来源：2022 年冷藏车司机调查。

（五）婚姻家庭

与样本冷藏车司机的主体部分为中青年精壮劳力相匹配，超过九成的样本冷藏车司机的婚姻状况为已婚或离异，且接近九成的样本冷藏车司机至少

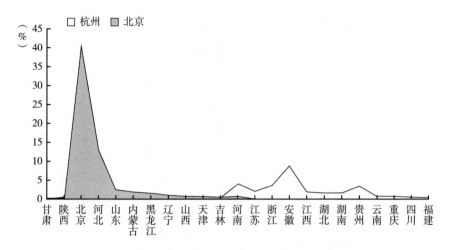

图 2-8 样本冷藏车司机的户籍所在地与就业地的分布情况

资料来源：2022 年冷藏车司机调查。

育有 1 个孩子。这表明，样本冷藏车司机多处于"上有老，下有小"的人生中途阶段，家庭负担不可谓不重。具体说来，37.7%的样本冷藏车司机育有 2 个及以上的孩子，而育有孩子的样本冷藏车司机中，有 81.3%的人，其最大或唯一孩子尚在读书或还没有上学，只有少数样本冷藏车司机的子女业已参加工作（见图 2-9、图 2-10、图 2-11）。

（六）居住地点

调查显示，75.2%的样本冷藏车司机居住在乡村或城乡结合部/城中村（见图 2-12）。究其原因，一方面是大多数冷库和公司/车队驻地都坐落于城郊地带，为了上下班便利，样本冷藏车司机遂大多选择居住在公司/车队周边；另一方面是超过六成的样本冷藏车司机是农村户籍，这意味着他们大多在市区内并无房产，若租住在市区则生活成本更高，负担太重。相比之下，城镇户籍的样本冷藏车司机有 41.6%的人居住在市区，而在农村户籍的样本冷藏车司机中这一比例仅为 15.1%（见图 2-13）。

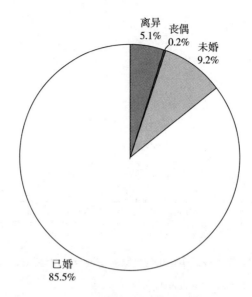

图 2-9　样本冷藏车司机的婚姻状况

资料来源：2022 年冷藏车司机调查。

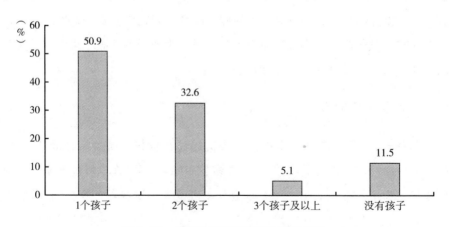

图 2-10　样本冷藏车司机育有孩子情况

资料来源：2022 年冷藏车司机调查。

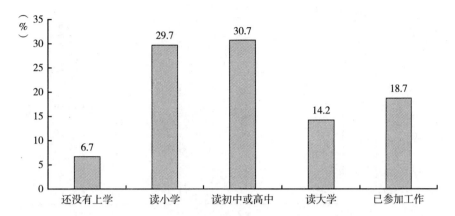

图 2-11　样本冷藏车司机孩子的工作状况

资料来源：2022 年冷藏车司机调查。

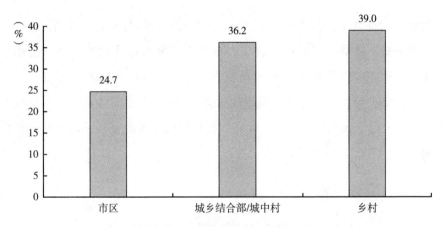

图 2-12　样本冷藏车司机的居住地

资料来源：2022 年冷藏车司机调查。

（七）住所来源

冷藏车司机的居住地点在一定程度上反映其生活习惯、社交往来等情况，而其日常住所是否为租赁而来，一方面可以作为其生活成本高低的一个测量指标，另一方面也可构成对其与周围社区及成员交往互动情况的一个观

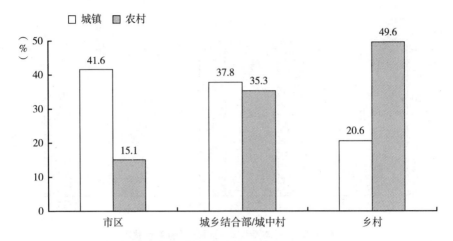

图 2-13　不同户籍样本冷藏车司机的居住地分布

资料来源：2022 年冷藏车司机调查。

测维度。调查显示，样本冷藏车司机中有 62.2% 的日常住所为租赁而来，在这部分样本冷藏车司机中，有 79.3% 的人日常所居住的房屋为自己租赁而来，另有 20.7% 的样本冷藏车司机住在公司/车队/老板为其提供的租舍内（见图 2-14）。除此之外，值得注意的是城镇户籍的样本冷藏车司机仅有 35.9% 的人居住在租赁房屋内，而在农村户籍的样本冷藏车司机中这一比例则高达 77.2%（见图 2-15）。

（八）居住形态

调查显示，接近六成的样本冷藏车司机与父母/配偶/伴侣/子女即家人同住（占比为 59.8%），而 22.6% 的样本冷藏车司机为独居，另有 11.0% 的样本冷藏车司机与同事一起居住（见图 2-16）。相较而言，有接近八成的城镇户籍的样本冷藏车司机与父母/配偶/伴侣/子女同住（占比为 78.0%），而在农村户籍的样本冷藏车司机中这一比例为 49.3%；城镇户籍的样本冷藏车司机中独居或与同事同住的比例合计为 16.7%，而在农村户籍的样本冷藏车司机中这一比例高达 43.3%（见图 2-17）。由此可见，尽管从事相同的工作，但城镇户籍与农村户籍的样本冷藏车司机在居住地、住所来源、居住形态等诸多方

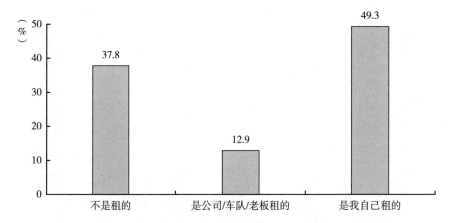

图 2-14　样本冷藏车司机的住所来源

资料来源：2022 年冷藏车司机调查。

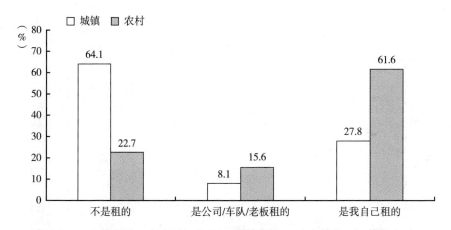

图 2-15　不同户籍样本冷藏车司机的住所来源

资料来源：2022 年冷藏车司机调查。

面均有较大区别。

　　课题组在本次调查中特别注重两个问题。首先就是冷藏车司机的居住问题。之所以如此，系因其与卡车司机的再生产方式密切相关。此次调查样本中绝大多数冷藏车司机承担的都是短途运输业务，故具备下班后回家居住的基本条件，无须如长途普货司机那样，在送货途中常常蜷缩于车上或在高速

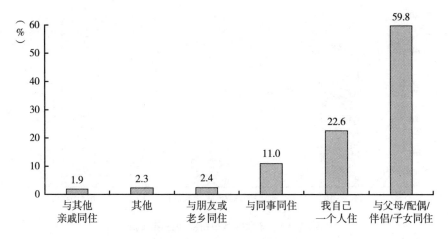

图 2-16　样本冷藏车司机的居住形态

资料来源：2022 年冷藏车司机调查。

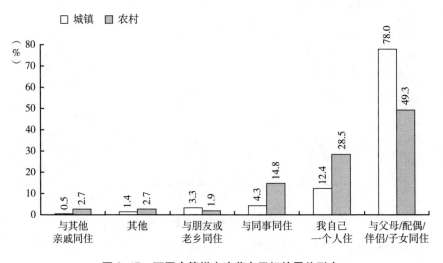

图 2-17　不同户籍样本冷藏车司机的居住形态

资料来源：2022 年冷藏车司机调查。

公路的休息区内过夜，无法与家人团聚。因此，对大部分在家居住的冷藏车司机而言，居住地紧邻公司/车队可使通勤时间大为节省，从而增加家庭生活时间，而下班回家则不仅使这些司机至少能够在家吃上一顿热饭，而且可更多地承担各种家庭义务，如照顾子女、看护老人等。一般而言，这些冷藏车司机的日常生活要比长途普货司机正常许多。当然，并非全部冷藏车司机都可如愿过上与家人团聚的生活，亦有外地户籍的样本冷藏车司机因子女就学等原因而不得不将妻儿留置在老家，孤身一人在外打工。他们的生活显然比不上那些有条件与家人同住的样本冷藏车司机。

> JDLL 的司机 LYJ 是河北邢台人，已四十多岁了，他在 JD 当司机多年，有两个小孩，老大已读高三，准备参加高考，为此他不得不让媳妇在老家留守，照看孩子，而他自己孤身一人在外打工。他在 JDLL 公司所在地北京通州租农民的房子住，为了省钱，平时不得不自己开伙做饭，"工作忙时也只能在外边对付一口（饭）"。可见，此类样本冷藏车司机的日常生活比起那些与家人同住的样本冷藏车司机，在食宿等方面皆可谓差之远矣。（JDLL-LYJ 访谈录等）

其次是户籍因素的深远影响。改革开放已经 40 多年，人们似乎越来越感觉不到户籍制度的存在了。但实际上，户籍制度依然发挥着不容忽视的作用，虽说在有些方面似已不易为人觉察。一个鲜明的体现就是城乡不同户籍人口的相关择业取向。相比于长途普货司机，样本冷藏车司机显然拥有更好的生活与居住条件；进一步看，相对于农村户籍的样本冷藏车司机，城镇户籍的样本冷藏车司机在居住地、住所来源（是否租赁）、居住形态等方面都具备更好的条件。但这并未能吸引更多的城市户籍的年轻劳力选择以此为业。调查表明，总体上随着出生时间的推移，城镇户籍的样本冷藏车司机的占比越来越低，其中出生于 1991 年及以后的占比仅为 2.9%。与之相比，出生于 1991 年及以后的农村户籍的样本冷藏车司机占比达 22.7%（见图 2-18）。这表明冷藏车司机这个职业不仅现在仍是以农家子弟为主体的职业群体，而且也看不到今后有任何根本改变的迹象。事实上，不论是就特殊而言的冷藏车司机，还是就一般而言的卡车司机，这类职业在当下都不为"城里人"和青年人所心仪。

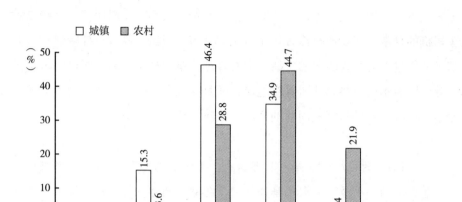

图 2-18　不同户籍样本冷藏车司机的出生年份

资料来源：2022 年冷藏车司机调查。

二　考证与入行

（一）考取驾照

调查表明，70.8%的样本冷藏车司机考取驾照的时间在 2010 年及之前。结合样本冷藏车司机的出生年份来看，则可见出生于 1971～1980 年的样本冷藏车司机，有 56.4%的人在 2001 年以前已经考取了驾照，而出生于1981～1990 年的样本冷藏车司机，有 69.1%的人在 2010 年及以前考取了驾照。考虑到出生于 1971～1990 年的样本冷藏车司机合计占比达 76.3%，不难推论，绝大多数样本冷藏车司机均是在二十余岁时考取驾照的（见图 2-19、图 2-20）。

（二）驾照类型

从样本冷藏车司机目前持有的驾照类型来看，27.1%的样本冷藏车司机持有 C 等级驾照，这意味着他们最多只能驾驶两轴蓝牌冷藏车。除此之外，

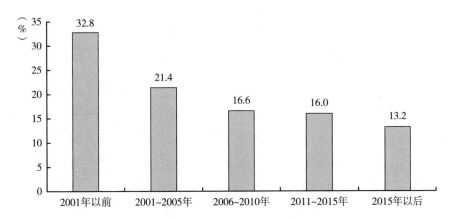

图 2-19 样本冷藏车司机考取驾照的时间

资料来源：2022 年冷藏车司机调查。

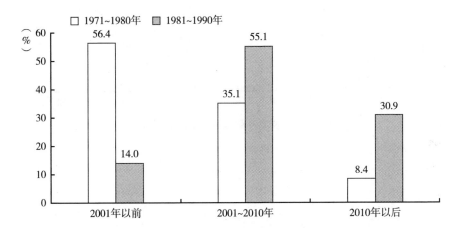

图 2-20 不同出生年份下样本冷藏车司机考取驾照的时间

资料来源：2022 年冷藏车司机调查。

50.2%的样本冷藏车司机持有 A 等级驾照，22.7%的样本冷藏车司机持有 B
等级驾照（见图 2-21），这意味着他们可以驾驶那些准驾资格要求更高的冷
藏车。值得注意的是，在城镇户籍的样本冷藏车司机中，有 75.6%的人拥
有 A 等级驾照，而在农村户籍的样本冷藏车司机中，这一比例仅为 35.6%；

就考取难度相对不算甚高的 C 等级驾照而言，城镇户籍的样本冷藏车司机持有此等级驾照的比例仅为 7.7%，而农村户籍样本冷藏车司机持有此等级驾照的比例则高达 38.4%（见图 2-22）。对从事公路货运业的卡车司机而言，所持有的驾照类型，一方面是对其在所从事职业中必备劳动技能之掌握程度的直观判断，另一方面也是其求职或作业过程中的准驾资格凭证。从以上两点来看，不论是在劳动技能的掌握程度上，还是在准驾资格的灵活性与适用性上，城镇户籍的样本冷藏车司机都要比农村户籍的样本冷藏车司机更胜一筹。

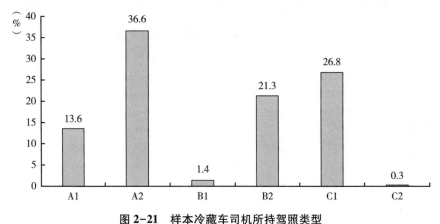

图 2-21　样本冷藏车司机所持驾照类型

资料来源：2022 年冷藏车司机调查。

（三）入行时点

前述调查数据表明，过半（54.2%）的样本冷藏车司机在 2005 年及之前便已取得驾照（见图 2-19），但超过 3/4 的样本冷藏车司机在 2011 年及之后才开始驾驶冷藏车，进入公路冷链运输业（占比为 75.2%）（见图 2-23）。一方面，这说明近年来冷链运输行业趋热，吸引了更多的"新人"从事冷藏车司机这一职业；另一方面，这也表明对相当一部分样本冷藏车司机而言，当初考取驾照并非专为从事冷藏车司机这一职业做准备，从事公路冷链运输多是他们在职业生涯业已开始一段时间后，出于不同原因进行再次职业选择的结果。

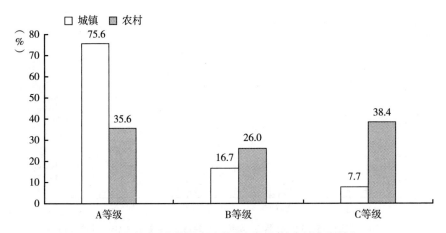

图 2-22 不同户籍样本冷藏车司机所持有的驾照等级

资料来源：2022 年冷藏车司机调查。

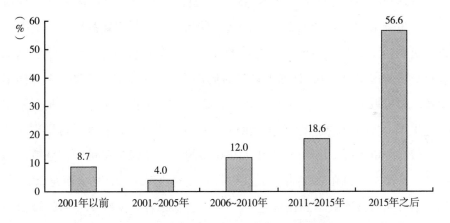

图 2-23 样本冷藏车司机开始驾驶冷藏车的年份

资料来源：2022 年冷藏车司机调查。

乍看之下，这一情况对于农村户籍的样本冷藏车司机似乎更为突出。农村户籍的样本冷藏车司机中，有 88.5% 的人在 2011 年及之后开始驾驶冷藏车，而在城镇户籍的样本冷藏车司机中这一比例为 52.1%（见图 2-24）。

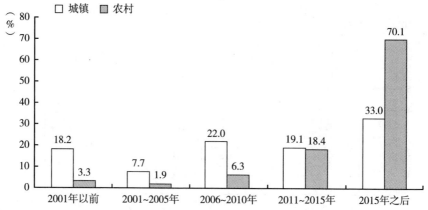

图 2-24 不同户籍样本冷藏车司机开始驾驶冷藏车的年份（分类占比）

资料来源：2022 年冷藏车司机调查。

考虑到不同户籍类型的样本冷藏车司机的年龄分布有所区别（如前所述，出生于 1991 年及之后的样本冷藏车司机中，农村户籍的比城镇户籍的占比更高，而出生于 1970 年及之前的样本冷藏车司机中，城镇户籍的则比农村户籍的占比更高），且加上自然时间的限制（如出生于 1992 年的样本冷藏车司机最早也只能在 2010 年才能开始驾驶冷藏车），在接下来的分析中对出生于 1970 年及之前的样本与出生于 1991 年及之后的样本进行了剔除处理。数据分析表明，出生于 1971～1990 年的样本冷藏车司机中，城镇户籍的样本冷藏车司机在 2005 年及之前取得驾照的比例是 83.5%，而在 2010 年及之前开始驾驶冷藏车的比例是 41.8%，这意味着至少有 41.7% 的城镇户籍样本冷藏车司机为 2005 年及之前取得驾照，而在 2010 年之后才开始驾驶冷藏车。与之相比，农村户籍的样本冷藏车司机中有 54.1% 的人是在 2005 年之后取得驾照，而在 2010 年之后开始驾驶冷藏车的比例为 88.4%，这意味着最多有 34.3% 的农村户籍样本冷藏车司机为 2005 年及之前取得驾照，而在 2010 年之后才开始驾驶冷藏车（见图 2-25）。

这就说明，如果设定冷藏车司机这一职业是调查中以三四十岁的精壮劳力为主的样本群体在职业生涯中的最终职业，那么从其考取驾照、获得

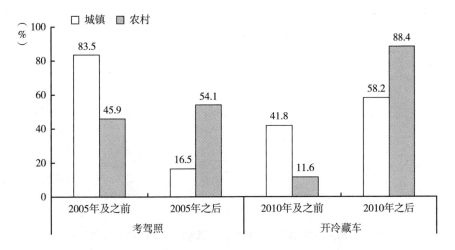

图 2-25 样本冷藏车司机考驾照与开冷藏车的年份分布
(出生于 1971~1990 年的样本)

资料来源：2022 年冷藏车司机调查。

从业资格开始计算，农村户籍的样本群体平均花费了更少的时间便选定了这一份工作，而城镇户籍的样本群体则刚好相反，他们平均花费了更多的时间才决定以此为业。这一方面是因为考取驾照对于出生于 1971~1990 年的城镇户籍样本冷藏车司机来说似乎更加容易（这可能是由对考取驾照所需投入成本的承受能力、获得相关培训资源的便利程度及周边社群对考取驾照的意愿程度等多方面因素共同影响导致的），另一方面则是受到行业发展背景的影响。我国公路冷链运输业自 2008 年才开始迎来高速发展期，进而快速吸纳大批冷藏车司机入行（样本冷藏车司机中 2010 年之后入行的占比达 75.3%，而 2015 年之后入行的占比更是超过半数，占比达 56.6%）。农村户籍的冷藏车司机开始大量进入，相形之下，此前冷藏车司机这一职业较多地是由拥有驾驶技能的城镇户籍劳力从事（如图 2-26 所示，样本冷藏车司机中，2010 年及之前开始驾驶冷藏车的城镇户籍司机占比总计达 17.4%，而 2010 年及之前开始驾驶冷藏车的农村户籍司机占比总计仅为 7.3%）。

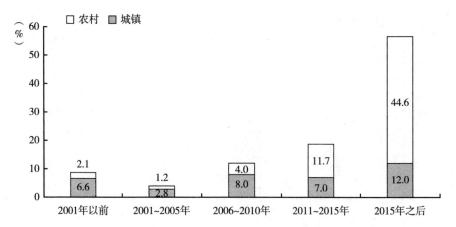

图 2-26 不同户籍样本冷藏车司机开始驾驶冷藏车的年份（总计占比）

资料来源：2022 年冷藏车司机调查。

（四）"中继职业"

那么在样本群体开始驾驶冷藏车之前，曾从事过哪些工作以作为"中继职业"呢？调查显示，绝大多数样本冷藏车司机在从事冷链运输之前曾驾驶过普通卡车（占比达 77.2%）。可见，大多数样本冷藏车司机都是先从事普通公路货运，尔后才进入到公路冷链运输业的（见图 2-27）。在不同户籍的样本冷藏车司机中皆是如此。但有所不同的是，城镇户籍的样本冷藏车司机在入行之前曾驾驶过普通卡车的比例低于农村户籍的样本冷藏车司机（见图 2-28）。对此，一个可能的解释是，即使对于驾驶冷藏车这样准入门槛相对并不算高（超过 1/4 的样本冷藏车司机仅持有 C 等级驾照）、就业信息获取亦不算太难的岗位，城镇户籍的样本冷藏车司机也似乎具有更多的岗位资源获取渠道，从而获得某种就业优势。户籍因素对冷藏车司机入行影响亦由此可见一斑。

在曾经从事过普货运输的样本冷藏车司机群体中，44.2% 的人所驾驶车型为两轴蓝牌卡车，23.7% 的人所驾驶车型为两轴黄牌卡车，32.0% 的人所驾驶车型为三至六轴卡车（见图 2-29）。引入户籍因素后可见，城镇户籍的样本冷藏车司机从事冷链运输之前，驾驶两轴蓝牌卡车和两轴黄牌卡车的比

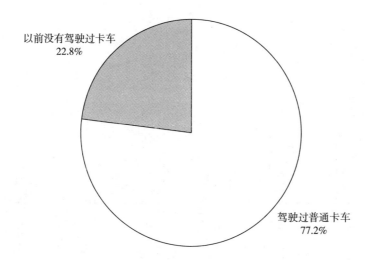

图 2-27 样本冷藏车司机入行前驾驶卡车的情况

资料来源：2022 年冷藏车司机调查。

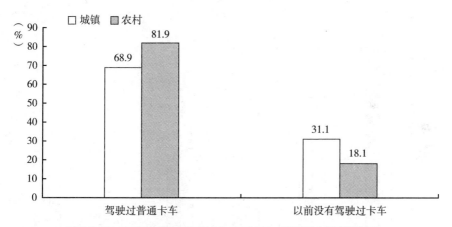

图 2-28 不同户籍的样本冷藏车司机入行前驾驶卡车的情况

资料来源：2022 年冷藏车司机调查。

例为 77.8%，而在农村户籍的样本冷藏车司机中，这一比例为 63.3%（见图 2-30）。这表明在曾经驾驶过普通卡车的冷藏车司机中，有将近七成的人曾是从事中短途运输的。其中，城镇户籍的样本冷藏车司机群体比农村户籍的样本冷藏车司机群体更多地在城市周边开展运输服务。

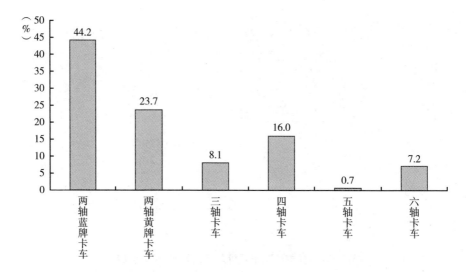

图 2-29　样本冷藏车司机从事普货运输时所驾车辆类型

资料来源：2022 年冷藏车司机调查。

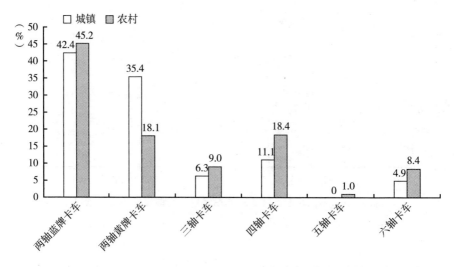

图 2-30　不同户籍样本冷藏车司机从事普货运输时所驾车辆类型

资料来源：2022 年冷藏车司机调查。

（五）入行动因

既然近八成的样本冷藏车司机（77.2%）在进入公路冷链运输业之前已在驾驶卡车，从事普货运输，那么他们为何要改做冷藏车司机呢？改行的原因是多种多样的。本次调查表明，44.6%的样本冷藏车司机因其"工作环境比较洁净"而选择这一份工作，34.8%的样本冷藏车司机因认定其"运送货物相对单一，易于处理，不像普通零担那样复杂"而选择这一份工作，34.5%的样本冷藏车司机因"货源相对稳定"而选择这一份工作（见图2-31）。值得注意的是，在从事冷链运输之前没有从事普货运输经历的样本冷藏车司机群体中，勾选"入行容易"这一选项的比例最高（见图2-32）。

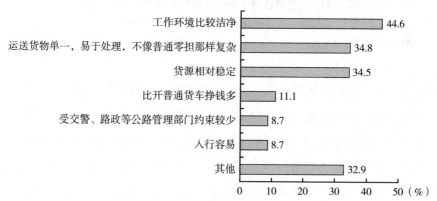

图2-31　样本冷藏车司机入行的主要动因

资料来源：2022年冷藏车司机调查。

在访谈中，那些有过普货运输经验的样本冷藏车司机还经常强调，相形之下，冷藏车司机的劳动过程似更为"单纯"一些，只管安心运输即可，无须顾及其他，而普货司机则"什么活都得干"，除了驾车之外，还要参与装车、卸货、点数、交接等各种杂活，自雇卡车司机还需要找货、结账等，实在是烦琐无比，结果弄得"老板不像老板，司机不像司机，装卸工不像装卸工"。所以，公路冷链运输不仅具有"运送货物单一，易于处理，不像普通零担那样复杂"的好处，似乎还有劳动过程比较"单纯"的好处。在

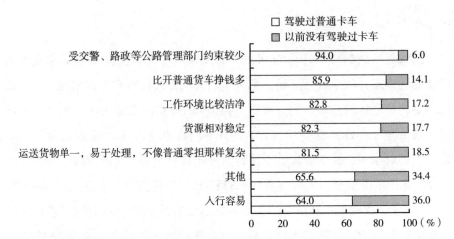

图 2-32 驾驶过普通卡车和以前没有驾驶过卡车对样本
冷藏车司机入行动因的影响

资料来源：2022年冷藏车司机调查。

后文对冷藏车司机劳动过程的分析中可以看到，究其原因，这一方面是相比于普货运输，冷链运输行业集中度更高，企业运行管理也相对更为规范，另一方面是企业管理者对于冷藏车司机的劳动过程的管控更加严格。如果再考虑到后文将有论述的自雇冷藏车司机"加盟"与他雇冷藏车司机"包车"等情形，以及公路冷链运输本身的特殊性所带来的劳动过程的独特属性，那就可以断言，实际上冷藏车司机的劳动过程远非如这些样本冷藏车司机所描述的这般"单纯"。（YSCS-ZZJ、YSCS-ZJD、YSCS-ZQF 访谈录）

论及入行动因，深究起来其实还可分成"主动入行"和"被动入行"两种。图2-31、图2-32所展示者皆可谓"主动入行"的动因。样本冷藏车司机无论是否具备驾驶普货卡车的经历，其入行都是个人的主动选择，而选择动因或则来自过往经验的总结，如上述"运送货物单一，易于处理，不像普通零担那样复杂"和"工作环境比较洁净"等，或则来自司机们的主观想象，如"受交警、路政等公路管理部门约束较少"和"比开普通货车挣钱多"等，但无论动因若何，入行公路冷链运输业皆为他们主动选择的结果。但还有一类司机的入行可称为"被动选择"。课题组在京郊调查某据称是国内规模排位数一数二的大型冷链运输公司时，就碰到过两位自称"特别倒霉"的冷藏车司机。他们两位原来都是该公司快递运输部门的普货司机，专跑"传站运输"。"传站运输"就是将快递包裹从分拨中心运送到社区站点的运输环节。由于需要抢时间运送货物，"传站运输"车辆常常会因违反市区禁行条令而受到交警处罚。这两位司机就是因此而被罚分殆尽，驾照降级而从该公司快递部门转行进入冷链部的。驾照降级使他们只能驾驶两轴蓝牌冷藏车，工资收入下降不少，是故两人抱怨不止，连称倒霉。这两位司机或可代表被动转行的案例。（JDLL-LYJ、JDLL-GSL 访谈录）

（六）获得技艺

驾驶冷藏车、从事冷链运输无疑是需要一套特定的知识和技艺的。新入行的冷藏车司机是如何掌握这些知识和技艺的呢？调查显示，任职公司/车队的培训是样本冷藏车司机掌握相关专业技能的主要渠道，占比达 74.6%。除此之外，在该题目中勾选"自己阅读相关手册""卡友/朋友的互相教育""挂靠公司/车队的培训"等选项的样本冷藏车司机占比均超过 20%（见图 2-33）。可见，公司/车队的培训仍然是帮助新入行的冷藏车司机获得相关知识、掌握专门驾驶技能的主渠道，表明制度安排在技艺传承领域之不可替代的巨大作用。

三 自雇还是他雇？

成为冷藏车司机不仅需要具备一定的驾驶资格，掌握冷链运输相关的知识与技艺，更为重要的是还需要有一辆冷藏车作为基本的劳动工具，以及掌握稳定的冷链货物信息，以确保运输作业的持续进行。在这个意义上，"人-车-货"三者相互间的"对位匹配"是公路货运业的工作过程得以顺利开展的前提。[1]

---

[1] "匹配"是一个重要的社会学概念，目前学界对之研究尚不充分。在另一本书中，我们曾区分出"对位匹配"、"错位匹配"和"匹配紊乱"三种"匹配"类型（参见沈原、刘世定、李伟东主编《社区治理：价值匹配（NGT）分析方法》，第三章"匹配问题"，社会科学文献出版社，2017）。简单说来，在本报告中，"对位匹配"就是指工具、可得资源和目标之间的相互契合状态。

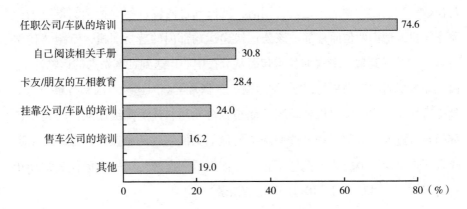

图 2-33　样本冷藏车司机在入行之初获得相关专业知识和技巧的途径

资料来源：2022年冷藏车司机调查。

在这个过程中，卡车司机作为劳动主体参与公路货运劳动，具有两个不同的入行模式和工作体制：一是"以人找车"，二是"凭车找货"。前者是指卡车司机将自身的劳力在人力资源市场上出售，以寻找拥有车辆与货物信息的雇主，进而开展货运劳动；后者则是指卡车司机个人或家庭先行购置卡车，随后携带车辆在货运市场上寻找适合的货物，进而开展货运劳动。如《中国卡车司机调查报告 No.1》中所界定的，课题组依例将在"以人找车"模式下入行和运作的样本冷藏车司机称为"他雇"司机，而将在"凭车找货"模式下入行和运作的样本冷藏车司机称为"自雇"司机。换言之，对普货司机中"自雇"与"他雇"的划分在冷藏车司机群体中同样适用。调查发现，在样本冷藏车司机中，所驾驶冷藏车为自己购买的或者按照行话所说"自己养车"的，亦即自雇冷藏车司机，占比为22.0%；自身并不拥有冷藏车，而是为他人开车的即他雇冷藏车司机，占比为78.0%，占绝大多数（见图 2-34）。据此可以形成判断：在冷链运输行业中，他雇卡车司机占据大多数。这一点又极大地区别于普货运输行业。后者迄今为止仍然以自雇卡车司机为主体，保守估计也占到90%以上。[1]

———————

[1]　参见《中国卡车司机调查报告 No.1》，社会科学文献出版社，2018。

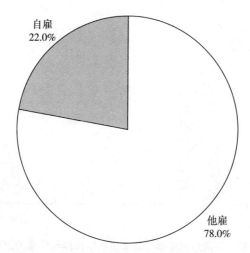

图2-34　样本冷藏车司机中自雇与他雇的比例

资料来源：2022年冷藏车司机调查。

在公路货运业中，运力的最小单位可以视为一个具备驾驶技能的劳力与一辆货运车辆的匹配。在这个意义上，如果说选择"凭车找货"模式的自雇司机所参与的货运市场是基于运力、运能、运输质量与服务质量而展开的对货源的竞争，那么选择"以人找车"模式的他雇司机所参与的人力资源市场则可视为支撑货运市场运行的二级市场。这就意味着，就公路运输业而言，自雇司机所处市场的复杂程度与竞争的激烈程度都要高于他雇司机。尽管前述数据表明，城镇户籍的样本冷藏车司机不论是在平均驾龄（代表积蓄购置冷藏车所需费用的时间长短）、驾照等级（代表所拥有劳动技能的高低），还是在其驾驶冷藏车的经历时间（代表在冷链运输行业的知识、技能及相关资源的储备与积累程度）等方面都优于农村户籍的样本冷藏车司机，但农村户籍的样本冷藏车司机购置车辆、成为自雇司机的比例却远高于城镇户籍的样本冷藏车司机，前者占比达29.3%，而后者占比仅为9.1%（见图2-35）。

直观地看，这在一定程度上或可用农村户籍的样本冷藏车司机更多地拥有驾驶普通卡车的经验，从而更多地依赖普货运输业界前辈卡友的"成功路径"来解释：先考取驾照，成为他雇司机；通过给雇主开车积累经验并

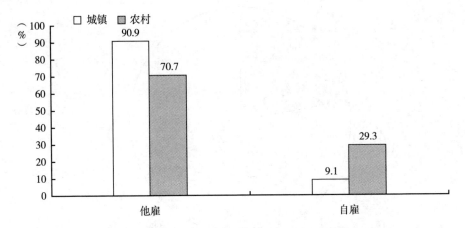

图 2-35　不同户籍样本冷藏车司机中自雇与他雇的比例

资料来源：2022 年冷藏车司机调查。

有了一定的积蓄后再贷款买车，成为自雇司机；然后开始独自"跑车"赚钱。如课题组前几部调查报告所示，大多数从事普货运输的卡车司机都是沿着这条道路成长起来的。但通过数据分析可以发现，城镇户籍的样本冷藏车司机中同样也有较高比例的人员具有曾经驾驶普货卡车的经历，两者比例的差别并不很大。农村户籍的样本冷藏车司机中有 81.9% 的人驾驶过普通卡车，城镇户籍样本冷藏车司机中有 68.9% 的人驾驶过普通卡车（见图 2-28）。假设驾驶普货卡车的经历对样本冷藏车司机转入冷链运输业的模式选择作用是给定的，即是大体相同的，那么对拥有驾驶普通卡车经验的城乡两种户籍的样本冷藏车司机而言，促动其变成"自雇"司机的概率应该是一致的；进而言之，城乡两种户籍的样本冷藏车司机中"自雇"司机的占比之比，应与城乡两种户籍的样本冷藏车司机中"驾驶过普通卡车"的占比之比接近。但情况并非如此：前者约为 1∶3，而后者约为 7∶8，其为悬殊。

　　事实上，尽管不论是选择"凭车找货"模式入行与工作的样本自雇冷藏车司机，还是选择"以人找车"模式入行与工作的样本他雇冷藏车司机，其从事公路冷链运输之前驾驶过普通卡车的人员都占大多数（前者占比为 69.0%，后者占比为 79.5%），但样本自雇冷藏车司机中"以前没有驾驶过卡车"的占比，相比于样本他雇冷藏车司机而言却更高（前者占比为31.0%，后者占比为20.5%）（见图2-36）。这表明还存在着其他因素，影响着不同户籍类型的样本冷藏车司机在选择这一职业时的模式偏好。

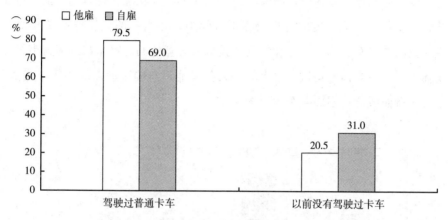

图 2-36　驾驶过普通卡车与以前没有驾驶过卡车
对样本冷藏车司机入行模式的影响

资料来源：2022年冷藏车司机调查。

前文在对样本冷藏车司机入行时间的讨论中业已指出，随着公路冷链运输业规模的不断扩大，其吸纳拥有驾驶技能的劳力从事冷藏车司机职业的规模也在扩大，且此种吸纳对拥有驾驶技能的农村户籍劳力似乎存在特别的吸引力。由此出发，可进一步地引入入行时间与持有驾照等级两个变量，尝试对不同户籍的样本冷藏车司机之入行模式与工作体制差异进行解释。在全体样本冷藏车司机中，15.9%的人为2015年之后入行的农村户籍自雇冷藏车司机（见图2-37），占样本自雇冷藏车司机总数的72.3%。进一步看，考虑到样本冷藏车司机持有驾照等级的差异，在2015年之后入行的样本群体中，22.5%的为持有C等级驾照的农村户籍自雇冷藏车司机，占2015年之后入行的农村户籍样本自雇冷藏车司机总数的80.2%。值得注意的是，在2015年之后入行的样本群体中仅有15.1%的人为持有C等级驾照的农村户籍他雇冷藏车司机，占2015年之后入行的农村户籍样本他雇冷藏车司机总数的 29.7%，远低于农村户籍样本自雇冷藏车司机中持有 C 等级驾照的比例（见图 2-38）。综上，做出如下推论似并不困难：公路冷链运输业发展趋势，吸引了一大批拥有驾驶技能的农村户籍劳力入行，改变了 2010 年以前公路冷链运输业以城镇户籍冷藏车司机居多的任职状况；但是这一批在行业发展"上行期"入行的农村户籍样本群体中，相当一部分仅持有 C 等级驾照，他们中只有少部分人在凭借驾驶技能展开竞争的冷藏车司机劳力市场上获胜入行而成为他雇司机，绝大部分人都是通过自购车辆，依"凭车找货"方式入行而成为自雇冷藏车司机的。

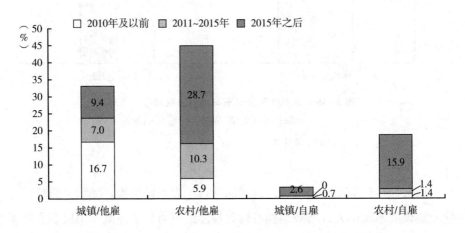

图 2-37　户籍与入行时间对样本冷藏车司机入行模式的影响

资料来源：2022 年冷藏车司机调查。

根据以上数据，样本冷藏车司机作为公路货运业中专营冷链运输的特殊职业群体，对其基本样貌或可做如下刻画：他们是一群以男性为主的精壮劳力，以农家子弟居多，但城镇户籍的冷藏车司机占比亦为 1/3 以上，这个比例远较普货司机群体为高。在他们当中，超过八成的人年龄已达 30 岁及以上并业已成家，近九成人育有一个及以上的孩子。他们多在户籍所在地或周边省份从事公路冷链运输，居住地则多分布在其所从业的冷链运输公司/车队驻地附近，当然以城乡结合部或乡村地带为主。他们中接近六成（59.8%）

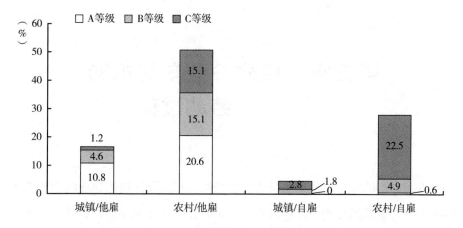

**图 2-38　户籍与持有驾照等级对样本冷藏车司机入行模式的
影响（2015 年之后入行）**

资料来源：2022 年冷藏车司机调查。

系与家人同住，这意味着多数样本冷藏车司机尚能过上基本正常的家庭生活，就此而言强于长途普货司机。在样本冷藏车司机群体中，有 54.2%的人在 2005 年及之前便已经取得驾照，但其中约 3/4 的人在 2011 年及之后才开始驾驶冷藏车（占比为 75.2%），这表明在他们进入公路冷链运输业之前曾从事过所谓"中继职业"，而一般而言这一职业就是普货司机。从事普货运输为他们积累了相应的经验，多少影响到他们日后驾驶冷藏车的工作与生活。但是样本冷藏车司机究竟为何转而入行冷链运输业却有多种多样的原因。其中多数人是基于以往的各种经验和猜想而主动转行，但亦有人是被动转行。从入行模式与工作体制来看，冷藏车司机如同广大普货司机一样，亦可分为"自雇"与"他雇"两种模式。前者是自行购车，借"凭车找货"模式入行和工作的车主兼劳动者；而后者则是在公路冷链运输业的人力市场上出卖劳力，借"以人找车"模式入行和工作，受公司/车队指派运输货物的受薪劳动者。值得注意的是，在样本冷藏车司机群体中，自雇司机的数量似远较他雇司机为少，这是否构成公路冷链货运业的一个特征，有待进一步证实。

第三章　自雇冷藏车司机的
劳动过程

　　不同户籍的样本冷藏车司机为何在选择入行公路冷链运输业时会表现出截然不同的模式偏好和工作体制？或者说，在样本冷藏车司机群体中，城镇户籍的司机何以比农村户籍的司机更青睐"以人找车"的入行模式和工作体制而成为他雇司机？为探究这一问题，对自雇与他雇冷藏车司机的劳动过程分别进行一番分析就非常有必要。实际上，描述和理解劳动者的劳动过程正是劳工社会学的基本视角，而劳工社会学是全部《中国卡车司机调查报告》系列借以立足的学科基础，也是其一以贯之的基本理论线索。从报告第一部描述"自雇卡车司机"，到第二部探讨"他雇卡车司机"与"卡嫂"，再到第三部的"女性卡车司机"和第四部的特定地域环境下的卡车司机群体，劳动过程都是一条以一贯之的基本线索，一直延伸至眼下的第五部报告。即便是物流商与装卸工等的相关职业群体，以及诸如"挂靠"之类公路货运业特有的制度安排，亦无不是以劳动过程为核心而铺陈、展开的。第五部报告则以"城配""冷链""跨境"等卡车司机之不同形态的运输劳动为焦点。而在本篇中，课题组透过对样本冷藏车司机之具体劳动过程的解析，透视其所处宏观与微观、经济与社会、正式与非正式等诸多制度要素和组织要素所构成的特殊社会安排对其工作的影响，捕捉样本冷藏车司机的行动策略、价值判断和情感活动的生成机制，从而试图更为深刻地展示出其多维度的主体性。当然，也只有透过对样本冷藏车司机劳动过程的分析，才能解释上述样本群体中不同户籍拥有者何以具有各自的选择偏好。本章将对样本自雇冷藏车司机的劳动过程展开分析，下一章将对样本他雇冷藏车司机的劳动过程展开分析。

一　购置车辆

（一）购车成本

选择"凭车找货"模式的自雇冷藏车司机，其得以入行的首要条件便是购置一辆冷藏车。购车乃是一笔不小的花费。为较全面地了解当前冷藏车的购置成本，课题组于 2022 年 8 月 31 日对全球访问量最大的汽车网站——"汽车之家"的卡车报价库中冷藏车类目的厂商指导价进行了数据采集。采集到的 2939 条冷藏车报价数据显示，目前在售冷藏车的厂商平均指导报价为 21.8 万元，中位数为 19.77 万元。尽管实际车辆落地价与厂商指导价之间，不可避免地会因冷藏车司机对车辆具体选配的不同及各个经销商的折扣力度与形式的不同而存在一定的出入，但这个数据大体可用来观测目前冷藏车市场的车辆价格分布。

当然，冷藏车的市场行情除了需要考虑市场供给方所提供的产品外，需求方的购买偏好也颇为重要。据"汽车总站网"综合"中汽协"与"终端上牌数据"统计，2021 年我国冷藏车全年销量为 79895 辆，其中载重量大于 1.8 吨且不超过 6 吨的轻型冷藏车销量最多，占比达 68.5%；其次是载重量不低于 14 吨的重型冷藏车，销量占比为 22.1%；载重量大于 6 吨且不超过 14 吨的中型冷藏车销量占比为 8.0%；载重量不超过 1.8 吨的微型冷藏车销量占比仅为 1.4%。[①] 综合所采集的上述数据可见，目前冷藏车市场最为热销的轻型冷藏车厂商平均指导报价为 16.2 万元。这与课题组通过线上问卷搜集的相关数据是一致的。调查显示，64.3% 的样本自雇冷藏车司机购置并且当前正在驾驶的冷藏车的购车成本为 11 万~20 万元；购车成本超过 20 万元的占比达 26.2%（见图 2-39）。

---

① 《2021—2022，冷藏车"大热"逻辑》，https://chinaautoms.com/a/new/2022/0211/13420.html，最后访问日期：2022 年 12 月 19 日。

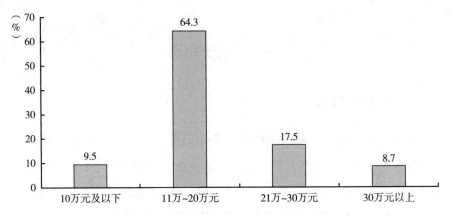

图 2-39　样本自雇冷藏车司机的购车成本

资料来源：2022 年冷藏车司机调查。

若仅就此来看，样本自雇冷藏车司机购车的成本似乎与部分从事普货运输的自雇司机的"中卡"购车成本相差无几，但其实不然。课题组于 2017 年对自雇卡车司机的调查显示，从事普货运输的自雇卡车司机所驾驶车辆超过 3/4 为"重卡"或"牵引车"，驾驶"中卡"的占比为 15.3%，驾驶"轻卡"的占比仅为 8.3%。[①] 如前述数据所示，目前市场上轻型冷藏车的销量占比接近七成，而重型冷藏车的销量占比仅为 22.1%。事实上，在本次调查中，样本自雇冷藏车司机所驾驶冷藏车中接近九成为两轴蓝牌冷藏车，其载重量一般不超过 6 吨，属于轻型冷藏车（见图 2-40）。照此来看，同样的一笔资金投入，购买普通货运卡车能够买到载重十余吨的中型卡车，而购买冷藏车则只能买到轻型车辆，载重量相差许多。卡车作为从事公路货运的必要劳动工具，载重量的重要性不言而喻：载重量大，运费收入就高，其直接关系到卡车司机的运输收益。

冷藏车为何有如此"高价"？这就必须对车辆类型略加考察。

（二）车辆类型

要理解冷藏车何以"高价"的原因之所在，离不开在选购冷藏车时对

[①]　参见《中国卡车司机调查报告 No.1》，社会科学文献出版社，2018，第 34 页。

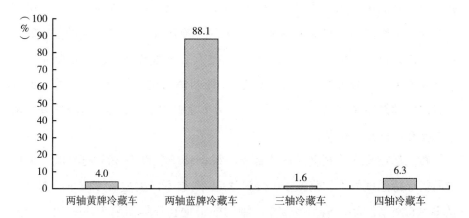

图 2-40　样本自雇冷藏车司机所驾驶的冷藏车类型（按车轴数分类）

资料来源：2022 年冷藏车司机调查。

需重点考虑的三个部件，即底盘、冷藏机组与保温厢体的了解。

选购冷藏车时，首先便需考虑底盘的选择。在选购的过程中一般需要考虑运输货物的类型和重量，以确定底盘的载重量，而这也是选配发动机型号时的重要参考因素；同时，还要考虑到运输货物的数量与体积，以确定底盘的大小。除此之外，运输的路况、油耗、排放标准与可靠性等诸多因素也是选配底盘时要加以综合考虑的。对于冷藏车而言，底盘的可靠性尤为重要，这是因为其所运输的货物通常需要受到严格的温度控制与时间控制，若发生超温或超时事故，则货物很可能大幅受损，乃至完全失去价值。基于这一点，冷藏车司机在选购冷藏车时，甚至还需要将在其经常行驶路线的一定范围内，该底盘品牌厂家所设立的维修服务站点数量也纳入购买决策的思考框架。综上所述，合适的底盘和与之匹配的发动机一起，能够有效地节约后续运输过程中的维修与保养成本，也是使运输得以持续进行并确保运输效率的重要条件。

其次是对冷藏机组的选择。对冷藏机组的选择主要取决于所需运输货物对温度的要求。当需要运输货物的类型确定后，对其进行运输所需要的冷藏机组的规格便也大致能够确定下来了。例如，如果所运输的货物为冻肉、雪糕、速冻食品等，那么选购厢体内平均温度≤-20℃的 F 类冷藏车便是必需的；而运输医药用品则必须选购 G、H 两类冷藏车。值得一提的是，2015 年第二次修订、2016 年起实施的《药品经营质量管理规范》明确规定，对于运输疫苗的冷藏车，须具备"双冷"，即两套独立的制冷系统，并且设计有可以驱动制冷系统的备用电源，以备行车途中的不时之需。除此之外，还需配备相应的温控设备。

对于运输普通易腐食品的冷藏车，根据环境温度在 30℃时冷藏车厢体内所需保持温度的平均范围，可分为 A~F 六类不同类型的冷藏车。而对于从事生物医药制品运输的冷藏车，则同样根据在环境温度为 30℃时，冷藏车厢体内所需保持温度的平均范围可分为 G、H 两类。以上八类冷藏车运行时车厢内对应的平均温度如表 2-2 所示。

表 2-2　八类冷藏车类型及运行时车厢内的平均温度

序号	冷藏车类型	运行时车厢内平均温度
1	A 类冷藏车	0℃~12℃
2	B 类冷藏车	-10℃~12℃
3	C 类冷藏车	-20℃~12℃
4	D 类冷藏车	≤0℃
5	E 类冷藏车	≤-10℃
6	F 类冷藏车	≤-20℃
7	G 类冷藏车	2℃~8℃
8	H 类冷藏车	≤-20℃

资料来源：根据公开资料整理。

在选购冷藏机组时除了需要对机组运行时所能维持的厢体平均温度进行判断，冷藏机组的制冷方式也是需要考虑的重要因素。车载冷机常见的制冷方式主要有以下五种。

1. 水（盐）冰制冷

该种装置投资少，运行费用低，但是普通水（盐）冰单位质量的吸热量较小，厢内降温有限，且水（盐）冰融化后易污染环境和食品，腐蚀车厢并使货物受潮，因此水（盐）冰制冷主要用于鱼类等水产品的冷藏运输。

2. 干冰制冷

该种装置简单，投资和运行费用均较低，使用方便，货物不会受潮。干冰升华产生的 CO_2 气体能抑制微生物繁殖，减缓脂肪氧化以及削弱蔬菜、水果的呼吸。但是，干冰升华易引起结霜，CO_2 气体过多将导致蔬菜、水果等冷藏物品呼吸困难而坏死。而且此种制冷方式易导致厢内温度调节困难，加上干冰成本较高，消耗量较大，故实际应用较少。

3. 冷板制冷

该种装置本身较重、体积较大，需占据车厢的一定容积，且充冷一次仅可持续工作 8 ~ 15 小时。因此冷板制冷仅适于中、轻型冷藏车的中短途运输。近几年来，随着能源和环境污染问题日益突出，冷板制冷的应用发展较快，已成为仅次于机械制冷的制冷方式。

4. 液氮制冷

该种装置结构简单，效用可靠，无噪声和污染，且液氮制冷量大、制冷迅速，适合在速冻场景下应用。另外，液氮汽化不会使厢内货物受潮，并且氮气对食品保鲜和防止损耗均有益处。此外，液氮制冷控温更为精确（上下浮动正负 2℃）。但是液氮成本较高，需经常充注，因而推广受到一定限制。

5. 机械制冷

机械制冷方式有蒸汽压缩式、吸收式、喷射式等。目前，以蒸汽压缩式应用最为广泛。压缩式制冷机组主要由压缩机、冷凝器、节流阀（或膨胀阀）和蒸发器等组成。此种制冷方式调温范围较宽，且调温可靠，但装置结构复杂，成本较高，而且噪声较大。

以上五种制冷方式各有优缺点与适用场景，冷藏车司机在选购时需具备相当的专业知识与运输经验方能加以精确辨别。

最后便是对保温厢体的选择。对厢体的选择主要是指两方面：一是对厢体长度的选择，二是对厢体材质的选择。冷藏车厢体从 2.6 米到 8.0 米不等，不同厢体长度的选择主要取决于所需运输货物的类型与距离。如若主要运送货物类型为冷饮与冰激凌，运输过程主要是穿越于市区内大街小巷的短途城配运输，那么厢体选择在 2.6 米或者 3.0 米左右较为合适；而如果是运送冷鲜肉类或生猪类产品，运输过程主要是城市间的中短途运输或跨省的干线运输，那么就要选择厢长在 4.0 米以上的车型了。

相比于厢体长度，对厢体材质的选择更为重要。冷藏车的优劣主要由保温厢体的保温程度来决定，较优的保温厢体必须具备以下三大特点：隔热保温性能好、质轻以及结构坚固。当然，厢体的耐腐蚀性、抗老化性也是选择厢体时需加考虑的重要因素。一般而言，保温厢体由三部分组成，即内外蒙皮、厢体骨架与保温填充层。当然，除此之外，还有一些选装配置，例如通风槽，若运输的是蔬菜、瓜果类产品，其会在自身代谢过程中持续释放热量，故需加装通风槽以促进空气流通，加强制冷效果；再如导轨与肉钩，若需运输冷鲜肉类产品等，厢内导轨与肉钩的装配则是必不可少的。此外，还有侧门等设置。

对于内外蒙皮的材质，市场上一般有 FRP（玻璃钢纤维增强复合材料，一般简称玻璃钢）、彩钢板、铝板等可供选择。其中，玻璃钢结构紧密性强，不透水，保温隔热效果较好，且若出现开裂或鼓包情况时，维修也较为方便，但其价格也最为昂贵。对于厢体骨架，市场上冷藏车厂家基本上都是选择金属骨架或者木质骨架，也有一部分选择金属骨架与木质骨架相结合的方式：金属骨架主要起承重作用，木质骨架主要起"断桥"作用，通常埋藏在厢体侧门处。至于保温层，一般为硬质聚氨酯泡沫、聚苯乙烯泡沫（根据加工工艺的不同又可分为挤塑板与聚苯板两种，挤塑板是完美的蜂窝结构，闭孔率在99%以上，抗压性比聚苯板好，但这也导致挤塑板存在透气、透湿系数低，吸水率也更低的缺陷）混合加工而成，市面上的冷藏车厢体一般都是采用 8mm 的聚氨酯。

除了对厢体材质的选择，厢体的制板工艺也是必须要考虑的因素，此因需考虑到厢板的使用寿命与维修概率的重要影响使然。厢体的制板工艺可以分为两种：一是拼装型厢体，二是发泡型厢体。拼装型厢体工艺相对简单，价格也更为低廉，但是保温效果较差，且对冷机的工作时间要求较长。而发泡型厢体是指根据车厢尺寸分别将各块厢板进行一次性发泡后（将厢体外板、内板固定，填充一定的泡沫材料与发泡剂），再用聚氨酯胶将各块厢板拼装起来。此种制板方法对工艺要求较高，尤其是发泡环节，其工艺的好坏直接影响到厢体的保温效果。一般而言，发泡型厢体保温效果更好、强度也更高。

由上可见，购置冷藏车，需要综合考虑底盘、冷藏机组与保温厢体三大基本要素及其综合作用，是故较之购置普货卡车要复杂很多。

（三）决策风险

综合上述分析可知，相比于从事普货运输的车辆，冷藏车的构件更多，制造工艺也更为复杂。更为关键的是，运输过程中对车辆运行的稳定性有着更高的要求，故而冷藏车的售价相对更高。而且在选购冷藏车时，自雇冷藏车司机除了需要对冷藏车全车主要构件的规格、功用、工艺与常见故障及原因等均了然于胸，以便更合理地分配购车预算，还需要对购入冷藏车之后将要运输的主要货物类型、货物数量与重量、运输路线、该货物运输过程中的注意事项与常见问题都有较为明晰的了解与规划，如此才能最为经济合算地选购到适合的冷藏车。如果将购置冷藏车的过程简约地界定为"以货定车"，则可以想见，对于希望借"凭车找货"入行工作的自雇冷藏车司机而言，其在入行的第一步——选购冷藏车时便很容易发生误判，以致多交"学费"。

当然，以上所描述的都是冷藏车司机购置新车时的状况和所冒风险。但课题组在访谈中发现，还有一些自雇司机是购置了二手冷藏车后入行的（YSCS-ZQF、YSCS-ZJD、YSCS-ZZJ 访谈录）。如是，则这些司机还须多冒一种风险，即阿克洛夫所谓"柠檬市场"（The Market for Lemons）之信息不对称的风险。[①]

---

① 参见乔治·阿克洛夫《柠檬市场：质量不确定和市场机制》，载《一位经济理论家讲述的故事：关于经济理论新假设有趣结果的论文集》，胡怀国译，首都经济贸易大学出版社，2006。

总之，购置冷藏车系自雇司机为正式加入冷链的投入行为，兹事体大，几乎关涉其全部身家以及借贷款项，因此风险极高。一旦失误，必将使之遭受灭顶之灾。

二 加入冷链

（一）加入年龄

如前所述，在理想情形下，自雇冷藏车司机在购置从事冷链运输的所需车辆时，除需备足一定数额的资金，更为重要的还包括对冷链运输这个行当的特殊性已具备了相当的认知。但调查发现，相比于样本他雇冷藏车司机，更多的样本自雇冷藏车司机是在 2015 年之后方才开始驾驶冷藏车的。在全体样本冷藏车司机中，在 2015 年及之前加入冷链运输的样本他雇冷藏车司机占比合计达 39.9%，而在 2015 年之后加入冷链运输的样本他雇冷藏车司机占比为 38.2%；相比之下，2015 年及之前加入冷链运输的样本自雇冷藏车司机占比为 3.4%，2015 年之后加入冷链运输的样本自雇冷藏车司机则高达 18.5%（见图 2-41）。这就表明，相当多的自雇冷藏车司机在加入冷链运输之初未必具有对公路冷链运输较为充分的认知。

（二）变易趋势

考虑到所谓"幸存者偏差"，即随着样本自雇冷藏车司机年龄的增长，他们逐渐退出公路货运行业，样本他雇冷藏车司机的退出速度相对较缓，故使留存下来的样本自雇冷藏车司机群体的在岗时间出现明显偏短的情况。课题组引入样本冷藏车司机的出生年份这一变量并进行了交叉分析。如果上述"幸存者偏差"确实存在，那么随着样本自雇冷藏车司机年龄的增长，其在总体样本中的占比便会逐渐递减，且考虑到货运司机职业的特殊性，这种减少的幅度应随着年龄的不断增长而逐渐增大。但分析表明，尽管样本自雇冷藏车司机在各自出生年龄段的占比确实随着出生年龄段的前移而相应减少，

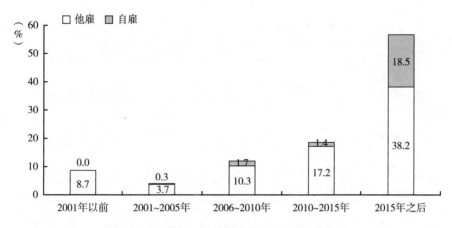

图 2-41　样本自雇与他雇冷藏车司机的入行时间

资料来源：2022 年冷藏车司机调查。

但这种递减是逐渐趋缓的，即出生于 1990 年以后的样本自雇冷藏车司机在同样出生于该时间段的总体样本司机中的占比高达 42.7%，而随着样本司机出生时间的迁移，这一比例分别为 22.5%、14.4%、12.8%，其差值分别为 20.2 个百分点、8.1 个百分点、1.6 个百分点（见图 2-42）。这就说明，样本自雇冷藏车司机的年轻化，无论是表现在驾驶冷藏车的经验上，还是表现在自然年龄上，都并非源自其群体内部的选择性退出机制，而是源自外部年轻群体的不断注入。换言之，外部年轻群体的不断加入，影响了样本冷藏车群体的年龄结构演变。

（三）"双重年轻化"

从样本自雇冷藏车司机购置当前所驾驶冷藏车的时间来看，亦可见此种趋势的存在。样本自雇冷藏车司机当前所驾驶冷藏车的购置时间在 1 年及以下的占比高达 38.1%，在 2~3 年的占比为 40.5%，在 4 年及以上的占比为21.4%。由此可见，样本自雇冷藏车司机所驾驶的冷藏车多为在 3 年以内购置的车辆（见图 2-43）。

值得注意的是，若结合样本自雇冷藏车司机所驾驶冷藏车的购置时间与购

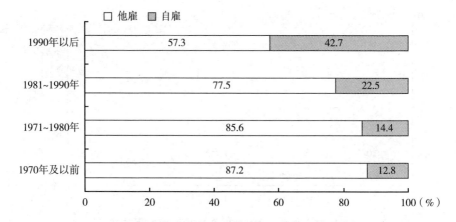

图 2-42　不同出生年份的样本自雇与他雇冷藏车司机占比

资料来源：2022 年冷藏车司机调查。

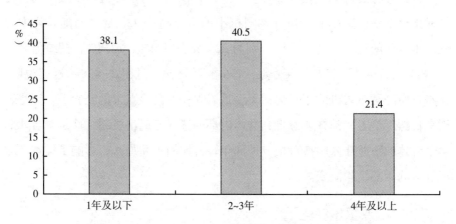

图 2-43　样本自雇冷藏车司机所驾驶冷藏车的购置年限

资料来源：2022 年冷藏车司机调查。

置费用来看，尽管在 1 年及以内购车的样本自雇冷藏车司机多购置 11 万~20 万元的冷藏车，占比为 20.6%，是在 1 年及以内新购车辆的样本群体中购置费用占比最高的一类，但其所购置冷藏车价值为 21 万元及以上的占比达 14.3%；相比之下，购车年限在 2~3 年与 4 年及以上的样本自雇冷藏车司机购车费用在 21 万元及以上的占比分别为5.6%和6.4%。也就是说，样本自雇冷藏车司机在1年及以内购置车辆的，其所花费的平均金额相比于购置冷藏车时间超过1年的要更高（见图2-44）。这一方面说明样本自雇冷藏车司机的"双重年轻化"（由"加入时间"更短所刻画的经验上的年轻化，以及由"出生年份"更近所刻画的年龄上的年轻化）并非因为冷藏车降价，进而"凭车找货"模式的入行门槛降低所导致，而是另有缘由；另一方面也表明"双重年轻化"的样本自雇冷藏车司机在本就经验不足的情况下为加入冷链所付出的资金成本更高，相应地，加入冷链运输后其所承担的还贷或"回本"的经济压力更大。

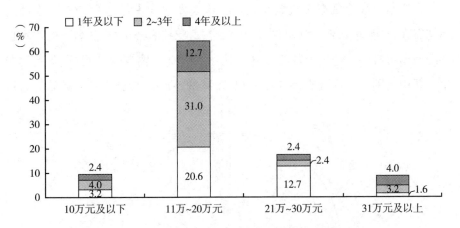

图2-44　不同购车年限的样本自雇冷藏车司机的购车费用分布

资料来源：2022年冷藏车司机调查。

如前所述，广义而言的卡车司机职业，狭义而言的冷藏车司机职业，已沦为并不为"90后"青年群体所青睐的职业。此外，新加入冷链运输业的购车费用和还贷压力亦由上可见一斑。那么，为何还会出现这里所谓"年轻化"的趋势呢？这就必须跳出卡车司机职业群体，从一个更为广阔的乡村社会结构的视野去看问题，而这显然又需要一系列细密的分析才可深入说明问题。限于篇幅，在此仅指出一点：这是由广大农家子弟别无更好出路使然。与在家务农、外出打工，从事电子业、建筑业和服务业等农家子弟通常所能找到的职业相比，当个卡车司机相对而言还算是尚可接受的职业。挣钱较一般打工多，走南闯北可长见识，还有表面上的自由自在也令人神往。是故包括冷藏车司机在内的卡车司机职业，尽管并不为"90后"所青睐，但仍有大批农家子弟源源不断地加入进来，举债购车，以公路运输作为自己的谋生手段。[①]

三 挂靠公司

（一）挂靠费用

在样本自雇冷藏车司机购车之后，绝大多数（占比达 96.8%）人都选择挂靠在公司/车队名下（见图 2-45）。在这些挂靠公司/车队名下的样本自雇冷藏车司机中，超过半数的人（占比达 53.3%）需要向公司/车队支付费用。费用类别除挂靠费之外，因公司/车队的不同而差别甚巨，常见的名目

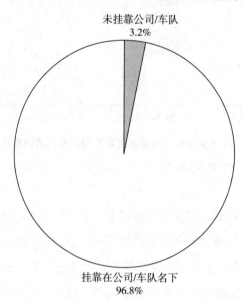

未挂靠公司/车队
3.2%

挂靠在公司/车队名下
96.8%

图 2-45 样本自雇冷藏车司机挂靠公司/车队的情况

资料来源：2022 年冷藏车司机调查。

---

① 参见《中国卡车司机调查报告 No.1》，社会科学文献出版社，2018。

有诸如"风险费""手续费""管理费""保险费""过户费""年审费""维护费"等，五花八门，不一而足。但样本中亦有 46.7% 的自雇冷藏车司机表示挂靠在公司/车队名下无须为此支付任何费用（见图 2-46）。这或许是因为冷链运输市场整体运力较为紧张的缘故，从而导致二者的某种"结盟"。掌握较为稳定且充足的货源或冷链运输信息资源的物流公司/车队因资金所限，其发展受困于运力的不足，而自身拥有冷藏车的自雇冷藏车司机则因缺乏足够的信息渠道而苦于运单短缺，故在冷链运输市场上此二者一拍即合，两相结盟的情况并不难想见。此情此景在实际中亦频频发生。

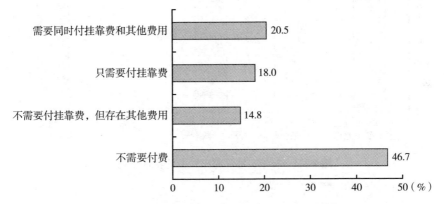

图 2-46 样本自雇冷藏车司机向挂靠公司/车队付费的情况

资料来源：2022 年冷藏车司机调查。

（二）司机加盟

调查显示，高达 67.4% 的样本自雇冷藏车司机"受雇"于大中小型公司或私人车队，或者兼职于其中，仅有 32.5% 的样本自雇冷藏车司机自述"自己找货拉活"（见图 2-47）。需要注意的是，此处的"受雇"更大程度上是如前文所提及的"加盟"，尽管在形式上类似于"自备劳动工具的受雇劳动者"，但比起不拥有劳动工具的他雇冷藏车司机而言，"加盟"形式下的自雇冷藏车司机在确保与公司约定的运力与运能的前提下，还是可以相对自由地支配自己及所驾驶的车辆，从事公司"安排"任务之外的运输工作。此外，有的公司还会以加盟的形式向冷藏车司机租售冷藏车，并承诺提供一定数量的货源，以保证冷藏车司机能够得到一定的货运收入，从而巩固此种加盟形式。在这种情况下，冷藏车司机的购车公司、挂靠公司、任职公司都可能是同一家公司，此诚可谓"一身而兼三任"焉。

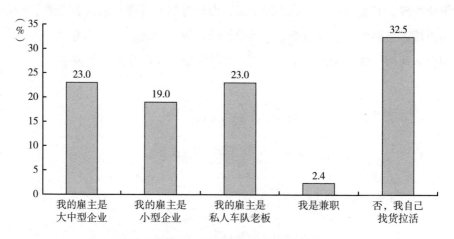

图 2-47 样本自雇冷藏车司机的找货方式

资料来源：2022 年冷藏车司机调查。

YSCS 是一家有 270 多辆货车的物流公司，除 20 多辆冷藏车属于公司自有的以外，绝大多数都是加盟车辆。公司借给司机部分购车款项，但司机购得的冷藏车却需"挂"在公司，因为"他们（司机）买了车以后反正也办不了营运证，只能在公司挂着"。公司每年对每辆挂靠冷藏车收取 1000 元的管理费，同时负责为司机提供货源。在公司货源不足时，司机也可在外自行找货，但是公司要从每一单运费中提取 15%左右的点数，其中 10%为开具发票所留税点，5%为公司收益。（YSCS-YY、YSCS-ZJL 访谈录）

但必须注意，通过这种购车加盟形式而与公司/车队发生密切关联的冷藏车司机，稍不留意便可能掉入各种"陷阱"。首先是购车费用虚高，加盟公司以购车加盟后的利润空间为许诺，将其所售卖的冷藏车价格抬可能远高于市场价格的水平；其次是虚假承诺货源与利润空间，公司/车队可能夸大其词，虚报其所拥有的货源数量与所能提供给购车加盟的冷藏车司机的运输价位，而等冷藏车司机高价购车后才发现这些都难以兑现，此时却往往悔之晚矣；最后是巧立名目收取各类费用，有的公司在冷藏车司机购车加盟后尽管提供了一定数额的货源，但也可能以诸多名目收取相当的费用，各种费用类别五花八门，有如前述。

（三）司机地位

需要注意的是，在冷链运输公司/车队与自雇冷藏车司机之间，尽管基于利益共同点而形成了某种合作关系，但从前文可见，超过半数的样本自雇冷藏车司机需要为挂靠在公司/车队而支付各类费用，并从公司/车队手中获得运单。据此可知，在此种合作关系中，掌握货源渠道的公司/车队的话语权显然更大，是合作关系中的强势一方。调查显示，在需要为挂靠在公司/车队而支付费用的样本自雇冷藏车司机中，有49.2%的人每年支付给公司的各类费用超过2000元，而需支付1001～2000元的占比为41.5%（见图2-48）。此外，公司对冷链运输市场中货源和信息资源的掌握也使得样本冷藏车司机对公司/车队的依附性比普货运输市场的挂靠司机更强。因此，公路冷链运输业中的挂靠制度较之普货运输市场要稳定得多，也强固得多。

在冷链运输公司/车队与自雇冷藏车司机双方各有所需、形成合作的情况下，明显可见自雇冷藏车司机在此关系中多处于弱势地位，或许这首先是因为自雇冷藏车司机为购车而背负数额不低的"车贷"，巨大的债务压力迫使其高度依附公司/车队，不敢稍有反抗。调查显示，样本自雇冷藏车司机中，高达81.7%的人是贷款购车，而仅有18.3%的为全款购车，故无须偿还车贷（见图2-49）。欠债还钱，天经地义，贷款购车的样本冷藏车司机因此需要在约定的还贷期内保证持续的收入以按期还贷，须臾不敢间断，而保

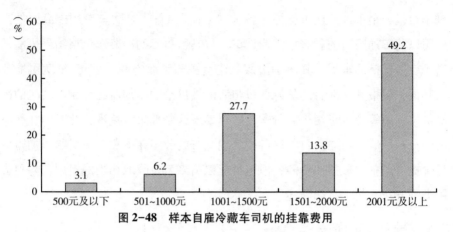

图 2-48 样本自雇冷藏车司机的挂靠费用

资料来源：2022 年冷藏车司机调查。

证持续收入的前提则是得到源源不断的货单。不用说，货单主要为冷链运输公司/车队所掌握。可见，单靠偿贷这一压力就足以使样本冷藏车司机在与公司/车队的合作关系中服服帖帖，屈居于受支配的地位。

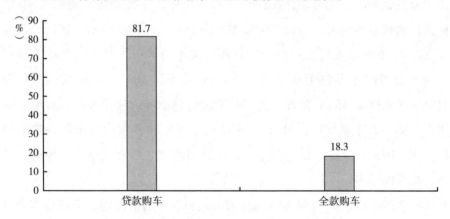

图 2-49 样本自雇冷藏车司机贷款购车的情况

资料来源：2022 年冷藏车司机调查。

在贷款购车的样本自雇冷藏车司机中，月偿车贷的数额往往不低。有46.6%的人每月需要偿还的贷款数额超过 5000 元，另有 30.1%的每月还款数额小于 5000 元，而已经还清车贷的仅占 23.3%（见图 2-50）。

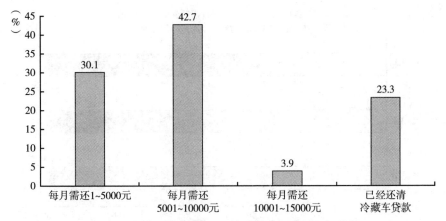

图 2-50　贷款购车的样本自雇冷藏车司机的月还贷额

资料来源：2022 年冷藏车司机调查。

进一步来看，通过对贷款购车的样本自雇冷藏车司机的贷款偿还情况与其购买冷藏车年限进行交叉分析，不难发现购车年限越是晚近的样本自雇冷藏车司机，其偿还车贷的压力就越大，其中又以购车年限在 1 年及以下的人偿还车贷的压力最大——每月需偿还的车贷数额均超过 5000 元的占比高达 65.9%，且仅有 2.3% 的司机已经还清贷款；而购车年限在 2~3 年的贷款购车的样本自雇冷藏车司机中，已经还清贷款的比例虽然已达 30.8%，但仍有 35.9% 的人每月需偿还的车贷数额超过 5000 元；在购车年限为 4 年及以上的贷款购车的样本自雇冷藏车司机中，尽管有 55.0% 的人已经还清车贷，但每月需偿还的车贷数额超过 5000 元的人占比仍达 25.0% 之多。由此可见，尽管随着购车年限的增长，贷款购车的样本自雇冷藏车司机虽说偿贷压力显著减小，但即便购车年限已超 3 年的样本自雇冷藏车司机中仍有相当一部分人承担着不小的还贷压力（见图 2-51）。

值得注意的是，考虑到前文所述样本自雇冷藏车司机在 1 年及以下购置车辆的，其所花费的平均金额相比于购车时间超过 1 年的要更高，冷藏车司机所背负的贷款压力似有不断加大之势。由此可见，贷款购车的样本自雇司机中不论是否已经还清冷藏车贷款，均有至少半数的人在可见的未来没有更换新车的打算（见图 2-52）。

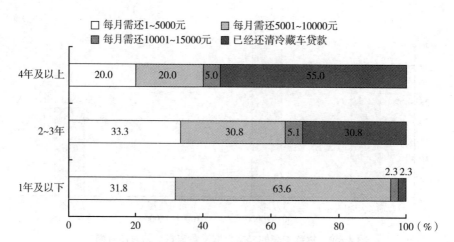

图 2-51 不同购车年限下样本自雇冷藏车司机的月还贷额

资料来源：2022 年冷藏车司机调查。

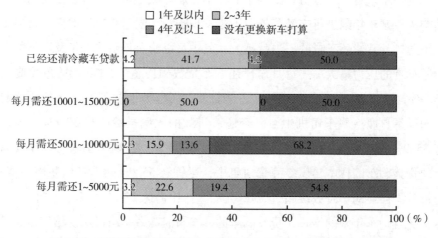

图 2-52 不同月还贷额对样本自雇冷藏车司机何时更换新车的影响

资料来源：2022 年冷藏车司机调查。

四 寻找货源

如前所述，样本自雇冷藏车司机尽管自身拥有从事冷链运输的主要劳动工具即冷藏车的所有权，但其中接近七成的样本司机以加盟或兼职的形式受雇于公司/车队，仅有 32.5%的样本自雇冷藏车司机自述"自己找货拉活"。可见，冷藏车司机对货源的掌控能力远不如从事普货运输的自雇卡车司机。或者说，在冷链运输市场中，货源及其信息多半被垄断在各层级的公司/车队手中，而个体冷藏车司机能接触到的多为零散且不稳定的货源信息。这意味着对大部分样本自雇冷藏车司机而言，"寻找货物"的首要方式便是寻找掌握足够货源的公司/车队作为其加盟合作的伙伴。

（一）加盟渠道

那么样本自雇冷藏车司机是通过什么渠道加入到目前所任职（加盟）的公司/车队的？调查显示，以正式雇佣（加盟）关系或兼职形式受雇于公司/车队的样本自雇冷藏车司机中，接近七成（占比达 68.2%）是通过亲友介绍而入职的（见图 2-53）。而进入公司/车队后，他们中除了极少数担任班组长的职务外（占比为 1.2%），绝大多数的职位都不过是普通司机而已（见图 2-54）。

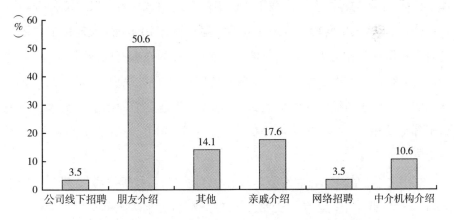

图 2-53　样本自雇冷藏车司机进入任职公司/车队的渠道

资料来源：2022 年冷藏车司机调查。

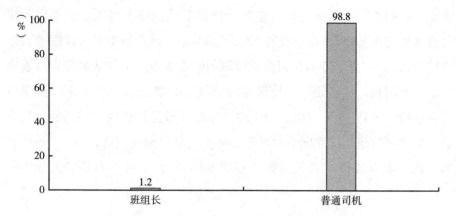

图 2-54　样本自雇冷藏车司机担任的职务

资料来源：2022 年冷藏车司机调查。

（二）货源渠道

如前文所述，在作为车主的样本自雇冷藏车司机中，之所以有接近七成的人会选择受雇于公司/车队而非自己独立找货拉活，其主要原因便是冷链运输公司/车队拥有更多的货源。本次调查数据亦支撑了这一观点，即在受雇于公司/车队的样本自雇冷藏车司机中，高达 81.2% 的人以"受雇公司或挂靠公司/车队派单发货"为最主要的货源，另有 10.6% 的人勾选了"固定的老客户发货"作为最主要的货源，仅有 1.2% 的样本自雇冷藏车司机勾选"在货运 APP 上找货"作为最主要的货源渠道（见图 2-55）。而在从事普货运输的自雇卡车司机中，以货运 APP 为常用找货渠道的则要多得多，虽说对于部分富有经验的普货老司机来说，货运 APP 主要是用来寻找"回程货"。

相形之下，在样本自雇冷藏车司机中自述"自己找货拉活"，即未受雇于公司/车队的群体中，选择"受雇公司或挂靠公司/车队派单发货"为最主要的货源的占比达 65.9%，低于加盟或兼职形式下自雇冷藏车司机的 81.2%；选择"固定的老客户发货"为最主要的货源的占比为 24.4%，高于加盟或兼职形式下的样本自雇冷藏车司机的 10.6%（见图 2-56）。

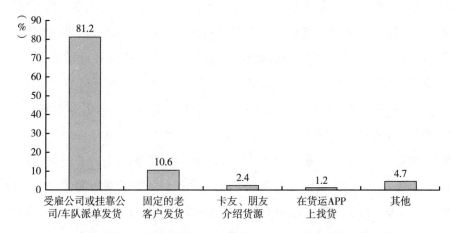

图 2-55 加盟或兼职形式下样本自雇冷藏车司机的主要货源

资料来源：2022 年冷藏车司机调查。

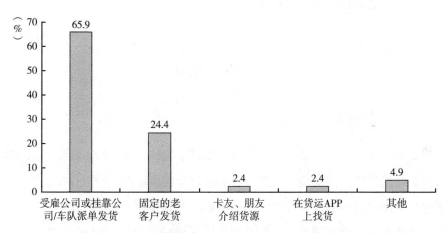

图 2-56 "自己找货拉活"形式下样本自雇冷藏车司机的主要货源

资料来源：2022 年冷藏车司机调查。

样本自雇冷藏车司机对货源的掌控明显弱于从事普通公路货运的自雇卡车司机，这是冷链运输的特性使然。采用冷链方式运输的产品，对运输过程中产品质量与效用的保全，相比于多采用普通公路货运的产品，具有更为严格的要求。这就意味着，冷链运输行业中的货主对高品质、精细化、个性化的冷链运输服务有更高的需求，为此他们更愿意与具备一定规模、拥有相当资质的冷链运输企业打交道，与零散的个体司机做交易往往并非他们的首选。事实上，2020 年我国冷链物流百强企业在冷链物流行业的市场份额（一般理解为市场集中度）已接近 1/5，达 18.1%，且呈现逐年增长的态势。[①] 而在我国普通公路货运业中，"多、小、散、弱" 却仍是业内常态。据交通部公路科学研究所与"中交兴路"公司统计，2020 年公路货运经营业户中仅有 15.5% 的企业业户，而拥有运营车辆 50 辆以上的普通货运企业占经营业户总数的比例仅为 6.7%。[②] 这种生产的集中性意味着相比于普通公路货运业，冷链运输行业中的企业具有更为强大的支配地位，它们掌握更为充足的货源信息。而自雇冷藏车司机若想获得持续稳定的货源以偿还车贷和赚取利润，便不得不通过挂靠、加盟、兼职等方式与冷链运输企业进行合作，故形成对企业的强固依附性。

五 运货类型

（一）车辆类型

如前所述，自雇冷藏车司机在选购冷藏车的核心部件时，需要根据将来所需运输的货物类型来确定车型，而承运货物在运输途中所需保温区间决定了对车辆冷藏机组的定位选择。调查显示，大部分样本自雇冷藏车司机所购买的冷藏车为 F 类冷藏车，即保温厢体内平均温度能够控制在 ≤-20℃ 水平的冷藏车。除此之外，A、B、C 三类冷藏车亦均有一定比例的样本自雇冷藏车司机选购，三者合计占比达 34.1%。而专用于生物医药制品运输的 H 类冷藏车仅有 0.8% 的样本自雇冷藏车司机选购（见图 2-57）。

---

① 参见《2022 冷链物流产业链全景分析》，载冷链行业资讯，2022 年 10 月 2 日，广东。
② 参见《2020 年中国冷链物流百家重点企业分析报告》，转引自 http://www.cinic.orgrcn/ny/w1/1123060.html。

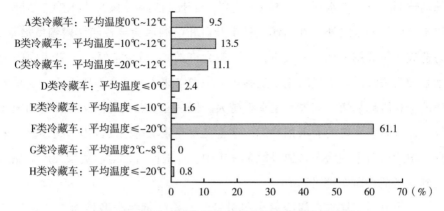

图 2-57 样本自雇冷藏车司机所驾驶冷藏车的类型

资料来源：2022 年冷藏车司机调查。

（二）货物种类

一般而言，除生物医药制品外，冷藏车常见的运输货物类型可分为三类。第一类是冷冻食品，如冻肉类（冻猪肉、冻牛肉）、海鲜类（冻鱼、冻虾）、速冻类（饺子、馒头）等。这些产品在温度为−20℃以下空间内一般可以存放几个月到十几个月不等，而运输过程一般是以小时计算的，故此类产品在运输过程中只需要把冷藏车车厢温度控制到−20℃以下就可以了，不需要刻意控制温度的波动。这类产品一般用 F 类冷藏车运输。

第二类是冷藏食品，如冷鲜肉、水产品、家禽蛋等。这类食品对运输途中的温度要求，一般是在确保食品不冻结的前提下，温度越低越好。可以是0℃左右或者再低一点。这类食品一般需要使用 D、E、F 类的冷藏车进行运输。

第三类是蔬菜和水果。蔬果类食品的运输比较复杂，不同种类的蔬菜和水果对温度的要求并不一样。有一些蔬菜和水果刚刚摘取不久，它们还会通过呼吸作用产生热量，这就需要在运输过程中，依靠冷藏车的制冷机组提供更多的冷气，并在装载时注意使货物之间留有足够的空隙，以利于冷气循环。除此之外，蔬果类食品对湿度还有一定的要求。实际上，蔬果在采收后的运输期间发生失水现象是不可避免的，而控制运输中蔬果失水的方法除了迫不得已的洒水之外（在运输过程中开启厢门洒水会导致厢体内温度波动，易造成产品效用损耗，一般而言是不被允许的），减少空气在蔬果表面的流动是最为关键的。空气的流动是影响蔬果失水速率的一个重要因素，蔬果表面的空气流动越快，其失水速率就越大。但是这一点又与前文提及的加强冷气流动以防止聚热的要求相冲突，这就需要冷藏车司机具备相当的经验，根据每单所运蔬果的状态来加以取舍和折中。一般而言，运输蔬果类产品用 A 类到 F 类的冷藏车都可以。

调查显示，样本自雇冷藏车司机最常运输的货物类型是肉类（占比达 46.0%），其次是蔬菜和水果，两者占比分别达 20.6% 和 19.8%，除此之外，速冻食品占比为 7.1%，乳品占比为 2.4%（见图 2-58）。

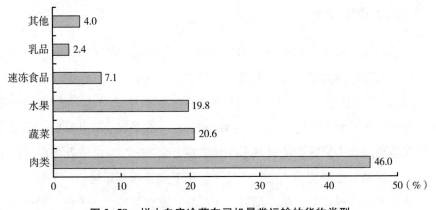

图 2-58　样本自雇冷藏车司机最常运输的货物类型

资料来源：2022 年冷藏车司机调查。

值得注意的是，在"您最常运输的货物类型（按照运输频率依次最多勾选三项）"这一题中，勾选了两项及以上的样本自雇冷藏车司机占比达 74.6%。而仅勾选了一项的占比为 25.4%（见图 2-59）。这说明大多数样本自雇冷藏车司机需要运输多种不同类型的货物，故而要求他们具备运输不同产品时所需的丰富的技巧与经验。

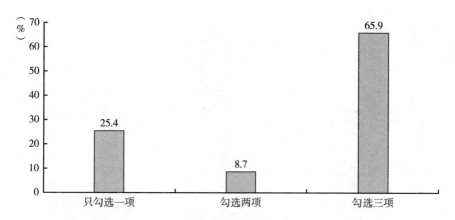

图 2-59　样本自雇冷藏车司机最常运输货物类型的数量

资料来源：2022 年冷藏车司机调查。

六　运输距离

在本次调查中，为了比较与讨论的方便，课题组依然沿用了往年对运输距离的界定，即按照"城配（50 公里以内）—中短途（50～500 公里）—长途（500 公里以上）"的标准进行三段式划分。调查显示，超过六成（占比为 61.9%）的自雇样本冷藏车司机主要从事中短途运输，运输距离为50～500 公里；另有 34.1% 的样本自雇冷藏车司机主要从事城配运输，运输距离在 50 公里以内；除此之外，仅有 4.0% 的样本自雇冷藏车司机从事长途运输（见图 2-60）。

需要说明的是，这里将"城配"作为一个类型突出出来，强调的是它作为"短途运输"主体类型的地位，但"短途运输"并非"城配"一种形态所可穷尽。实际上，还存在各种各样的短途运输。例如，北京某机场园区内有一家叫作 HKLL 的运输公司，其主业是用冷藏车为各类航班配送餐食。该公司的运输距离为每趟至多十余公里，但一天可能要往返多次。（HKLL-CXW 访谈录）

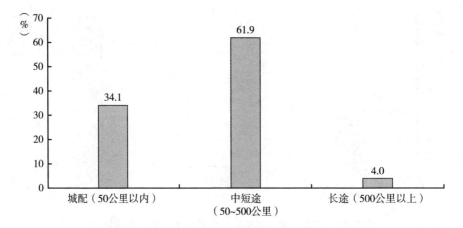

图 2-60 样本自雇冷藏车司机的运输距离分布

资料来源：2022 年冷藏车司机调查。

七　行车路线

（一）行走高速

　　至于具体行车路线的选择，调查显示，样本自雇冷藏车司机大部分时候走高速公路或基本全程走高速公路的比例合计达 48.4%，另有 24.6% 的样本自雇冷藏车司机自述，一半时候走高速，一半时候走下道（见图 2-61）。相比于从事普货运输的自雇卡车司机而言，样本自雇冷藏车司机在选择行车路线时显然更倾向于高速公路。

（二）固定线路

　　除了运输距离与运输路线之外，是否行驶固定线路也是识别公路货运业卡车司机劳动过程的重要视角之一。调查显示，样本自雇冷藏车司机中超过半数（占比达 54.0%）"基本都是走固定线路"，另有占比达 27.8% 的样本自雇冷藏车司机"大部分时候走固定线路，偶尔也走其他线路"。两者合计

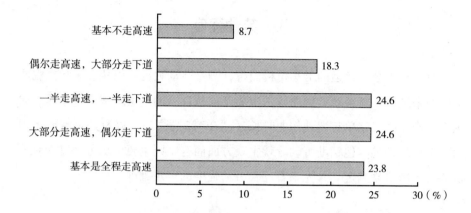

图2-61　样本自雇冷藏车司机的运输路线

资料来源：2022年冷藏车司机调查。

占比达81.8%（见图2-62）。这表明大部分自雇冷藏车司机所承运的均为来自固定货源的货物，而这些货物也具有固定的去向。

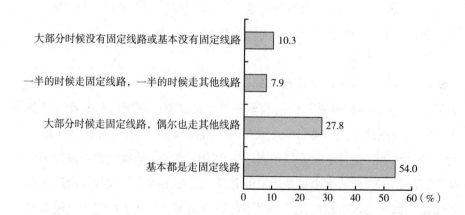

图2-62　样本自雇冷藏车司机所走固定线路的情况

资料来源：2022年冷藏车司机调查。

八 劳动强度

对于从事公路货运的卡车司机而言，测量劳动强度可以从客观和主观两个层面来进行。就客观方面而言，主要又可从以下四个维度来进行，即运输频率、作业时段、单日驾驶作业时长（"单驾时长"），以及是否需要承担驾驶工作之外的其他辅助劳动。就主观方面而言，则主要可从劳动过程对司机的心理影响来判定。首先来看反映劳动强度的客观维度。

（一）客观维度

1. 运输频率

在运输频率方面，如前所述，样本自雇冷藏车司机多从事中短途运输或城配运输，故其运输频率相应地也比从事长途运输的普货司机更高。调查显示，样本自雇冷藏车司机每天运输趟数在一趟及以上的合计占比达 93.6%，其中，"一天一趟"的占比为 56.3%，"一天两趟"的占比为 34.9%，"一天三趟及以上"的占比为 2.4%（见图 2-63）。

2. 作业时段

调查显示，样本自雇冷藏车司机中有超过八成的人（占比达 83.3%）表示，"大部分时候需要"夜间跑车或"总是需要"夜间跑车。表示"基本不需要"夜间跑车的样本自雇冷藏车司机占比仅为 2.4%（见图 2-64）。人所共知，从事长途货运的普货司机因为运输距离与运输时效的缘故而不得不经常夜间跑车，而从事中短途运输的普货司机则多因为路权的原因选择在夜间跑车。如前所述，超过九成的样本自雇冷藏车司机从事中短途运输或城配运输，且超过八成的样本自雇冷藏车司机所驾驶车辆为两轴蓝牌冷藏车，那么为何仍会有如此之多的样本自雇冷藏车司机需要夜间跑车呢？究其缘由，盖因冷藏车所运输货物的特殊性所致。样本自雇冷藏车所运输的货物种类中超过九成为肉类、蔬菜、水果及速冻食品等。此类产品的采购方多为各大商超。对于生鲜类产品，为最大限度地保证货品新鲜，商超通常都要求在凌晨

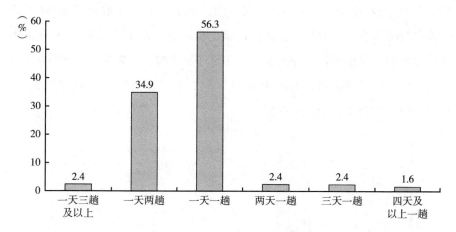

图 2-63　样本自雇冷藏车司机的运输频率

资料来源：2022 年冷藏车司机调查。

五点甚至凌晨三四点送达货场，而这就意味着承运货物的冷藏车司机不得不在深夜跑车作业，以便及时送货到站。

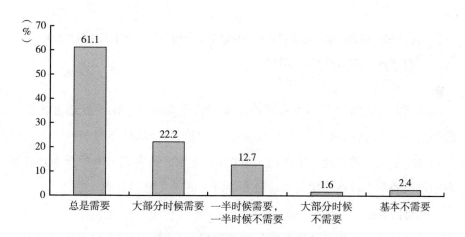

图 2-64　样本自雇冷藏车司机需要夜间跑车的情况

资料来源：2022 年冷藏车司机调查。

3. "单驾时长"

由于与人体的自然作息相悖，夜间作业已然辛苦，故一般"排夜班"

的工人需要更多的休息时间以保证劳力的再生产。那么自雇冷藏车司机单日内需要驾驶作业多长时间呢？调查显示，2022 年 1 月 1 日以来，36.5%的样本自雇冷藏车司机单日驾驶最长时间不低于 9 小时，另有 34.9%的样本自雇冷藏车司机单日驾驶最长时间在 6~9 小时，自述单日驾驶最长时间低于 6 小时的仅占 28.6%（见图 2-65）。

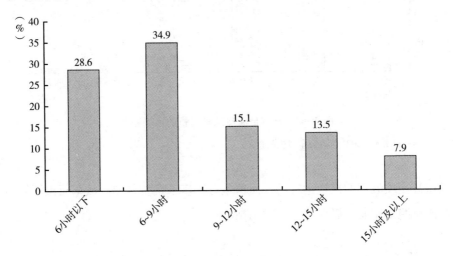

图 2-65　样本自雇冷藏车司机单日驾驶最长时间（2022 年 1 月 1 日以来）
资料来源：2022 年冷藏车司机调查。

除此之外，2022 年样本自雇冷藏车司机平均每月单次驾驶超过 8 小时的次数超过 15 次的比例合计达 29.4%，另有 19.8%的样本自雇冷藏车司机平均每月单次驾驶超过 8 小时的次数在 6~15 次。还有 33.3%的样本自雇冷藏车司机表示不存在单次驾驶超过 8 小时的情况（见图 2-66）。

4. 辅助劳动

调查显示，类似于从事普货运输的自雇卡车司机，样本自雇冷藏车司机中也有高达 85.7%的人表示在运输过程中没有人跟车。但与众多长途普货司机因雇不起副驾而不得不单独驾车不同，样本自雇冷藏车司机单独驾车系因其多从事中短途运输或城配运输，运输距离相对较短的缘故。不过，一般而言在城配运输或中短途运输中，正规公司设岗职责较为明晰，理应根据货

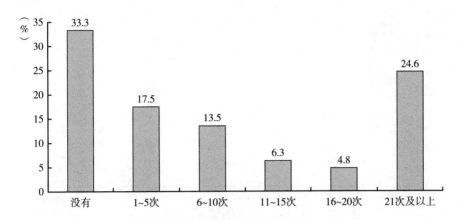

图 2-66　样本自雇冷藏车司机平均每月单次驾驶
超过 8 小时的次数（2022 年 1 月 1 日以来）

资料来源：2022 年冷藏车司机调查。

主要求，至少随车配备一名跟车员或装卸工，以分担单据签发或装卸货物等方面的工作，从而提高运输效率，降低司机劳动强度，保证运输安全。令人惊奇的是，样本自雇冷藏车司机虽多实际受雇于大大小小的物流公司/车队，其中更有 23.0% 的样本自雇冷藏车司机自述受雇于大中型公司，但调查数据显示，样本自雇冷藏车司机在运输过程中存在副驾驶、跟车员或装卸工等跟车人的比例合计仅为 7.2%，占比实在太低（见图 2-67）。这表明在绝大多数情况下，自雇冷藏车司机都是单独驾车送货的。不难推断，出现此种情况的原因多半是与样本自雇冷藏车司机和公司的"加盟"关系实际具有承包性质有关。所以在"加盟"名义下，公司不再派遣跟车人员，而司机也雇用不起跟车人员，只得独自驾车。又由于样本自雇冷藏车司机多从事城配和中短途运输，不似长途普货运输那样路途遥远，费时良久，故也绝少有卡嫂跟车现象。在课题组搜集的访谈样本中，仅遇到一例自雇冷藏车司机携带卡嫂上车工作，而其原因则颇为特殊，系他在驾车中屡出事故，其妻实在不放心他单独驾驶而跟车。（YSCS-ZZJ 访谈录）在此需要特别说明的是，运送药品与疫苗是个例外，按照有关规定，无论路途远近，均需配备跟车人员。（JDLL-WY 访谈录）

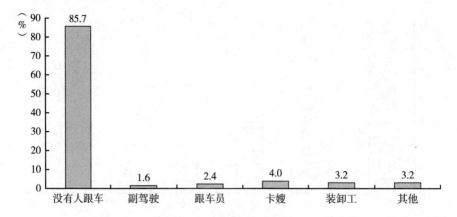

图 2-67　样本自雇冷藏车司机工作时跟车人的情况

资料来源：2022 年冷藏车司机调查。

无人跟车便意味着运输结束后的单据签发、沟通协调、货物装卸等辅助性工作皆需承运的冷藏车司机参与或完成。调查数据显示，81.7%的样本自雇冷藏车司机表示，需要同时承担冷库装货与货场卸货两部分工作；另有合计 4.0%的样本冷藏车司机表示只需要承担装货工作或者卸货工作；仅有7.9%的样本自雇冷藏车司机明确表示完全不需要装卸货物（见图 2-68）。而这种需普遍参与辅助劳动的情况，显然与前述冷藏车司机在自述从普货运输转向冷链运输之因时提到的关于劳动过程比较单纯的断言有所抵牾（见图 2-31、图 2-32）。

综上，从冷藏车司机劳动过程的客观维度，即运输频率、作业时段、单驾时长、是否需要承担驾驶劳动之外的其他辅助劳动等四个维度的测量可见，样本自雇冷藏车司机的劳动强度不可谓不大。相比于长途普货司机的劳动，样本自雇冷藏车司机的劳动虽然在运输频率和单次驾驶作业时长两个方面似乎尚可说是优于前者：2022 年 1 月 1 日以来的日送货量多为日均一趟，单次驾驶最高时长在 9 小时以内的占比也并不算低，但在作业时段和辅助劳动两方面都不低于长途普货司机。样本自雇冷藏车司机主要作业时段为夜间，而且需从事多种多样的非驾驶劳动。

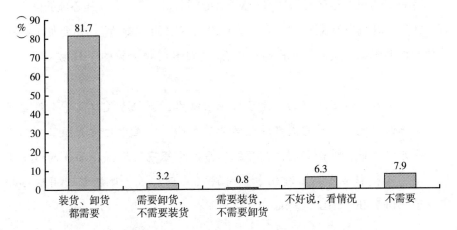

图 2-68　样本冷藏车司机需要装卸货的情况

资料来源：2022 年冷藏车司机调查。

（二）主观维度

冷链运输业的劳动过程对司机心理的影响构成测量劳动强度的主观维度。在访谈中，不少曾有普货卡车驾驶经验的冷藏车司机都表示，驾驶冷藏车比驾驶普货车辆"费心"，或者"心累"。按照 FYHR 冷链公司的一位老司机的说法是：

> 你开普通货车，货装上了，苫布一盖，你开你的车就是。但是开冷藏车不成，你心累啊。你得经常看着仪表，检查是否超温，一刻也不能大意。（FYHR-LHL 访谈录）

另一公司的一位老司机说：

> 从我到这公司的那天起，整天听的一句话就是：我们送的货无论是药，还是货物，都是给人吃的东西，一点儿都马虎不得。所以，拉上货，开上路，就一直揪着心啊。（JDLL-GSL 访谈录）

冷藏车司机在运输过程中必须对厢温进行适时监控构成其心理的巨大压力。此外，在驾驶冷藏车时，为了防止冷机渗水而"湿货"，还要加上许多琐细的辅助劳动，也需要司机格外费心。FYHR 冷链公司的 YHL 说：

> 现在，冷藏车里面，为了防止它渗水，得把冷气口用一个纸盒子从正面糊起来，让它流水的时候贴着盒面，不至于把货弄湿了，如果厢体温度低，外面环境热，那就容易产生蒸汽，还得在厢体两边支上塑料布和彩条布，蒸汽化水，叫它顺着厢边流，现在都使用这办法了。（FYHR-YHL 访谈录）

所以，说冷藏车司机在驾驶过程中每时每刻都提心吊胆、战战兢兢，似并不为过。保全货物品质的要求一直压在他们的心头。除小心驾驶车辆之外，他们还需借助各种仪表不停地观察车厢内部状况，及时利用各种"土办法"处理漏水、渗水问题。由此可见，公路冷链运输可谓一种既费力又费心的工作，往往造成冷藏车司机身心俱疲，结果是冷藏车司机感到比从事普货运输更加疲累。

九　实时监控

（一）实时温控

冷藏车由于所运输的货物多为易腐食品，或某些需维持在特定温度区间方能保证效用的生物制品，故为了确保货物的质量符合要求，有必要对冷藏车车厢内的温度进行严密控制，此即冷链运输业所谓的"实时同步控制"。调查显示，样本自雇冷藏车司机中超过七成表示"基本都需要实时同步"车厢内的温度；但另有 15.9% 的样本自雇冷藏车司机表示仅是"有时候需要实时同步"，这或许是因为在运输对温度变化不敏感的部分货物时，不需对车厢内部温度进行实时同步控制；还有 9.5% 的样本自雇冷藏车司机表示在运输过程中"不需要实时同步，但到卸货地后需要查验"；仅有 0.8% 的样本自雇冷藏车司机表示"不需要实时同步，也不需要查验车厢温度"（见图 2-69）。

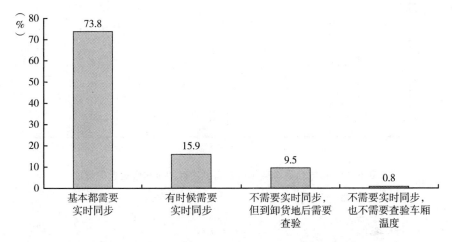

图 2-69 样本自雇冷藏车司机需要实时同步车厢温度的情况

资料来源：2022 年冷藏车司机调查。

（二）实时位控

对车厢温度的监控是为了保证冷藏车所运输的货物尽可能地处于适合的温度区间内，从而最大限度地保证其效用，而对车辆定位的实时监控则是在冷链运输过程中保证车辆运输时效的重要手段。对运输时效进行实时监控，除了为提升运输效率、确保运输安全等需要外，在冷链运输中保证运输时效也是保证所运输货物效用的重要手段。因为冷藏车不同于专业冷库，不能够长时间、精细化地将货物的温度控制在特定的区间范围内，只能尽可能地将所运输货物的温度维持在一个大致的温度范围内，所以，尽可能地缩短在途运输时间，也是防范货物效用受损的重要手段。调查显示，超过八成的样本自雇冷藏车司机表示在运输过程中需要对车辆定位进行实时同步控制（见图 2-70）。

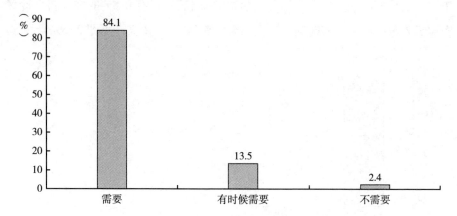

图 2-70 样本自雇冷藏车司机需要实时同步车辆位置的情况

资料来源：2022 年冷藏车司机调查。

（三）系统控制

实际上，近年来业已出现了一些对冷藏车进行实时控制的软件和设施，使得对其实施温度控制和行车控制更为便捷和精密。例如，在 JDLL 这样规模较大的冷链运输公司，所有的车上都装有 ADAS 软件，可对司机进行疲劳驾驶控制，同时在驾驶室装有实时反映厢体温度的控制器，一旦厢体发生温度变化，就会实时向公司监控室和司机双向报警。在课题组进行访谈时，许多样本自雇冷藏车司机都反复提及这类控制设施。（JDLL-WY 访谈录，FYHR-YHL 访谈录）

时至今日，根据规定，需要在冷藏车上加装的监控设备日益增多，业已形成了一个稳定有效的综合型监控系统。FYHR 的 YHL 说：

现在冷藏车上总共需要加装三个系统。一是"易流"，这是深圳一个科技公司发明的软件，通过手机就可以实时监控厢温，冷链物流公司的管理者和客户方都在使用，以实时监控厢温；二是去年（2021）装了 ADAS，这是专门防范、控制疲劳驾驶的设施；今年（2022）又按照

要求加装了自动刹车系统。（FYHR-YHL 访谈录）

由此可见，为了保证冷链运输货物的质量和效用，以及保证冷藏车司机的驾驶安全，公司/车队借助科技手段，通过温控、位控和自动刹车系统，将运输中的冷藏车和工作中的司机两者，全都严密监控起来。一旦发现超温、位差、驾驶时间超长等现象，就会实时对司机进行提示和报警。如此一来，有两个后果可谓显而易见。一个是司机在劳动过程中受到全方位的严密监视，用 YHL 的话说就是"开车时有好几个摄像头对着你"，此种监视和管理程度前所未有，甚至可说是已经超过现代化工厂中对流水线上的工人进行监控的严密程度；另一个则是公司/车队为此花费不菲。据 YHL 说，三套系统全部加装到车上，至少需要 1 万元的投入。（FYHR-YHL 访谈录）

但是，尽管司机觉得别扭和公司增加成本，这些设置也必须投入，并且使之有效运转起来。公路冷链运输业中时常出现一些案例，从反面证实了实时温控和实时位控的必要性。例如，由于自雇冷藏车司机在运营中，多半需自付油料费用，或者是虽由公司发放油卡，但是有些司机为了节油乃至倒卖油料，常会在打冷作业上擅动手脚，比如在入库装货和行驶初期将温度打冷到符合要求的标准，但在行车过程中，为了省油就擅自关闭制冷机，待到达卸货处附近时再重新打开制冷机。如此机会主义的做法很难说不会影响到运输货物的质量。也有司机因为此种机会主义行为而害苦了自己。YSCS 冷链运输公司的司机 ZZJ 就说了一段听起来让人哭笑不得的故事。

前年（2020）夏天，我到定州的 YL 奶制品厂拉雪糕，送到通州冷库。那个活儿算是个"小长途"，一天一趟活，跑 400 公里，连着跑了一星期，我就累了，有一次找机会就在高速公路上的休息区打了个盹。以前都是走在路上的时候，关两三个小时冷机，那是没有问题的，可是那天有点累，进服务区以后忘记开冷机了，一觉醒来，才想起这事，可雪糕已经化了 1/3。我赶紧重新打冷，但那也没啥用了。最后是收货方拒收了一部分，我赔了 6 万块钱。（YSCS-ZZJ 访谈录）

还有些事故并非蓄意而为，而是由于司机的"误操作"。FYHR 的 YHL 说：

> 今年（2022）4 月份，我们有个车从北京送药到西安，又从西安装菜花拉回北京，送到新发地市场。那天晚上在农村的菜花地里装了一丁点，装到半夜，不装了，结果司机等在那儿就睡着了，没关门，也没打温，到了第二天早上又接着装，装了之后关上门再打温，再到北京时菜花底部差不多全烂了。吓得司机连运费都不要了，赶快跑出来。（FYHR-YHL 访谈录）

但是有时因环境特殊，温控也不能保证厢体温度达标，从而造成货损而不得不赔偿。还是 FYHR 的 YHL 给课题组讲述了一些特殊情况。

> 去年（2021）7 月份，我们一个车从广州往沈阳运送疫苗。广州太热了，温度打不下来，双冷机都打不下来。结果超温了，人家货主在手机上就能看到啊，超温了，人家不要了。这一车疫苗，总价值 200 多万（元），大部分走保险赔付了，但公司也赔了四五十万（元）。不赔不行啊，不赔以后的货源就没有了。（FYHR-YHL 访谈录）

除"实时温控"外，"实时位控"亦十分重要，其除了提示冷藏车司机要在一定时点到达一定位置，以及行驶途程中定时休息等事项外，还有更为广泛的作用。例如前述 HKLL 公司，其主要任务是为航班配送餐食。作业之际，司机需驾驶冷藏餐车缓缓驶至机体底部的指定位置，然后操作机械，将冷藏餐车厢体抬升至与舱门平行衔接处，复将食盒推入。如是操作时，如果停车位置不当，抬升厢体时便有触碰机体之虞。而一旦发生此等触碰就是较大事故，须由机修工匠重检机身，确认安全后方可放行。在这一情形下，冷藏餐车作业时位控之重要性亦可见一斑。

上述这些事故说明，对冷链运输业而言，为保证货物质量，对自雇冷藏车司机进行实时温控和实时位控确有必要。当然，像上述那个从广州运送疫苗的案例，其中的问题就不是温控、位控所能解决的了。但在大多数情形下，实时温控和位控还是起着重要作用的。不过，毋庸讳言，这些实时控制手段的运用，将样本自雇冷藏车司机的劳动过程置于史无前例的严密监控之下。劳动控制凭借看上去似为"中性的"技术手段侵入到劳动过程，又被内化到劳动主体之中。从劳动控制的严密程度上看，公司/车队对自雇冷藏车司机的把握和控制，显然要比对普货运输业的自雇卡车司机严格得多。

十　福利保障

（一）"五险一金"

未曾加盟或挂靠于公司/车队的那些纯然自雇的样本冷藏车司机当然不涉及"五险一金"事项，他们需自行缴纳各种保险费。但调查显示，即使是在加盟——受雇或兼职于公司/车队的样本自雇冷藏车司机中，也有高达85.9%的人表示，其所在公司/车队根本不会为自己缴纳"五险一金"；另有8.2%的人表示仅部分缴纳或未按照实际工资数额缴纳；表示会全额缴纳的仅有5.9%（见图2-71）。由此可见，样本冷藏车司机基本不享受"五险一金"。

（二）其他福利

"五险一金"作为基本的社会保障安排尚不能得到保证，其他福利情况更可想而知。调查显示，受雇或兼职于公司/车队的样本自雇冷藏车司机中，超过八成的人（占比达82.4%）表示从未享受过任职公司/车队提供的福利（见图2-72）。

（三）劳保用品

在劳保用品的发放上，57.6%的受雇或兼职于公司/车队的样本自雇冷藏车司机表示公司/车队不发放劳保用品（见图2-73）。

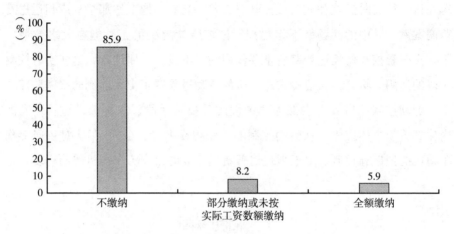

**图 2-71 加盟或兼职形式下样本自雇冷藏车司机所属公司/车队
为其缴纳"五险一金"的情况**

资料来源：2022 年冷藏车司机调查。

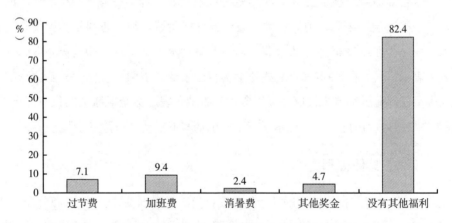

图 2-72 加盟或兼职形式下样本自雇冷藏车司机享受其他福利的状况

资料来源：2022 年冷藏车司机调查。

（四）卡友组织

官办工会组织一般并未覆盖自雇卡车司机群体，对样本冷藏车司机群体
亦复如是。在卡车司机职业群体中，近年来各式各样的卡车司机自组织获得

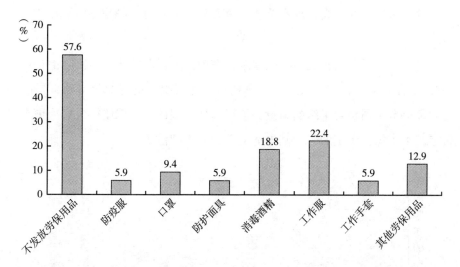

图2-73　加盟或兼职形式下样本自雇冷藏车司机享受劳保用品的状况

资料来源：2022年冷藏车司机调查。

长足发展，这种现象在普货司机中尤为明显。值得注意的是，在样本自雇冷藏车司机中，绝大多数人（占比达88.9%）并没有参加任何卡友组织（见图2-74）。究其原因，或许是因为大部分自雇冷藏车司机皆以各种挂靠或者加盟形式与公司/车队勾连起来，自雇冷藏车司机通常面对的那些难题，如拖欠运费、罚扣车辆、办理证照等，一般都由公司/车队负责解决，而无须自雇冷藏车司机自己出面，这样也就消除了大多数自雇冷藏车司机参与卡车司机组织的促动力。例如，YSCS物流公司是一个规模较大的私营公司，承担许多大型商超和餐饮单位的冷链运输业务。其专管冷链业务的经理Y先生向课题组诉苦说：

> 我们现在面对的最难的事就是拖欠运费。很多大型的公司、商超也照样拖欠运费，我们毫无办法。光HNS烤肉就该着我们309万（元）运费，打官司也要不回来。这还不算那些已经倒闭的公司。MRYX倒闭了，还该着我们97万（元）运费。YN欠50万（元），SHXJ欠130万（元），统统要不回来。但是，我们得给司机结算运费啊。没办法，只

得到银行贷款。我们现在是贷款给司机结运费啊。（YSCS-YY 访谈录）

可见，当下公路货运市场上普遍存在的拖欠运费的压力，实际上是被公司/车队扛起来了，样本自雇冷藏车司机并未或很少遭遇此等事项，是故亦无须凭借卡车司机自组织的力量去追讨运费，因此，也就使得自雇冷藏车司机参与卡车司机组织的一个基本的促动力归于消散了。[①]

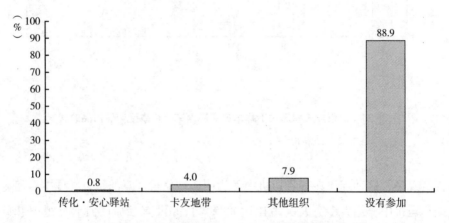

图 2-74　样本自雇冷藏车司机参与卡车司机组织的状况

资料来源：2022 年冷藏车司机调查。

十一　收支状况

（一）运费结算

说到运费，那简直就是触及了公司/车队和自雇冷藏车司机的内心至痛之处。近年来油价上升，运费低迷，早已挤占了大部分利润空间，几乎所有的公司/车队老板和自雇冷藏车司机一提及此事都会抱怨连连。运费结构及

_____

① 参见《中国卡车司机调查报告 No.2》，第三篇"组织化"，社会科学文献出版社，2018。

其浮动是一个非常复杂的问题，需要另做专题进行研究。在这里只是大致提示一下近年来公路冷链运输的运费状况。据说，现在的公路运价是一公里 7元。但是路途较近的运单，如从北京到天津这种百十公里路程的运单就不能按照公里计算，而是要按趟包活了。但无论如何算计，当下运输所得刨去成本，皆可谓所剩无几，据说在这 7 元里能挣到 1 元利润就不错，几乎所有公司/车队乃至自雇冷藏车司机都在惨淡经营。（FYHR-YHL 访谈录，YSCS-YY、YSCS-ZJL 访谈录）

从结算周期来看，按月结算是样本自雇冷藏车司机中最常见的结算周期，占比达 68.3%；另有 11.1%的样本自雇冷藏车司机表示其工资或运费为每日一结或每趟一结。从结算方式来看，69.0%的样本自雇冷藏车司机的工资或运费为按趟结算，这与其"加盟"合作的身份密不可分；另有10.4%的样本自雇冷藏车司机表示其运费是固定工资或按"底薪+绩效"的方式进行每月结算，在此种结算方式下工资数额的稳定性更高，但其与物流公司的关联也更加强固（见图 2-75）。

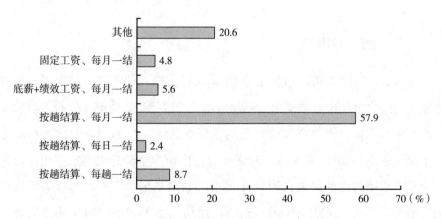

图 2-75　样本自雇冷藏车司机的运费结算方式

资料来源：2022 年冷藏车司机调查。

（二）司机收入

调查显示，2021 年，有 42.9%的样本自雇冷藏车司机平均每月所结算的运费/工资超过 10000 元，有 33.3%的样本自雇冷藏车司机平均每月所结算的运费/工资在 7001~10000 元。除此之外，有 23.8%的样本自雇冷藏车司机平均每月所结算的运费/工资不超过 7000 元（见图 2-76）。

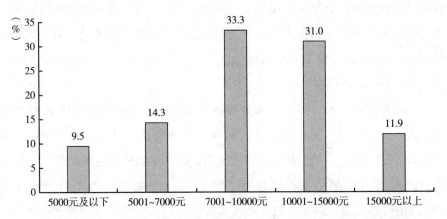

图 2-76　2021 年样本自雇冷藏车司机平均每月所结算的运费/工资数额

资料来源：2022 年冷藏车司机调查。

（三）油电费用

样本自雇冷藏车司机与物流公司/车队合作模式的不同，决定了其是否需要支付运输过程中必须支出的燃油费用及为维持车辆能够正常投入运输生产所必需的维修、保养或年检等费用。调查显示，有 11.1%的样本自雇冷藏车司机表示在 2021 年无须支付运输过程中所产生的充电充能费用。需要承担相应费用的比例如下：2021 年样本自雇冷藏车司机平均每月需要支付的充电充能费用在 3001~6000 元的占比最高，达 38.1%；2021 年平均每月支付的充电充能费用在 6001~9000 元的占比为 21.4%；而 2021 年平均每月支付的充电充能费用超过 9000 元的占比达 23.0%（见图 2-77）。除此之外，样本自雇冷藏车司机中有 98.4%的人所驾驶的冷藏车使用柴油作为动力，另有 1.6%的所驾驶的冷藏车使用汽油作为动力，而样本自雇冷藏车司机中使用电能或其他新能源的占比为 0%（见图 2-78）。在此应当说明，经自雇冷藏车司机之手支付的充电充能费用，与其车辆的折旧费用一样，都未被列入其收入之中，或者说，上述对样本自雇冷藏车司机收入的说明乃限于其"纯收入"，而并非其"毛收入"，即未涵盖其所支付的充电充能等费用。若从其"毛收入"来看，样本自雇冷藏车司机的月"毛收入"少有掉下10000元的，甚至达到20000元的也为数不少。这也是人们普遍认为自雇冷藏车司机收入高的主要原因之一。

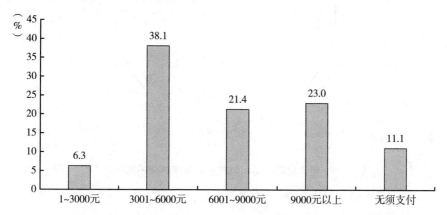

图 2-77 2021 年样本自雇冷藏车司机平均每月所需支付的充电充能费用

资料来源：2022 年冷藏车司机调查。

（四）其余杂费

除了充电充能费用外，调查显示，89.9%的样本自雇冷藏车司机还需支付年检、维修、保养等公路货运所必需的维护费用。2021 年，样本自雇冷藏车司机中平均每月所需支付上述费用在 1~2000 元的占比最高，达47.6%；平均每月所需支付车辆运维费用在 2001~5000 元的占比达 23.0%；另有 18.3%的样本自雇冷藏车司机平均每月需支付的上述费用超过 5000 元（见图 2-79）。

（五）配偶收入

除了样本自雇冷藏车司机本人外，其配偶的收入如何？调查显示，

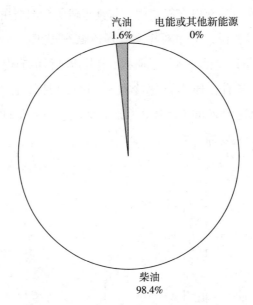

图 2-78　样本自雇冷藏车司机所驾驶车辆使用的能源类型

资料来源：2022 年冷藏车司机调查。

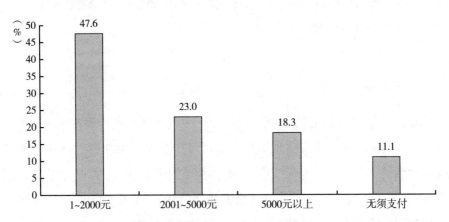

图 2-79　2021 年样本自雇冷藏车司机平均每月所支付的年检、维修、保养等费用

资料来源：2022 年冷藏车司机调查。

样本自雇冷藏车司机的配偶中有接近四成（占比达 39.7%）在 2021 年没有收入。除此之外，2021 年，样本自雇冷藏车司机配偶的平均每月收入不超过 5000 元的占比为 36.5%，平均每月收入在 5001~7000 元的占比为 9.5%。另有 14.3% 的样本自雇冷藏车司机的配偶在 2021 年平均每月收入超过 7000 元（见图 2-80）。

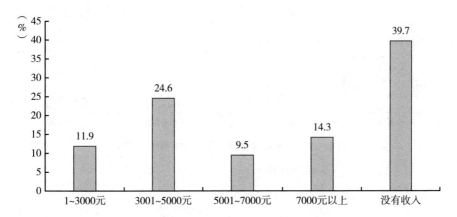

图 2-80　2021 年样本自雇冷藏车司机配偶的收入分布

资料来源：2022 年冷藏车司机调查。

（六）购房贷款

调查显示，超过六成的（占比为 62.7%）样本自雇冷藏车司机无须支付房贷，而每月需要支付房贷不超过 4000 元的占比为 23.0%，另有占比达 14.3% 的样本自雇冷藏车司机每月需支付超过 4000 元的房贷（见图 2-81）。

（七）小车贷款

调查显示，超过七成的（占比达 71.4%）样本自雇冷藏车司机"没有小车贷款或已还清"，而每月需要支付小车贷款不超过 3000 元的占比为 9.5%，另有占比达 10.3% 的样本自雇冷藏车司机每月需支付小车贷款在 3001~5000 元，而每月需要偿还小车贷款超过 5000 元的样本自雇冷藏车司机占比达 8.7%（见图 2-82）。

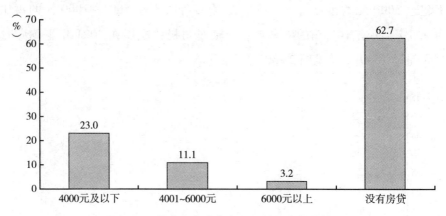

图2-81 样本自雇冷藏车司机的住房贷款情况

资料来源：2022年冷藏车司机调查。

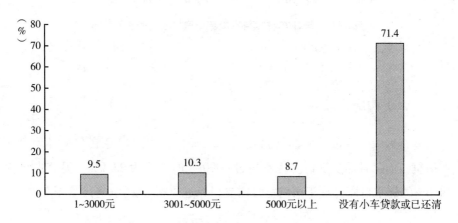

图2-82 样本自雇冷藏车司机的小车贷款情况

资料来源：2022年冷藏车司机调查。

从以上描述可知，样本自雇冷藏车司机的劳动过程和日常生活大体如下。这个主要由男性精壮劳力构成的职业群体，超过八成的人（84.1%）是在2015年及以后入行的，多数人（81.7%）依靠贷款购置冷藏车，其中相当多的人尚未偿清车贷，因而成为自雇卡车司机这个庞大的债务工作群体之中的一员。购车后，高达 96.6% 的样本冷藏车司机秉承"凭车找货"的入行模式与工作体制，通过各种挂靠、加盟方式与冷链物流公司/车队建立"合作关系"，依靠公司/车队获得货源。他们运输的货物包括蔬果、肉类、冷藏食品、药品疫苗等，全都关乎国计民生。他们的运输距离多为中短途，工作强度多按趟数计量，从一天一趟到一天三趟及以上不等。值得注意的是，由于是自雇冷藏车司机，他们多为单人驾驶车辆而没有跟车人员，这就使得他们时常不得不超时驾驶，而且需要承担从结单到装卸等诸多辅助环节的劳动，故劳动强度不低且劳动过程颇为烦琐。此外，由于各种送货要求，夜间驾驶成为工作常态。相比于普货司机，他们受到更为严格的监控。普货司机眼下至多受到"北斗系统"等对疲劳驾驶的监控，而样本自雇冷藏车司机除此之外还要接受实时温控和位控。样本自雇冷藏车司机群体基本不享受公司/车队提供的"五险一金"待遇和各种福利，只有极少数的公司/车队发放一些最基本的劳保用品如工作手套等。值得注意的是，与普货司机不同，样本自雇冷藏车司机中绝少有人参加各种卡车司机组织，此种状况系由多种因素使然。从收入来看，他们的"毛收入"似乎不低，但刨去各种需要由他们承担的成本如燃油、充电、维修保养等的费用后，他们的"纯收入"多为 7001~15000 元，中位数为 9360 元（假设样本群体收入在每一问题填答区间内均匀分布）。这个收入水平与长途普货司机的收入水平大体持平，但还是要高于普通农民工的收入水平。

第四章　他雇冷藏车司机的劳动过程

如前所述，按冷藏车司机所选择的入行模式与工作体制划分，选择"凭车找货"入行模式和工作体制的自雇冷藏车司机占总体样本的22.0%，而选择"以人找车"的入行模式和工作体制的他雇冷藏车司机则占总体样本的78.0%。这表明他雇冷藏车司机是样本群体的主体部分。本章将对样本他雇冷藏车司机的劳动过程和日常生活进行描述与分析。

一　受雇入职

（一）雇主类型

据调查，在样本他雇冷藏车司机中，自述雇主是大中型公司的占比达79.3%，这一比例远高于样本自雇冷藏车司机的23.0%；而自述雇主是小型公司或私人车队的样本他雇冷藏车司机合计占比为16.8%，这一比例又远低于样本自雇冷藏车司机的42.0%。这表明多数样本自雇冷藏车司机以中小型公司和车队为主要雇主，而多数样本他雇冷藏车司机则以大中型公司为雇主。除此之外，还有3.9%的样本他雇冷藏车司机表示自己是兼职（见图2-83）。

（二）入职渠道

他雇冷藏车司机是如何进入当前所任职的公司/车队的？调查显示，与样本自雇冷藏车司机一样，通过亲友介绍依然是样本他雇冷藏车司机在寻求职位时使用最多的渠道。但值得注意的是，样本他雇冷藏车司机使用这一渠

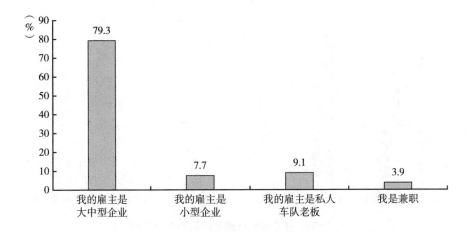

图 2-83　样本他雇冷藏车司机的雇主类型

资料来源：2022 年冷藏车司机调查。

道的比例远低于样本自雇冷藏车司机，前者合计占比仅为 33.0%，后者占比则高达 68.2%，后者占比高出前者 35.2 个百分点。在亲友关系等非正式关系网络之外，样本他雇冷藏车司机使用最多的入职渠道是"中介机构介绍"，占比达 25.1%；其次则是"公司线下招聘"，占比达 21.2%；另有占比达 10.7% 的样本他雇冷藏车司机通过"网络招聘"加入当前所任职的公司/车队（见图 2-84）。由此或可表明，在冷链运输业的劳力市场中，正式制度对样本他雇冷藏车司机的就业影响尤甚，而远大于对样本自雇冷藏车司机的影响，其根源或许在于两者各自主要就职公司的区别。如前所述，样本他雇冷藏车司机主要就职于大中型物流公司，这类公司终归要正规一些，故在招聘司机时亦多走正式渠道。相形之下，样本自雇冷藏车司机则多就职于中小型公司/车队，其正规化水平显然低于那些规模公司，所以亲友关系等非正式关系遂成为主要的招聘手段。

但在进入公司/车队后，样本他雇冷藏车司机与样本自雇冷藏车司机便显现出更多的一致之处，即样本他雇冷藏车司机的绝大多数人在任职公司/车队所担任职位为"普通司机"。不过，进入大中型公司的样本他雇冷藏车

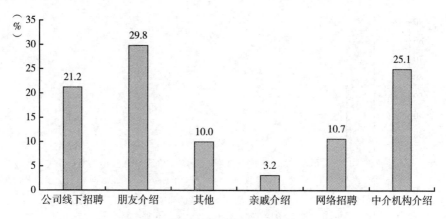

图 2-84 样本他雇冷藏车司机的入职渠道

资料来源：2022 年冷藏车司机调查。

司机也有担任"班组长"或"车队队长"者，其比例合计为 4.4%，虽说也是为数寥寥，但已比样本自雇冷藏车司机中担任班组长的（1.2%）高 3.2 个百分点，而且样本自雇冷藏车司机中没有人担任车队队长。这似可说明样本他雇冷藏车司机在受雇公司/车队中的上升渠道要比样本自雇冷藏车司机更多一些（见图 2-85）。

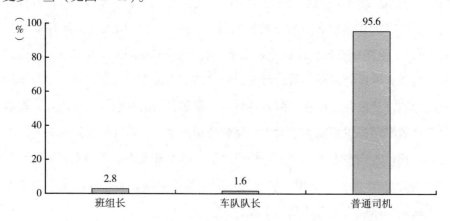

图 2-85 样本他雇冷藏车司机的职位

资料来源：2022 年冷藏车司机调查。

（三）包车制度

近年来，在一些公司/车队中，针对他雇冷藏车司机，开始兴起一种"包车制"。在整体货运物流市场境况不佳的情况下，针对样本他雇冷藏车司机长期跑外，在找货、燃油等方面皆有不能精确掌控之处，更何况有些司机的工作积极性亦难以充分调动起来的问题，公司/车队索性尝试将自有车辆承包给样本他雇冷藏车司机独立运营，以降低管理成本，增加公司收入。FYHR 物流公司面对样本他雇冷藏车司机先行推出此种"包车制"，设定规则如下。意欲包车的他雇冷藏车司机先要向公司缴一笔抵押金，数额视车型不等而在四万元至五万元之间浮动。此外，每月还需向公司上缴 1000 元的管理费。公司则负责为包车司机寻找货源。不过，在公司货源不足的情况下，司机也可自行找货拉活，但公司须从每单运费中抽取 13%～15% 的费用，其中 10% 为开具发票所留点数，3%～5% 为公司收益。运输油价打入成本，算在运费之中。此种"包车制"极大地调动了样本他雇冷藏车司机的积极性，把那些能力较大的司机与能力较差的司机区别开来。FYHR 公司现已承包出了十余辆冷藏车，据说占公司自有冷藏车约 1/5 的比重。但是，如YHL 所说：

> 那个业务能力强的，自己感觉能挣钱的就包了，有些胆小的还真不敢包。像那些没本事的司机让他包，他也不敢包，但你像那个心里有底的，确实包了，也确实挣钱了……包车的到年底怎么也能整个十来万块钱。（FYHR-YHL 访谈录）

长久以往，如此做法无疑将会造成样本他雇冷藏车司机群体的某种分化。但无论如何，这也表明，较之样本自雇冷藏车司机，身处大中型物流公司中的样本他雇冷藏车司机似乎获得了更为宽广的职业晋升渠道和自我发展空间。从"包车制"的推广来看，那些经验较为丰富、能力较强的样本他雇冷藏车司机很容易脱颖而出，在竞争中展现明显优势，也能挣得较多收益。

二 运货类型

（一）车型分布

如前所述，在样本自雇冷藏车司机所购买并驾驶的冷藏车中，有超过六成的车辆为 F 类冷藏车（占比为 61.1%），即保温厢体平均温度 ≤−20℃的冷藏车。与之不同，样本他雇冷藏车司机所驾驶的冷藏车中最多的是 A 类冷藏车，即保温厢体平均温度为 0℃~12℃的冷藏车，占比为 29.4%。相形之下，F 类冷藏车在样本他雇冷藏车司机所驾车辆中占比为 26.4%，低于 A 类冷藏车的占比。对样本他雇冷藏车司机所驾驶的冷藏车类型按照降级排序，则可见除排名第一的 A 类冷藏车和排名第二的 F 类冷藏车外，其余依次占比为 B 类冷藏车（占比为 16.4%）、C 类冷藏车（占比为 9.3%）、G 类冷藏车（占比为 5.9%）、E 类冷藏车（占比为 5.2%）、D 类冷藏车（占比为 4.3%）与 H 类冷藏车（占比为 3.0%）。可见，相比于样本自雇冷藏车司机所驾驶的冷藏车，样本他雇冷藏车司机任职的冷链运输公司/车队所购买的冷藏车显然类型更为齐全，且不同类型的冷藏车间的比例分布也较为均匀（见图 2-86）。

需要注意的是，样本自雇冷藏车司机之所以更为偏好 F 类冷藏车，并非因为相同配置下 F 类冷藏车的价格更为便宜。恰恰相反，按照 F 类冷藏车的设计，因其保温厢体内的平均温度更低，所以对冷藏机组与厢体的保温性能要求更高，价格也相应更高。样本自雇冷藏车司机多青睐 F 类冷藏车，盖因其为运输货物涵盖范围最广的冷藏车型，除生物医药制品外，冷冻食品、冷藏食品、蔬菜水果等不同类型的产品都能运输。而样本自雇冷藏车司机在购车之初由于考虑到难以保证稳定且充足的货源，所以只能花更高的价格购买适用性更强的 F 类冷藏车，以提升其在运输市场上的竞争力。

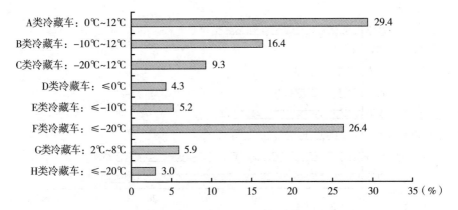

图 2-86　样本他雇冷藏车司机所驾驶的冷藏车类型

资料来源：2022 年冷藏车司机调查。

（二）货物种类

调查显示，样本他雇冷藏车司机运输的货物种类按照占比从高到低排序依次为：肉类（占比为 24.8%）、速冻食品（占比为 23.4%）、疫苗等医药产品（占比为 12.3%）、水果（占比为 12.1%）、乳品（占比为 6.7%）、蔬菜（占比为 6.3%）与水产品（占比为 0.4%）。值得注意的是，14.1% 的样本他雇冷藏车司机最常运输的货物种类并未涵盖在以上分类选项中，而在样本自雇冷藏车司机中这一比例仅为 4.0%（见图 2-87）。这说明相比于样本自雇冷藏车司机所能接触到的货物类型，样本他雇冷藏车司机所任职的公司或车队能够接触到更多种类的货物，而这就意味着它们拥有更为丰富的货源。

在冷藏车司机所运送的货物中，疫苗等医药产品是一类特殊货物，有严格的运输规定，需要特别留意。JDLL 是一家著名的大型冷链运输公司，不仅拥有各种型号冷藏车数十辆，甚至还拥有诸如斯坦尼亚、梅赛德斯-奔驰之类价值百万元的车头。据该公司冷链车队的负责人 WY 说：

> 我现在运药的车次占比还是比较大的，因为我承接了全市的疫苗项

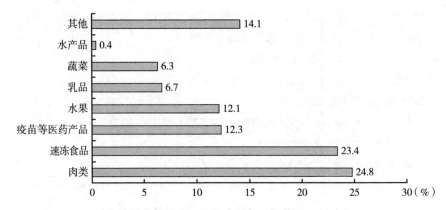

图 2-87　样本他雇冷藏车司机最常运送的货物类型

资料来源：2022 年冷藏车司机调查。

目，专门运输疫苗……我们的车，现在去国家药监局网上，都可以查到号……运送疫苗需要格外谨慎，不仅温控要掌握好，而且要多配司机，我这儿送一趟疫苗，都是派三个人，包括正副驾驶员，还有一个押车员，不管路途多近，都是如此。（JDLL-WY 访谈录）

货物的性质和种类决定了人员配备状况。据说运送一般药品还好，如无特别要求则不必对标打冷，是故较为简单。但运送疫苗要严格得多。不仅人员要配足，而且对运输全程都要加以严密监控。

（三）货源情况

与货物丰富相对应，样本他雇冷藏车司机所任职的公司/车队也拥有更为充足的货源。调查显示，在"您最常运输的货物类型（按照运输频率依次最多勾选三项）"这一题中，样本他雇冷藏车司机只勾选一项的占比为45.5%（见图 2-88），这意味着他们所任职的公司/车队大多拥有充足且稳定的货源，足以支撑他们按照货物种类进行分工协作，分门别类地加以运输。与之相对照的是，在样本自雇冷藏车司机中这一比例仅为 25.4%。

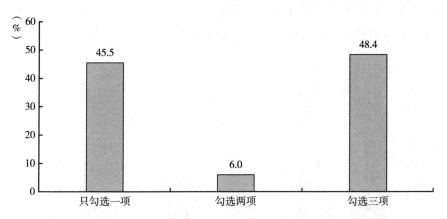

图 2-88　样本他雇冷藏车司机最常运送货物类型的数量

资料来源：2022 年冷藏车司机调查。

三　运输距离

（一）车辆分类

由于样本他雇冷藏车司机所驾驶的冷藏车类型相对齐全，故在描述其日常工作的运输距离与跑车线路之前，有必要先对其所驾驶的各类冷藏车及其工作状态进行简要描述。

调查显示，样本他雇冷藏车司机所驾驶的冷藏车按照车轴数与车牌类型可进行如下分类，各类型比例从高到低排序依次为两轴蓝牌冷藏车（占比为 42.6%）、两轴黄牌冷藏车（占比为 29.8%）、四轴冷藏车（占比为 15.0%）、六轴冷藏车（占比为 7.5%）、三轴冷藏车（占比为 4.8%）与五轴冷藏车（占比为 0.2%）（见图 2-89）。这与样本自雇冷藏车中接近九成的人（占比为 88.1%）所购买的冷藏车均为两轴蓝牌冷藏车（多用于城配运输或中短途运输）形成了较为明显的对比。此种差异，一方面，因为冷藏车车型越大、载重吨位越大，则其价格相应地也就越高，自费购车的样本自雇冷藏车司机多难以负担购置重型冷藏车所需的花费；另一方面，载重吨

177

位越大意味着该种类型的冷藏车的常态运营必须具备稳定且充足的货源作为支撑,而这恰恰是自雇冷藏车司机所缺乏而为公司/车队所拥有的。

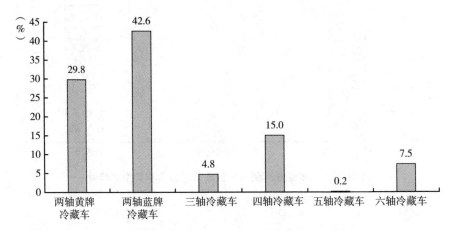

图 2-89 样本他雇冷藏车司机驾驶车辆的类型(按车轴数分类)

资料来源:2022 年冷藏车司机调查。

值得一提的是,在样本自雇冷藏车司机所购置的冷藏车中,并没有看到电动冷藏车或使用氢能等其他新能源的车辆;而在样本他雇冷藏车司机所驾驶的冷藏车中,合计占比为 3.6% 的人驾驶的冷藏车为使用新能源的冷藏车,因此更为环保(见图 2-90)。这也表明,那些大中型冷链物流企业开始向着推展绿色能源冷藏车的方向迈步。

(二)运输距离

如前所述,在样本他雇冷藏车司机中,驾驶四轴及以上车轴数冷藏车的比例,相较样本自雇冷藏车司机驾驶这一类型车辆的比例更高,这意味着样本他雇冷藏车司机中从事长途运输的比例也相应更高。调查显示,16.9% 的样本他雇冷藏车司机一般进行长途运输,运输距离在 500 公里以上;在样本自雇冷藏车司机中这一比例仅为 4.0%。除此之外,在样本他雇冷藏车司机中,一般从事中短途运输的占比为 27.3%,而一般进行城配运输的占比为 55.8%(见图 2-91)。

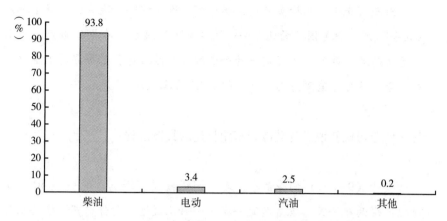

图 2-90 样本他雇冷藏车司机驾驶冷藏车使用的能源类型

资料来源：2022 年冷藏车司机调查。

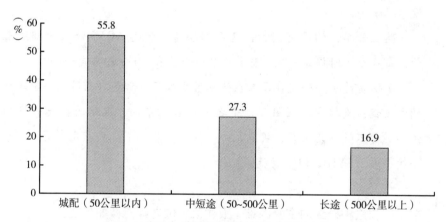

图 2-91 样本他雇冷藏车司机的运输距离分布

资料来源：2022 年冷藏车司机调查。

驾驶冷藏车跑长途，去程和回程都有特别值得关注的问题。就去程而论，样本冷藏车司机从工作到生活都有一系列的难题需要解决。几位从业多年的老司机讲解了驾驶冷藏车跑长途的一些细节。

一位老司机强调了出发前准备工作的重要性：

出发前先得仔细检查车辆，胎压啊、冷机啊……现在的冷藏车都是"双冷"了，但是国产的还是……还是美国的凯利（冷机）最好。特别是运送药品、疫苗，出发前一两个小时就要做准备，根据它的温度要求先打冷，然后才能到库房装车。（FYHR-YHL 访谈录）

另一位老司机叙说了驾驶冷藏车跑长途的具体过程：

我开（9.6 米）的冷藏车，跑广州送疫苗、送药，跑一趟 40 个小时吧，得两夜一天，或者两天一夜……好比说送一种什么药，它要求厢温 2℃~8℃，你装车前一两个小时就得打，持续打 5℃，让它稳定下来，然后才能装车。出发了，有三个摄像头盯着你，三个都稳定了，就没事了……

路上开车，倒是有副驾，两人倒换着。但是 ADAS 什么的都盯着你，每 4 个小时提示一次，你就得找休息区待 20 分钟再走……

关键是吃饭……现在没人在休息区吃饭了，都是自己做……用车载的电饭锅，直接把米买好了。走之前买点儿东西，在路上得凑合三顿饭……要不炸点儿肉酱，买点儿……挂面，煮一下，买点儿青菜，下水一焯……（FYHR-LHL 访谈录）

关于跑长途中碰到的主要困难，上述第一位老师傅做如是说：

在路上最难的事儿，莫过于冷机坏了。假如说小毛病，皮带坏了，自己能换就换，车里都有备用皮带。要是换不了的，那只能上 4S 店……修一回怎么也得一千块钱。

路上加油？公司给司机配油卡，有时候也得司机垫钱，回来报销。跑长途免不了的……（FYHR-YHL 访谈录）

这还只是去程。事关回程，最难的事情则是找回程货。发出的车辆总不能空驶返回，而必须装满货物才行。如果公司手中有现成的回程货，那就简单了，直接装车回返即可。但如果公司手中没有现成的回程货，那就需要样本冷藏车司机自己在各种货运 APP 上，或者是从过往结识的老主顾那里找货，而找到的货可谓五花八门，各种各样，只要是冷藏车能运的都运。

> 找回程货，找到什么样的货都有，冷冻食品、生鲜果蔬、方便面……什么都得拉……（FYHR-LHY 访谈录）

> 回程货，最麻烦的是拼货，因为要求"满载率"，你拉满才能走。你装的标品，第一容易串货，这玩意太容易串了……一辆车拉七家、八家的货，最多的时候拉十二家的货，你说司机怎么办，他没法办。（YSCS-ZQF 访谈录）

可见冷藏车长途送货，从出发伊始就要做一大堆烦琐细致的工作，路途之中可能发生意外，回程还需找货。样本冷藏车司机们的工作和生活确实不易。

四　行车路线

（一）行走高速

涉及具体行车路线的选择，调查显示，样本他雇冷藏车司机"基本不走高速"的比例达 44.0%，这部分司机所从事的多为城配运输；而另有41.2%的样本他雇冷藏车司机自述"基本是全程走高速"和"大部分走高速，偶尔走下道"，这部分司机以跑中、长途运输的居多；除此之外，"一半走高速，一半走下道"的占比为 8.0%，"偶尔走高速，大部分走下道"的占比为 6.7%（见图 2-92）。

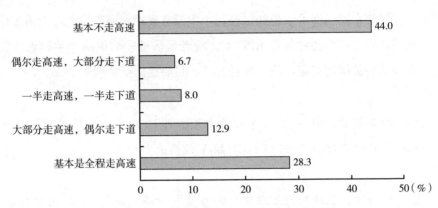

图 2-92　样本他雇冷藏车司机的行车路线

资料来源：2022 年冷藏车司机调查。

（二）固定路线

相比于样本自雇冷藏车司机，样本他雇冷藏车司机在运输过程中"基本都是走固定线路"的比例更高：前者占比为 54.0%，而后者占比为 68.5%（见图 2-93）。这也从一个侧面反映出样本他雇冷藏车司机受雇的公司/车队手握更为稳定的货源。

五　劳动强度

与对样本自雇冷藏车司机劳动强度的分析一样，对样本他雇冷藏车司机劳动强度的描述也将从客观和主观两个方面展开。其中客观方面仍以四个维度为依据，即运输频率、作业时段、单次驾驶作业时长、是否需要承担驾驶劳动之外的其他辅助劳动。主观方面则关注劳动过程对样本他雇冷藏车司机心态的影响。先看客观方面的四个维度。

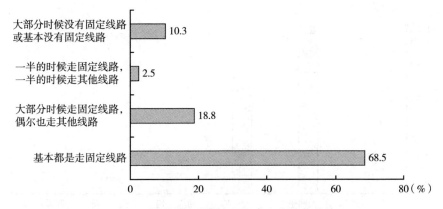

图 2-93 样本他雇冷藏车司机走固定路线的情况

资料来源：2022 年冷藏车司机调查。

（一）客观维度

1. 运输频率

在运输频率方面，从事长途运输的样本他雇冷藏车司机占比更高。相比于样本自雇冷藏车司机，样本他雇冷藏车司机两天及以上完成一趟运输的占比合计达 15.5%，而在样本自雇冷藏车司机中这一比例仅为 6.4%，相形之下要低得多。除此之外，样本他雇冷藏车司机中自述"一天两趟"运输频率的占比为 40.8%，自述"一天一趟"运输频率的占比为 28.0%。值得注意的是，一天运输三趟及以上的，在样本他雇冷藏车司机中占比为 15.7%（见图 2-94），也远远高于样本自雇冷藏车司机中的 2.4%。

2. 作业时段

在是否需要夜间跑车方面，调查显示，一方面，样本他雇冷藏车司机中"大部分时候需要"夜间跑车或"总是需要"夜间跑车的占比合计为 46.7%，远低于在样本自雇冷藏车司机中的这一比例（83.3%）；另一方面，表示"基本不需要"夜间跑车的样本他雇冷藏车司机占比为 14.6%，而这一比例在样本自雇冷藏车司机中仅为 2.4%（见图 2-95）。这说明，尽管样本他雇冷藏车司机中仍有接近一半的人也经常需要夜间跑车，但比样本自雇冷藏车司机少得多。

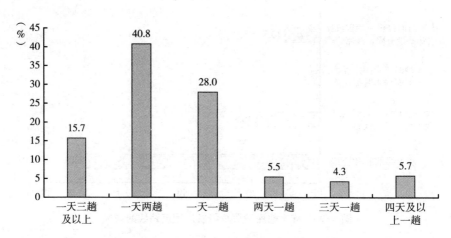

图 2-94 样本他雇冷藏车司机的运输频率（2022 年 1 月 1 日以来）

资料来源：2022 年冷藏车司机调查。

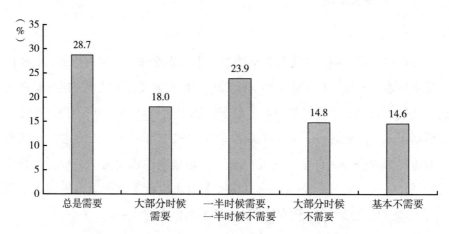

图 2-95 样本他雇冷藏车司机需要夜间跑车的情况

资料来源：2022 年冷藏车司机调查。

3. "单驾时长"

再看单次驾驶作业时长。2022 年 1 月 1 日以来，单日驾驶最长时间不低于 9 小时的样本他雇冷藏车司机占比合计为 22.1%，低于样本自雇冷藏车司机的 36.5%。且超过半数（占比为 50.1%）的样本他雇冷藏车司机表示，

2022 年 1 月 1 日以来其单日驾驶最长时间不超过 6 小时（见图 2-96），在样本自雇冷藏车司机中这一比例仅为 28.6%。

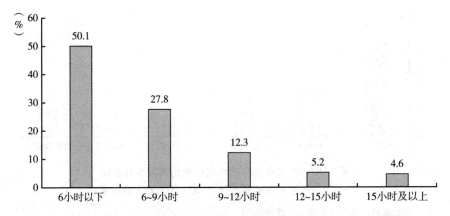

图 2-96　样本他雇冷藏车司机单日最长驾驶时间（2022 年 1 月 1 日以来）

资料来源：2022 年冷藏车司机调查。

样本他雇冷藏车司机 2022 年 1 月 1 日以来平均每月单次驾驶超过 8 小时的次数超过 15 次的比例合计为 13.6%，远低于样本自雇冷藏车司机的 29.4%。另外，表示 2022 年 1 月 1 日以来每日单次驾驶时长从未超过 8 小时的样本他雇冷藏车司机超过半数，占比达 54.0%（见图 2-97），也高于样本自雇冷藏车司机的 33.3%。

4. 辅助劳动

从作业时段、单驾时长两方面已可见，样本他雇冷藏车司机的工作强度显然是低于样本自雇冷藏车司机的。除此之外，在是否需要承担驾驶劳动之外的其他辅助劳动这一维度上，样本他雇冷藏车司机的劳动强度亦低于样本自雇冷藏车司机。无人跟车的样本他雇冷藏车司机占比仅为 31.0%，而在样本自雇冷藏车司机中这一比例则高达 85.7%。即使是在为数不多的有人跟车的样本自雇冷藏车司机中，跟车人是"卡嫂"的占比最高，为 4.0%。相较之下，样本他雇冷藏车司机中近七成有跟车人伴随，其中 22.6% 的跟车人是副驾驶，21.0% 的跟车人是装卸工，18.0% 的跟车人是跟车员，而仅

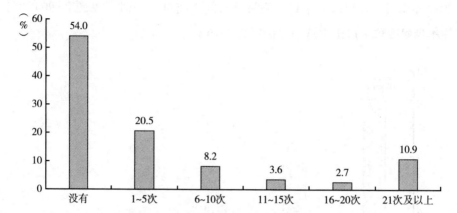

图 2-97　样本他雇冷藏车司机平均每月单日驾驶
超过 8 小时的次数（2022 年 1 月 1 日以来）

资料来源：2022 年冷藏车司机调查。

有 0.2%的跟车人是"卡嫂"。分工的精细不仅意味着运输效率的提升，也意味着样本他雇冷藏车司机拥有更多的"正规帮手"来分担运输过程中必要的单据签发、沟通协调、装车卸货等辅助工作，从而使得样本他雇冷藏车司机的劳动强度有所降低（见图 2-98）。

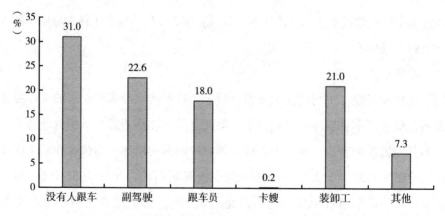

图 2-98　样本他雇冷藏车司机运输过程中的跟车人状况

资料来源：2022 年冷藏车司机调查。

调查显示，样本他雇冷藏车司机需要同时承担装货与卸货两部分工作的占比为31.2%，远低于样本自雇冷藏车司机的81.7%；另外，明确表示不需要进行装卸货作业的样本他雇冷藏车司机占比达27.8%（见图2-99），又远高于样本自雇冷藏车司机，在后者中这一比例仅为7.9%。

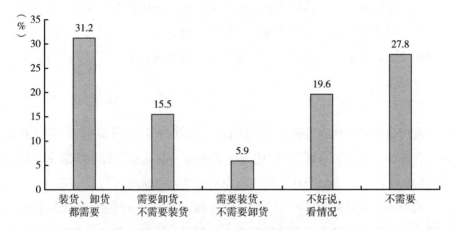

图2-99　样本他雇冷藏车司机需要装卸货的情况

资料来源：2022年冷藏车司机调查。

（二）主观维度

再来看测量劳动强度的主观方面。样本他雇冷藏车司机同样表示在劳动过程中"心累""心重""责任心大"等，这一点与样本自雇冷藏车司机并无二致。在访谈中，课题组经常对曾经当过普货司机的受访者提出一个问题："你感觉开冷藏车和开普货卡车有什么区别？"大多数受访者都会回答"确有区别"。一位河北邢台籍的老司机说：

> 区别是有的，这个开冷链车的责任心要比那个开普货（卡车）的要大得多，掌握的技能也多……嗯，什么叫温层啊……这些东西都得要懂。尤其（是）温度，你像比如说是拉冷冻的还是冷藏的啊，这些你得明白，人家要控制有多少的温度，还有这个冷气机的一些维修，保

187

养……（JDLL-LYJ 访谈录）

还有一位司机说：

> 开冷藏车，你拉的货物，价值太高啊……你要是拉着这个价值高的
> 货，你上厕所都不敢随便停……你打开点儿门，温度变了，货受损了，
> 你没法儿交差，这个东西……挺严格，货物价值太高了。（FYHR-LHL
> 访谈录）

按照这些样本他雇冷藏车司机所说，运送的货物"价值高"，需要有很
强的责任心，也需要掌握更多的技能。所有这些都构成对样本冷藏车司机之
巨大的心理压力，使他们在运输过程中不敢有半点懈怠。

综上所述，从客观维度看，按上述运输频率、作业时段、单驾时长和辅
助劳动四个维度测量，除运输频率维度显示样本他雇冷藏车司机略高于样本
自雇冷藏车司机，其余三个维度均显示低于样本自雇冷藏车司机。这表明一
般而言，样本他雇冷藏车司机的劳动强度都是低于样本自雇冷藏车司机的。
而从主观维度看则表明，样本他雇冷藏车司机与样本自雇冷藏车司机一样，
在冷链运输过程中均需承担较大的心理压力。

六　工作监控

（一）实时温控

更为精细化的分工协作，往往伴随着更为严密的监督与考核。调查显
示，样本他雇冷藏车司机中超过八成的人（占比为 83.1%）表示"基本都
需要实时同步"车厢内的温度，而在样本自雇冷藏车司机中这一比例为
73.8%。在样本他雇冷藏车司机中，另有 11.6% 的人表示仅是"有时候需要
实时同步"；有 3.4% 的人表示在运输过程中"不需要实时同步，但到卸货

地后需要查验"；有 1.8% 的人表示"不需要实时同步，也不需要查验车厢温度"（见图 2-100）。

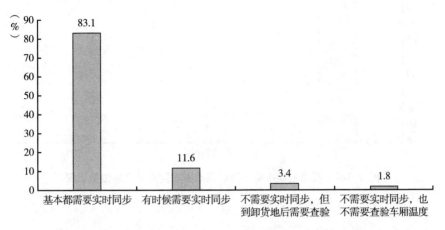

图 2-100 样本他雇冷藏车司机需要实时同步车厢温度的情况

资料来源：2022 年冷藏车司机调查。

（二）实时位控

相比于样本自雇冷藏车司机，样本他雇冷藏车司机在运输过程中，除了面临着更为严格的对厢体温度的实时监控之外，对车辆定位的实时监控亦是如此：样本他雇冷藏车司机中表示需要实时同步车辆定位信息的占比达 85.9%（见图 2-101），略高于样本自雇冷藏车司机中的 84.1%。

由上可见，在公路冷链运输业中，为保证运送货物的质量与效用，需要对冷藏车进行实时温控和实时位控，这在全体样本冷藏车司机中基本上业已达成共识。就达成此种共识的背景来看，其条件有三：第一，在消费升级的大背景下，消费者对食品、食材的安全性更为关注，随着冷链溯源等技术的发展与运用，消费者也愿意为此而买单；第二，冷链运输货物以食品及医药产品为主，其产品效用的保全与否一方面直接关乎消费者的生命健康而凸显意义重大，另一方面往往又难以通过肉眼直观地进行判断，故而借助仪表设备，实施重重"监控"，从而做到环环留证乃是货主的必然需求；第三，冷

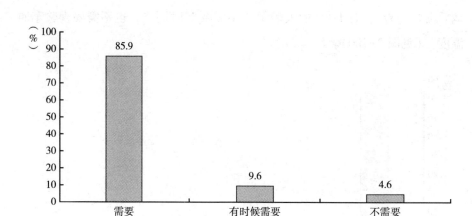

图 2-101　样本他雇冷藏车司机需要实时同步车辆定位的情况

资料来源：2022 年冷藏车司机调查。

链运输货物的价值高、利润空间相对更大，这也就意味着冷链运输企业会有更加充足的资金为车辆配备相应的设备与系统。就此种共识的具体落地情况来看，样本他雇冷藏车司机略高于样本自雇冷藏车司机。再加上公路货运业普遍使用监管疲劳驾驶的 ADAS 或"北斗系统"，遂可见冷藏车司机在运输过程中实际上受到三重强控制。这三种控制手段看似全属"中性"的技术设施，借助样本冷藏车司机达成高度共识所提供的合法性基础，业已悄然无声地介入冷藏车司机的劳动过程并对之加以严密监视，无论劳动主体是自雇冷藏车司机，还是他雇冷藏车司机。

七　福利保障

（一）"五险一金"

调查显示，样本他雇冷藏车司机自述其所任职的公司/车队为自己全额缴纳"五险一金"的占比达 68.1%，而在样本自雇冷藏车司机中这一比例仅为 5.9%。这说明，尽管仍有 15.3%的样本他雇冷藏车司机表示其所任职的公司/车队不会为自己缴纳"五险一金",但就总体而言,样本他雇冷藏车司机在享有基本的社会保障方面还是远优于样本自雇冷藏车司机(见图2-102)。

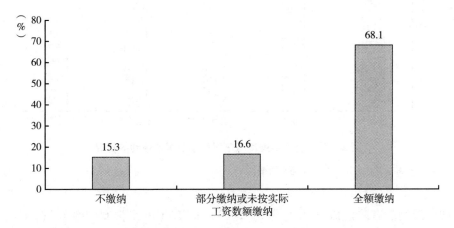

图 2-102 样本他雇冷藏车司机所属公司/车队为其缴纳"五险一金"的状况

资料来源:2022 年冷藏车司机调查。

(二)其他福利

除"五险一金"这样基本的社会保障之外,样本他雇冷藏车司机还能够享受到一定的"过节费"(占比为40.3%)、"加班费"(占比为44.4%)、"消暑费"(占比为53.3%)和其他奖金(占比为39.4%)等不同形式的福利,而自述"没有其他福利"的占比为23.5%(见图2-103)。比较起来,样本自雇冷藏车司机中表示"没有其他福利"的比例高达82.4%,两者之差不可谓不大。

(三)劳保用品

在劳保用品的发放上,样本他雇冷藏车司机中仅有14.8%的人表示其所任职的公司/车队"不发放劳保用品",而在样本自雇冷藏车司机中这一比例高达57.6%。具体而言,样本他雇冷藏车司机所任职公司/车队发放

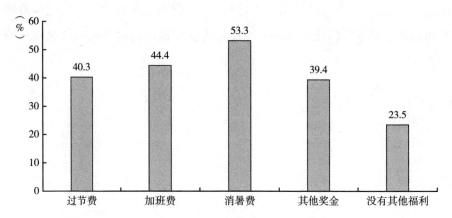

图 2-103　样本他雇冷藏车司机享受其他福利的状况

资料来源：2022 年冷藏车司机调查。

的劳保用品有防疫服（占比为 56.5%）、口罩（占比为 69.9%）、防护面具（占比为 50.1%）、消毒酒精（占比为 52.8%）、工作服（占比为 74.3%）、工作手套（占比为 67.2%）或其他劳保用品（占比为 40.8%）（见图 2-104）。

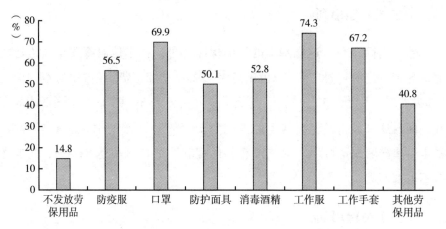

图 2-104　样本他雇冷藏车司机任职公司/车队发放劳保用品的状况

资料来源：2022 年冷藏车司机调查。

（四）卡友组织

与样本自雇冷藏车司机相似的是，样本他雇冷藏车司机中绝大多数（占比达90.0%）没有参加任何卡友组织（见图2-105）。

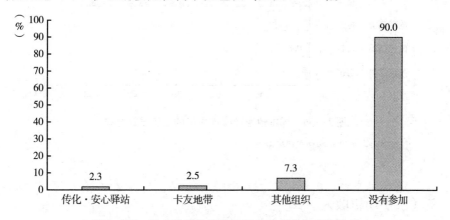

图2-105　样本他雇冷藏车司机参加卡友组织的状况

资料来源：2022年冷藏车司机调查。

八　收支状况

（一）结算方式

从结算周期来看，调查显示，按月结算是样本他雇冷藏车司机中最常见的工资结算周期，占比达85.7%，仅有3.5%的样本他雇冷藏车司机表示其工资为每日一结或每趟一结；而在样本自雇冷藏车司机中此二者的比例分别为68.3%和11.1%。从结算方式来看，采用固定工资或"底薪+绩效工资"方式结算的样本他雇冷藏车司机占比达78.5%，采用按趟结算方式的样本他雇冷藏车司机占比为10.7%（见图2-106）；而在样本自雇冷藏车司机中此二者的比例分别为10.4%和69.0%。由此可见，相比于样本自雇冷藏车司机，样本他雇冷藏车司机的工资结算显然更具稳定性。

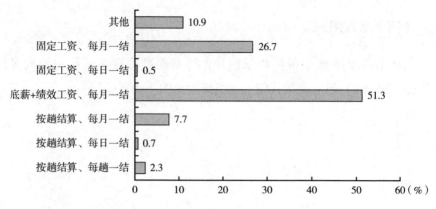

图2-106 样本他雇冷藏车司机的工资结算方式

资料来源：2022年冷藏车司机调查。

（二）司机收入

调查显示，样本他雇冷藏车司机2021年平均每月结算工资超过10000元的仅占1.6%；平均月结工资在7001~10000元的占比为24.3%；平均月结工资在5001~7000元的占比为28.6%；而平均月结工资不超过5000元的为45.4%，占比最高（见图2-107）。

（三）其他费用

尽管样本他雇冷藏车司机2021年平均每月结算的工资收入相比于样本自雇冷藏车司机更低，但绝大多数样本他雇冷藏车司机无须为维持冷藏车的运输而支付额外的费用。调查显示，82.8%的样本他雇冷藏车司机表示无须支付冷藏车的维修、保养与年检等费用，81.5%的样本他雇冷藏车司机表示无须支付冷藏车花费的燃油或充电充能费用（见图2-108、图2-109）。作为比较，在样本自雇冷藏车司机中，这两项的比例均为11.1%。

（四）配偶收入

样本他雇冷藏车司机配偶的收入如何？调查显示，样本他雇冷藏车司机

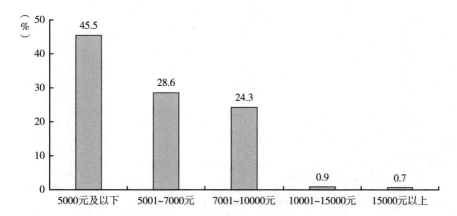

图 2-107　2021 年样本他雇冷藏车司机的平均月收入

资料来源：2022 年冷藏车司机调查。

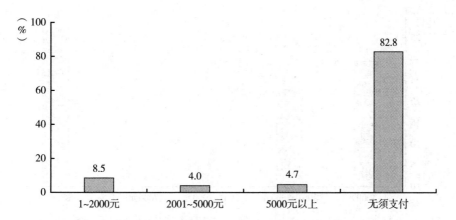

图 2-108　样本他雇冷藏车司机需要支付维修、保养、年检等费用的情况

资料来源：2022 年冷藏车司机调查。

的配偶中接近四成（占比达 38.4%）在 2021 年没有任何收入；除此之外，
2021 年平均每月收入不超过 5000 元的占比为 52.3%；而 2021 年平均每月
收入在 5001~7000 元的占比为 6.3%；另有 3.1%的样本他雇冷藏车司机的
配偶在 2021 年平均每月收入超过 7000 元（见图 2-110）。

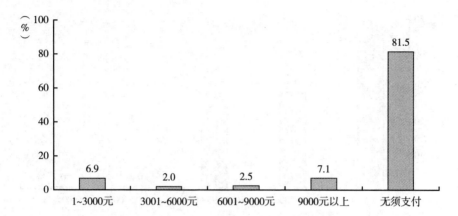

图 2-109　样本他雇冷藏车司机需要支付燃油或充电充能费用的情况

资料来源：2022 年冷藏车司机调查。

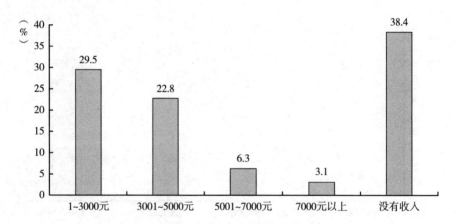

图 2-110　2021 年样本他雇冷藏车司机配偶的收入

资料来源：2022 年冷藏车司机调查。

（五）住房贷款

调查显示，超过六成的（占比为 61.2%）样本他雇冷藏车司机无须支付房贷，而每月需要支付房贷不超过 4000 元的占比为 28.1%，另有占比达 10.7% 的样本他雇冷藏车司机每月需支付超过 4000 元的房贷（见图 2-111）。

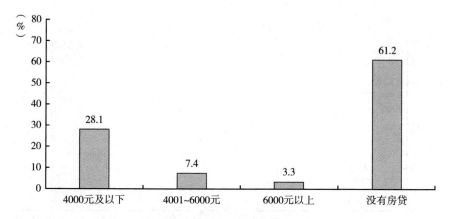

图 2-111　样本他雇冷藏车司机的房贷状况

资料来源：2022 年冷藏车司机调查。

（六）小车贷款

调查显示，接近八成（占比达 79.2%）的样本他雇冷藏车司机"没有小车贷款或已还清"，而每月需要支付小车贷款不超过 3000 元的占比为 15.2%，另有 5.1% 的样本他雇冷藏车司机每月需支付小车贷款 3001~5000 元，而每月需要偿还小车贷款超过 5000 元的样本他雇冷藏车司机占比为 0.4%（见图 2-112）。

综上所述，可对样本他雇冷藏车司机的劳动过程和日常生活做一简单概括。样本他雇冷藏车司机亦为主要由男性精壮劳力构成的职业群体，这一点与样本自雇冷藏车司机相差无几。但他们中有相当一部分人（49.0%）是在 2015 年及以后入行的，这个比例远低于样本自雇冷藏车司机。他们无须购车，而是秉承"以人找车"的行为模式和工作体制，到冷链物流劳力市场中求职，通过各种渠道受聘于物流公司/车队的。值得注意的是，他雇冷藏车司机多借助正规机构中介或通过公司直接招聘而入职，不似样本自雇冷藏车司机那样，主要依靠亲友关系等非正式方式入职，而且他雇冷藏车司机多受雇于大中型物流公司。样本他雇冷藏车司机所承运的货物包括蔬果、肉

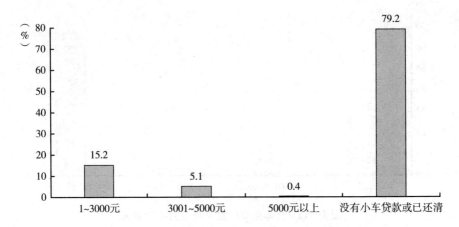

图 2-112　样本他雇冷藏车司机的小车贷款情况

资料来源：2022 年冷藏车司机调查。

类、冷藏食品、药品疫苗等。与样本自雇冷藏车司机略有不同的是，就运输的货物类型而言，他们运送的疫苗等医药产品更多；而就运输货物类型的数量而言，他们大多只需固定运输一两类货物。样本他雇冷藏车司机的运输距离不限于中短途，还有相当部分为长途运输。按趟数计量，其工作强度多从一天一趟到一天三趟不等。但与样本自雇冷藏车司机不同，近七成的样本他雇冷藏车司机配有跟车人员，如是则使其劳动强度有所减轻。一般而言，样本他雇冷藏车司机超时驾驶的状况也不多见。从作业时段方面看，虽然有近1/3 的样本他雇冷藏车司机也总是需要夜间驾驶，但比之于样本自雇冷藏车司机已减少很多。样本他雇冷藏车司机在劳动过程中同样也受到"实时温控""实时位控"等的严格监控。尤其值得注意的是，与样本自雇冷藏车司机不同，近七成（68.1%）的样本他雇冷藏车司机由所在公司/车队为其缴纳"五险一金"，大多数的样本他雇冷藏车司机能够享受公司/车队提供的各种福利和劳保用品。此外，样本他雇冷藏车司机中参加各种卡车司机组织的人也是寥寥无几。从收入情况来看，一半以上的样本他雇冷藏车司机工资收入在 5001～10000 元，中位数为 5316 元（假设样本群体收入在每一问题填答区间内均匀分布），与自雇冷藏车司机平均月收入中位数有较大差距。

第五章　宏观环境的影响

前文主要从样本冷藏车司机的群体特征、入行模式与工作体制、样本自雇与样本他雇冷藏车司机的劳动过程等方面，简要地对样本冷藏车司机的工作与生活进行了描述与分析。按照劳工社会学所常使用的扩展个案法的思路，本章从样本冷藏车司机的微观劳动过程向外扩展，尝试分析若干宏观结构条件对其工作与生活的影响。

不言而喻，在样本冷藏车司机劳动过程外部且对其发生影响的宏观结构要素为数众多。国家历年来颁布的公路管理制度、税费收入制度、冷库运作制度、物流运输公司的各种规章制度以及政府各相关部门对公路冷链运输颁布的各项政策，都对样本冷藏车司机的劳动过程产生重要影响，课题组在此不可能毫无遗漏，一一述及。在本章中，只是从中选择三点加以分析。这三点均为宏观结构水平上的制度和政策安排，但都对样本冷藏车司机的劳动过程产生极为深刻的影响。

一　按轴收费的后果

2019年5月16日，国务院办公厅发布了《深化收费公路制度改革取消高速公路省界收费站实施方案》。方案中修改了"收费公路车辆通行费车型分类"标准，调整货车通行费计费方式，即从2020年1月1日起，统一按车（轴）型收费，并在确保不增加货车通行费总体负担的前提下，各省根据当地空重车比例设定按轴收费的费率标准，同步实施封闭式高速公路收费站入口不停车称重检测。从总体上看，新标准的落地对于重载车辆而言，通行高速公路所交费用将会下降，而空载车辆通行高速公路所交费用则会增加。课题组于 2020 年的一次专项调查显示，对从事普通公路货运的自雇卡车司机而言，由于其返程多有空载，高速公路按轴收费改革后，其在高速公路行驶实际缴纳的通行费涨幅不少。

对于样本冷藏车司机而言，如前文所述，跑车时上高速是一个颇为普遍的现象。部分样本自雇冷藏车司机全程或基本全程走高速的比例合计达48.4%，而在样本他雇冷藏车司机中这一比例则为 41.2%，二者占比均不低。那么对于样本冷藏车司机而言，高速公路按轴收费后，其收入是否受到影响呢？

调查显示，自述高速公路实行按轴收费后收入有所增加的样本自雇冷藏车司机合计占比为 27.8%，而在样本他雇冷藏车司机中这一比例为13.4%；另外，自述收入有所减少的样本自雇冷藏车司机合计占比为13.5%，而在样本他雇冷藏车司机中这一比例则为 10.1%。进一步来看，样本自雇冷藏车司机中表示高速公路实行按轴收费后其收入没有受到特别影响的占比为 58.7%，而在样本他雇冷藏车司机中这一比例高达76.6%。这说明面对高速公路通行费收费标准的变化，相比样本自雇冷藏车司机，样本他雇冷藏车司机的收入受影响的程度要更小一些（见图2-113）。

究其原因，可以判定这是因为按轴收费政策的引导目标是整体提升运输效率，除了可以缩短货运车辆通过收费站的时间外，按轴统一收费还起到引导物流运输公司及个人更好地进行车货匹配，即尽可能地实现满载运输的作用。而对于物流公司来说，在新政策下，其可采取的应对措施则更为多样，如主动与货主沟通协商重做运费定价；根据自身的货源情况调整购车策略；根据每一单的货源情况动态地在公司内进行车货匹配，提升满载率；提前规划返程货源，优化运输路线；开拓新客户；等等。而对于身为散户的自雇冷藏车司机，其多数时候只能被动地承受着运价的波动变化，面对政策的变化多半也只能消极应对，尽可能地寻找更多货源以增加收入，或者干脆选择少走高速公路。

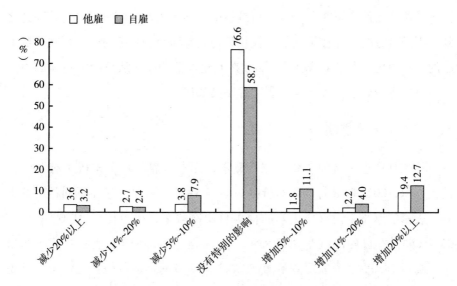

图 2-113 样本冷藏车司机受按轴收费政策影响的情况

资料来源：2022 年冷藏车司机调查。

二 疫情突至的冲击

以 2022 年 3 月 1 日上海报告一例新增新冠肺炎确诊病例为标志，2022 年 3 月至 5 月，全国进入新一轮新冠肺炎疫情的防控。此轮疫情流行范围广，规模性疫情与散发性疫情相互交织，外溢病例与续发疫情多发，导致一时之间全国多地疫情高位运行态势不止，防控形势严峻复杂。在这个过程中，部分疫情严重的区域实施全域静默管理，生产与生活一时间都按下"暂停键"。以上海为例，3 月 28 日，上海浦东、浦南及毗邻区域先行实施全域静态管理；4 月 1 日，上海浦西地区实施全域静态管理；直至 6 月 1 日零时起，上海始有序恢复住宅小区出入，公共交通运营和机动车通行，自此，距离上海全市按下"暂停键"已过去 60 多天。

对于从事公路货运业的卡车司机而言，此轮疫情期间的封控举措，一方面，意味着众多公司、厂家停产停工，市场货源减少；另一方面，各地的封控举措往往致使道路交通不畅，堵点频增，导致运输作业难以进行；除此之外，不同地方时常存在不同的封控政策与倏忽而至的封控命令，使得为数不少的卡车司机滞留"在路上"。那么在此轮疫情期间，从事冷链运输的冷藏车司机究竟受到了何种影响，影响程度又如何？

（一）运价变动

首先是货运价格的变化。调查显示，样本自雇冷藏车司机中有29.4%的人表示，2022年3月的货运价格与同年1~2月相比，存在不同程度的下降；表示"基本上没有变化"的样本自雇冷藏车司机占比为31.0%；另有35.7%的样本自雇冷藏车司机表示"不清楚"。而在样本他雇冷藏车司机中，高达74.3%的人表示并不清楚2022年3月的货运价格变化情况。这说明，总体而论，在此轮疫情期间，样本自雇冷藏车司机所接触的货源运输价格有所下跌，而样本他雇冷藏车司机由于其工资大多不与运价直接挂钩，整体市场行情低迷的压力由物流运输公司/车队承担，而较少传导至样本他雇冷藏车司机身上，他们遂感受不到压力（见图2-114）。

（二）遭遇封堵

其次是遭遇封堵状况。调查显示，样本自雇冷藏车司机中有近一半的人（48.4%）在2022年3月1日至4月30日之间曾遭遇不同形式的封堵，其中有52.5%的"被封堵在公路上无法继续前行"，有39.3%的"被封堵在居住地无法出门拉货"，有32.8%的"被封堵在装货地无法装货"，有27.9%的"被封堵在收货地点不能卸货"。而样本他雇冷藏车司机中有31.5%的在2022年3月1日至4月30日之间曾遭遇不同形式的封堵，其中"被封堵在公路上无法继续前行"的占比为61.7%，"被封堵在收货地点不能卸货"的占比为46.8%，"被封堵在装货地无法装货"的占比为43.3%，"被封堵在居住地无法出门拉货"的占比为39.0%（见图2-115、图2-116）。显然，样本自雇冷藏车司机面临被封堵的概率要大于样本他雇冷藏车司机，这或许是因为样本他雇冷藏车司机多就职于大中型冷链物流公司，其信息网络对各

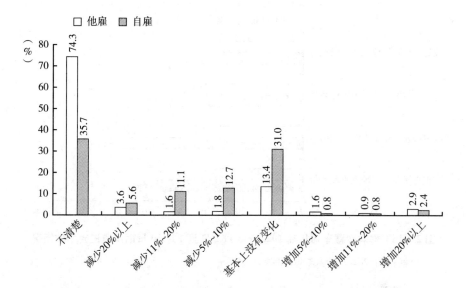

图 2-114　2022 年 3 月冷藏车货运价格与同年 1~2 月相比的变化

资料来源：2022 年冷藏车司机调查。

地封控政策与风险预警的掌握相对周全，故能有效导引样本他雇冷藏车司机避开堵点，顺利运行的缘故。

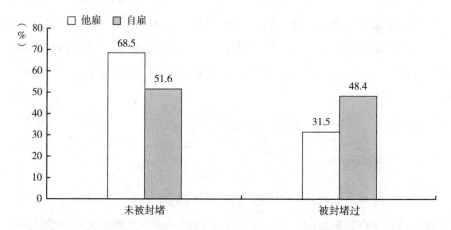

图 2-115　样本冷藏车司机在 2022 年 3 月 1 日至 4 月 30 日期间遭遇封堵的情况

资料来源：2022 年冷藏车司机调查。

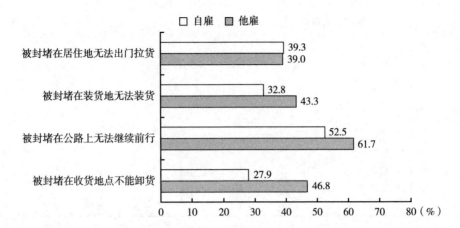

图 2-116　样本冷藏车司机在 2022 年 3 月 1 日至 4 月 30 日期间遭遇封堵的情况

资料来源：2022 年冷藏车司机调查。

被封堵在路上时，吃住等方面会遇到诸多麻烦，据说其中最难的是上厕所。JDLL 的 GSL 在驾驶冷藏车运送药品时曾经在河北某地被封堵过一天一夜，他说：

> 我去一回赶上闹肚子了，我去一回厕所，肯定我一回就解决不完啊，没个两三回，我不行啊。第一回他（防疫人员）带你去了，第二回他没说话，第三回……他那脸都给你拉的呀，好像求着他似的，我就是觉得……老是……真不拿你当个人看。（JDLL-GSL 访谈录）

据 GSL 说，那一次，他深深感觉到一种"屈辱"。

（三）救援状况

当样本冷藏车司机遇到封堵情况时，得到过何种帮助？调查显示，样本冷藏车司机在遇到封堵时，大多得到了来自封堵地点的当地政府、当地防疫指挥部门、公路管理部门、当地工会、当地社区居民或卡友及当地卡友组织的不同形式和不同程度的帮助。但在遇到过封堵情况的样本自雇冷藏车司机中，亦有 38.1% 的人反馈"没有得到任何帮助"；而在同样遭遇被封堵情况的样本他雇冷藏车司机中这一比例为 29.2%，相比样本自雇冷藏车司机低 8.9 个百分点（见图 2-117）。

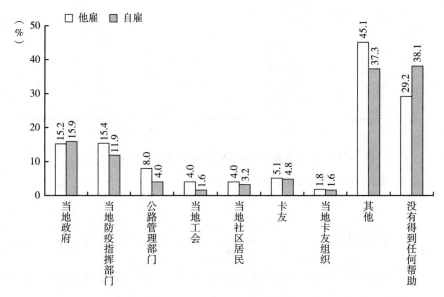

图 2-117　样本冷藏车司机在疫情期间遭遇封堵时获得帮助的情况

资料来源：2022 年冷藏车司机调查。

（四）核酸检测

在疫情期间，定期进行核酸检测是监测自身健康情况、获取特定场所/卡点通行资格、防控疫情蔓延的重要手段。调查显示，不论是样本自雇冷藏车司机还是样本他雇冷藏车司机，在 3 月 1 日至 4 月 30 日之间，均有超过半数的人进行过 31 次及以上的核酸检测。但在进行核酸检测时，样本自雇冷藏车司机需要付费的比例略高于样本他雇冷藏车司机。据调查，54.8% 的样本自雇冷藏车司机在进行核酸检测时需要"部分自费或全部自费"，而在样本他雇冷藏车司机中这一比例为 46.9%（见图 2-118）。

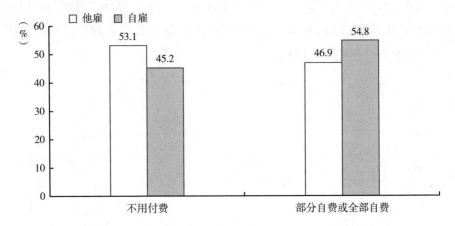

图 2-118　样本冷藏车司机疫情期间做核酸检测的付费情况

资料来源：2022 年冷藏车司机调查。

（五）防护用品

除了核酸检测，运输过程中对防护服、口罩、消毒酒精等防护用品的使用也是保障冷藏车司机生命健康的必要措施。调查显示，合计超过七成的（占比 73.0%）样本自雇冷藏车司机使用这些物品时需要部分付费或全部需要自费，表示"不用付费"的占比仅为 27.0%；而在样本他雇冷藏车司机中，表示不用付费的占比高达 70.3%（见图 2-119）。

三　市区准入的约束

为了维护交通管理秩序，全国各大城市普遍制定了货车限行制度。以北京市为例，北京市 24 小时禁止一切外来货车在五环以内通行。而针对本市牌照货车的规定是，只准许 8 吨以下货车可在 24 时至 6 时通行五环，但需事先办理通行证，且在各个环路和主要街道上行驶，亦有不同的时间限定。至于 8 吨及以上货车，则只限在五环以外通行。

该制度对样本冷藏车司机的运输工作至少造成两大困局。

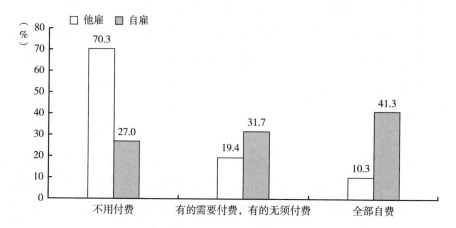

图2-119 样本冷藏车司机疫情期间使用防护用品的付费情况

资料来源：2022年冷藏车司机调查。

首先是"进城证"难办。这主要对公司/车队形成巨大压力，申办请求经常被拒。据说私营公司/车队在办证方面尤其困难。YSCS的YY说：

> 我说的限行是市区禁止货车通行，这个没改。现在像我们这样的企业办"进城证"，根本就不批。得是那些我们给拉货的大企业，像什么WM啊、MT啊，它们这些大企业去都忙办理才有可能，还不是全都能办理下来。你像我们7月份到9月30号的这个通行证，我们是通过WM申办的。我们现在还有几十辆车是"待整改"，上面写的"缓办"，但是到现在一直都没有给发证。（YSCS-YY、YSCS-ZJL访谈录）

公司/车队办不下"进城证"，对司机有什么影响呢？具体说来就是，当运输任务紧急时，就不得不恁患司机硬着头皮"闯关送货"。这样就极易被交警当场拦截。一旦因此落到交警手中，则会被罚款罚分。罚款当然由公司/车队承担，但罚分是必需的，而且只能由司机个人承担。前述两位JDLL的司机GSL、LYJ，就是因此而被罚分降级的。涉及无证进城受罚，冷藏车司机也概不例外。

其次就是即便有证入城，因限时导致的各种麻烦也是层出不穷。例如运输疫苗，都是要运送到医疗单位附近，而医疗单位一般都坐落在城市社区之中。按照很多城市的"进城证"规定，需晚12点到晨6点之间才能通行。当夜晚进城送到接货地点等待交接时，车厢也需打冷，而冷机制冷的声音会扰民。FYHR的LHL说：

> 我们到地儿了，我只能在这个"疾控中心"附近，我不可能去别处去，冷机在这儿响，这就扰民了。一会儿派出所来了，说"你这是咋回事儿啊，你这扰民，赶紧开走"。我好不容易进来了，我能再开到郊区去吗？我挪一边儿去了。那有睡不着觉的老大爷，走过来，抢着拖鞋底子哐哐砸你车门，说"吵死了"……（FYHR-LHL访谈录）

还有就是虽有"进城证"，能够合法进入市区，但因商超等接收单位动作迟缓，往往货未卸完，时限已到。这下司机可就惨了。硬把车开回公司/车队吧，万一撞上交警，那可是与无证行驶同罪，一样得罚款罚分；若是在城区找地方待着吧，不说耗得时间太长，万一被抓到，也还是要罚款罚分。此时的司机遂陷于进退维谷的两难境地。

总之，"进城证"制度的设计或有其不尽合情合理之处，对样本冷藏车司机的工作造成巨大困扰。

综上所述，高速公路"按轴收费"、新一轮疫情及相应防疫政策，以及市区准入制度等三个宏观政策的出台、执行和变动，对样本冷藏车司机的工作和生活都产生了不同程度的影响。本次调查表明，2020年初"按轴收费"政策出台前期引发的剧烈震荡已大体消逝，多数样本冷藏车司机的工作和生活归于平静，并且逐步产生了政策认同。当2022年春夏之交疫情不期而至时，不同甚至相互抵牾的地方政策突然发力，导致行驶在途的样本冷藏车司机往往承受封堵之苦，唯有经当地多元援救力量的帮助和就职公司/车队的信息导引，他们方可尽快脱离困境。至于市区准入制度，虽然为维持大城市的交通安全显系必不可少，但是刚性地执行此类制度，缺乏圆融变通能力，亦给必须进城送货的样本冷藏车司机造成巨大困扰。好在近来有关管理部门已做了很多改进尝试，也将会使冷藏车司机"进城难"的困境逐步得到化解。

第六章　自我认知水平

在前面的章节中，我们主要使用客观数据对样本自雇与样本他雇冷藏车司机的劳动过程和日常生活进行了描述。然则样本冷藏车司机对自身所从事的职业是如何看待的？当其与普货司机两相比较时，他们在不同维度上的自我认知水平又如何？特别是他们对自雇与他雇这两种入行模式与工作体制在认知上是否存在差异？简言之，这些关涉样本冷藏车司机的自我意识问题，乃是本章所要分析的主要内容。

一　收入水平认知

调查显示，就整体而言，样本冷藏车司机对于"开冷藏车比开普通货车挣钱多"这一观点持"比较赞同"和"非常赞同"观点的，合计占比达 23.8%，高于持"非常不赞同"和"比较不赞同"观点的占比（占比为 12.2%）。这说明样本冷藏车司机总体上似并不反对"开冷藏车比开普通货车挣钱多"的判断，特别是考虑到超过 3/4 的（占比 77.2%）样本冷藏车司机在驾驶冷藏车之前曾经驾驶过普通卡车，他们的判断实际上是在其经验对比基础上做出的，故比较可信。据此可以判定，这一态度基本能够反映他们对当前从事普货运输与从事冷链运输的收入水平差异的看法（见图 2-120）。

当然，断定"开冷藏车比开普通货车挣钱多"也是有先决条件的，即这是就常规工作条件下的比较而言的。如 FYHR 的老司机 YHL 所说，他们那个公司的冷藏车司机的平均月薪，旺季时为 8000~10000 元，淡季时为 4000~5000 元，司机们就已经知足了。因为冷藏车的运输工作基本上还属于

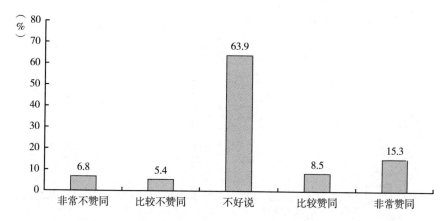

图 2-120　样本冷藏车司机赞同开冷藏车比开普通货车挣钱多的情况

资料来源：2022 年冷藏车司机调查。

常规工作。他说："现在开半挂、拉快递的司机，月薪低于 13000 元、15000 元就没人干，但就是累，不停地让你跑。""开半挂、拉快递"的司机月薪高，但是劳动强度过大，超过了常规工作的范畴，即便挣钱更多，很多样本冷藏车司机也不愿意去做。（FYHR-YHL 访谈录）

　　具体来看，不同入行模式与工作体制下的样本冷藏车司机赞同（含"比较赞同"和"非常赞同"）"开冷藏车比开普通货车挣钱多"这一观点的比例却不尽相同。拆分工作体制来看，样本他雇冷藏车司机赞同"开冷藏车比开普通货车挣钱多"这一观点的占比达 25.4%，而样本自雇冷藏车司机中这一比例为 18.2%，相差 7.2 个百分点。这说明样本自雇冷藏车司机自我认知的净收入水平略低于样本他雇冷藏车司机自我认知的净收入水平，尽管前者在这一份职业上的前期投入更大，曾花费十数万元甚至数十万元购置冷藏车。值得一提的是，样本自雇冷藏车司机中不赞同（"比较不赞同"和"非常不赞同"）"开冷藏车比开普通货车挣钱多"这一观点的占比达 15.9%，仅比赞同"开冷藏车比开普通货车挣钱多"这一观点的样本自雇冷藏车司机低 2.3 个百分点（见图 2-121）。

　　虽说大多数样本冷藏车司机，无论其为自雇还是他雇，都对"开冷藏

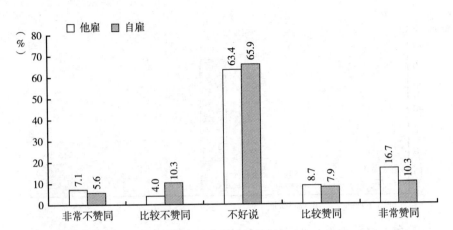

图 2-121　自雇与他雇样本冷藏车司机赞同开冷藏车比开普通货车挣钱多的情况

资料来源：2022 年冷藏车司机调查。

车比开普通货车挣钱多"这一问题表示"不好说"，但图 2-121 可说是表达了样本自雇冷藏车司机心中所藏的隐隐不满：投入多，而收入却并不尽如人意。考虑到大部分样本冷藏车司机多为从普货运输转行而来，故可说这一转行并未达成其增加收入的企望。这种失望也可反映绝大多数自雇司机的心态，无论其为普货司机还是冷藏车司机。在购车上花费大量投入，长期肩扛车贷，负债经营，"压力山大"，又同样花费脑力和体力，但收入未见合意的增长，甚至偶尔还有所下降。与其如此，还不如干脆转为他雇，给公司/车队开车。据此可以预期，正如当初有越来越多的自雇普货司机抱持幻想，从普货运输业转入公路冷链运输业一样，在不久的将来，或可见到越来越多的自雇冷藏车司机转为他雇冷藏车司机。这个趋势与普货运输业中大批自雇司机转为他雇司机如出一辙，值得引起高度关注。

二　劳动强度认知

调查显示，样本冷藏车司机在整体上对于"驾驶冷藏车比驾驶普通货运卡车更轻松"这一观点，持"比较赞同"和"非常赞同"观点的合计占

比达 19.2%，略低于持"非常不赞同"和"比较不赞同"观点合计占比的
20.9%（见图 2-122）。这说明样本冷藏车司机总体上并不赞同"驾驶冷藏
车比驾驶普通货运卡车更轻松"的判断。这或许是因为相当一部分样本冷
藏车司机需要进行夜间跑车使然。调查显示，在不需要夜间跑车的样本冷
藏车司机中，不赞成"驾驶冷藏车比驾驶普通货运卡车更轻松"这一观点
的占比为 12.9%；而在"一半时候需要，一半时候不需要"夜间跑车的样
本冷藏车司机中，不赞成这一观点的占比为 21.3%。进一步地分析可见，
需要夜间跑车的样本冷藏车司机不赞同这一观点的占比为 24.3%（见图
2-123）。

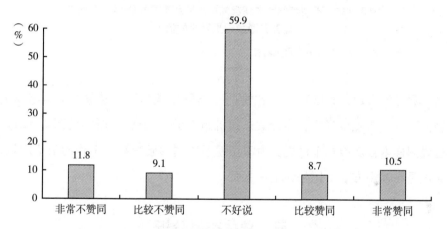

图 2-122 样本冷藏车司机赞同开冷藏车比开普通货车更轻松的情况

资料来源：2022 年冷藏车司机调查。

拆分入行模式与工作体制来看，样本他雇冷藏车司机赞同（"比较赞
同"和"非常赞同"）"驾驶冷藏车比驾驶普通货运卡车更轻松"这一观
点的占比达 21.0%，而样本自雇冷藏车司机中这一比例仅为 12.7%，相差
8.3 个百分点。这说明样本自雇冷藏车司机自我认知的劳动强度水平要远高
于样本他雇冷藏车司机，而这或许是因为样本自雇冷藏车司机需在驾驶车辆
之外做更多的杂活。值得一提的是，样本自雇冷藏车司机中不赞同（"比较
不赞同"和"非常不赞同"）"驾驶冷藏车比驾驶普通货运卡车更轻松"

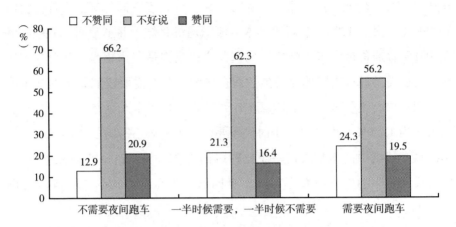

**图 2-123　不同夜间跑车情况的样本冷藏车司机赞同开冷藏车
比开普通货车更轻松的情况**

资料来源：2022 年冷藏车司机调查。

这一观点的占比高达 30.9%，比赞同"驾驶冷藏车比驾驶普通货运卡车更
轻松"这一观点的样本自雇冷藏车司机高出 18.2 个百分点（见图 2-124）。
这说明样本自雇冷藏车司机更为深切地感悟到驾驶冷藏车工作的艰辛之处，
无论是在客观方面，还是在主观方面。

三　总体态度分析

调查显示，样本冷藏车司机对"如果您有亲友正在驾驶普通货车谋生，
您愿意推荐他（她）转行驾驶冷藏车吗"这一问题的回答中，持愿意态度
（包括"比较愿意"和"非常愿意"）的合计占比为 27.0%，而持"比较
不愿意"和"非常不愿意"观点的占比为 16.6%，两者相差 10.4 个百分点
（见图 2-125）。这说明样本冷藏车司机总体上还是愿意向正在从事普通公路
货运的亲友推荐，促动他们转为冷藏车司机的。究其原因，这或许并非样本
冷藏车司机认定公路冷链运输业确为理想的工作领域，而是考虑到在普货运
输业内经营实在过于艰辛，越来越难以为继所致。

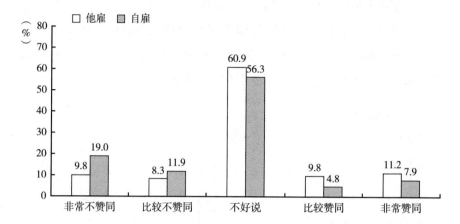

图 2-124 自雇与他雇样本冷藏车司机赞同开冷藏车比开普通货车更轻松的情况

资料来源：2022 年冷藏车司机调查。

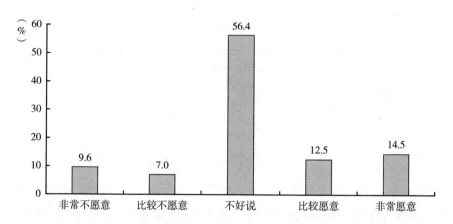

图 2-125 样本冷藏车司机愿意推荐正在驾驶普货卡车的亲友开冷藏车的情况

资料来源：2022 年冷藏车司机调查。

拆分入行模式与工作体制来看，样本他雇冷藏车司机持愿意（"比较愿意"和"非常愿意"）推荐态度的占比达 29.7%，而样本自雇冷藏车司机中这一比例仅为 17.4%，相差 12.3 个百分点。这说明样本自雇冷藏车司机对当前所从事职业的整体满意度要远低于样本他雇冷藏车司机。作为对比，样本自雇冷藏车司机中持不愿意（"比较不愿意"和"非常不愿意"）推荐态度的占比高达 31.8%，而样本他雇冷藏车司机中持不愿意推荐态度的占比为 12.3%，两者相差 19.5 个百分点（见图 2-126）。由此可见，样本自雇冷藏车司机对其当下岗位似尤感失望，而甚于样本他雇冷藏车司机。

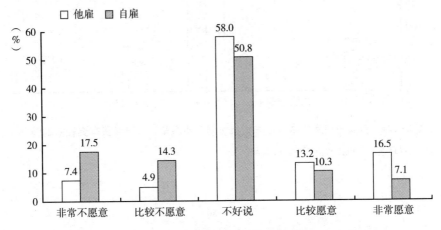

图 2-126　自雇与他雇样本冷藏车司机愿意推荐正在驾驶
普货卡车的亲友开冷藏车的情况

资料来源：2022 年冷藏车司机调查。

对上述三个问题的回答，折射出样本冷藏车司机关于"收入水平"、"劳动强度"和"总体态度"的认知水平，而这些认知水平又反映着样本冷藏车司机对自己职业和身份的认同，其背后的社会意义，值得社会学研究者加以特别关注。

第七章　若干讨论

以上各章主要依据问卷调查及实地访谈所得资料，试图刻画出样本冷藏车司机的群体样貌、劳动过程与日常生活。在此基于这些资料，进一步加以讨论，提出以下三个问题，以期引起关注。

一　关于公路货运业的劳力结构调整

2021 年国家颁布《"十四五"冷链物流发展规划》，标志着我国冷链物流业进入了一个新的高速发展阶段。随着冷链行业的整体增长，专营公路冷链运输的冷藏车司机这个特殊的职业群体，也正处于一个大增长的前夜。全社会的需求与供给两个方面的变化可作为形成上述判断的基本依据。

首先看需求。如前所述，我国当前蔬果类、肉类、水产品类的冷链流通率分别为 35%、57%、69%，比发达国家普遍保持在 95%~100% 的冷链流通率相差甚远。以上述冷链流通率最低的蔬果类产品为例，我国绝大多数走"绿通"的农产品尚为初级加工，属粗放型运输，难以满足人民群众的消费需求，故而存有巨大发展空间。实际上，自 2018 年以来，国务院、发改委已就我国冷链产品基地建设和冷链运输事业发展出台了一系列利好政策，必将推动冷链运输业的高速发展，预计今后若干年内，冷链运输全行业都将出现突飞猛进的增长。整个冷链行业的发展当然包括公路冷链运输业的发展，而这就意味着人车两项都将迎来巨大增长。

再来看供给。世纪之交以降，随着大批农家子弟带车入行，涌入公路货运业，该行业现已呈现饱和状态，过度竞争成为导致运价下滑的重要根源之一。此外，日趋严苛的环保政策对传统的公路货运业亦造成巨大影响。课题组之前已多次指出的排放标准迅速升级导致车辆报废期大为缩短，从而增加自雇卡车司机还贷压力，只是其影响的一个表现，更为严重的结构影响将在部分省区市为落实国家环保政策而推进货物运输"公转铁""公转水"的战略转移之后才会真正显现出来。这个转移时点一经到来，必将直接冲击一部分普货司机的当下生计，导致他们及其车辆沦为过剩劳力和冗余运力。这个战略转移的临界点已近在咫尺。

但困境也意味着机遇。与此同时，也应看到这样一批将被从普货运输业挤压出来的卡车司机，恰恰为满足公路冷链运输业的发展需求提供了充足的人力资源准备。被挤压出来的普货司机多已娴熟掌握驾驶技术，只需略加培训即可成为合格的冷藏车司机。这一点是明摆着的，问题在于如何确保在"公转铁""公转水"冲击下被排挤出来的那部分普货司机能够为冷链运输业充分吸纳，有序转型为冷藏车司机。换言之，也即如何使部分省区市的普货运输业与冷链运输业有效对接，以实现"换车不换人"的转换策略，毕其功于一役。应当说，这将是今后一个阶段内公路货运业结构调整所面临的一项重大任务。唯有看准时机，早做筹划，充分准备，细致安排，才能最终顺畅实现这一结构转变，从而一方面避免部分普货司机中可能爆发的失业危机，另一方面实现冷藏车司机职业群体的新一轮快速增长。

二　关于冷藏车司机与公司/车队的关系

从前述样本冷藏车司机的劳动过程可以看出，他们与公司/车队之间的关系与普货司机多有不同。一般来说，普货司机，特别是自雇体制下的普货司机，其与运输公司/车队的关系颇为松散。他们通过挂靠制度与公司/车队勾连起来，但两者关系多半只限于缴纳管理费用、开具相关证照、办理保险业务和提供税务发票等寥寥几项而已，此外再无过多联系。在大多数情境下，自雇体制下的普货司机都是各行其是，单个运输的。因此，课题组曾将普货司机的工作特征概括为"原子化劳动"。①

样本冷藏车司机则大为不同，他们与公司/车队的关系无疑要紧密得多。且不说样本他雇冷藏车司机的状况，无论他们是否"包车"，其劳动过程都受到公司/车队乃至客户的层层严密管控，从而与公司/车队紧密捆绑在一起。就是样本自雇冷藏车司机，其与公司/车队的关联程度也非普货司机可比。样本自雇冷藏车司机往往通过"加盟"等形式深度参与公司/车队的运营。他们不仅从公司/车队贷款，获得购车资金，而且如样本他雇冷藏车司机一样，整个劳动过程自始至终都与公司/车队难舍难分，缠绕在一起：找货要依靠公司/车队，结算要使用公司/车队的名目，运输途中要时刻接受公司/车队的严密监控，产生纠纷时需要通过公司/车队来解决，发生事故时更要依靠公司/车队出面处理……如此等等，无不显现出他们与公司/车队是密切连接、须臾不可分离的。故他们虽为车主，但公司/车队总是如影随形地伴随在他们之旁，而全然有异于普货司机的"原子化劳动"形态。简言之，无论是自雇还是他雇，样本冷藏车司机都是被网罗在公司/车队的组织框架下进行运输工作的。

在劳工社会学中，通常将工厂组织界定为"一级建构"，并认定工人是首先被带进工厂车间，在那里按照生产的逻辑聚集成群。这就是说，工人是先行在此种"一级建构"之下被组织起来的。相形之下，工会与劳工NGO之类则被界定为"二级建构"，它们只有攀附在工厂组织即在"一级建构"之上才能生长出来。但在我国的公路货运业中，由于绝大多数普货司机均为个体司机，他们带车入行，"凭车找货"，隶属自雇生产体制，除了与公司/车队简约的挂靠关系外，头顶之上再无任何组织覆盖物，因此通常工人所能得到的工厂组织的制度庇护和资源支持皆付诸阙如。这就意味着，要将他们像普通工人那样，按照生产逻辑先行团聚起来，然后再来组建各种工人组织是断无可能的。欠缺"一级建构"的组织支撑造就了他们独特的组织困境。然而，在实际运输劳动中却又发生了群体团结的种种必要。如课题组所指出

① 参见《中国卡车司机调查报告No.1》，社会科学文献出版社，2018。

的，"救助"、"讨债"、"议价"和"认同"成为在这些自雇卡车司机劳动
过程之中生发出的巨大需求。欠缺"一级建构"的状态使得他们根本无法
按照常例管理，首先借助生产组织因应此类需求，遂使得在其群体内生发出
强大的自组织动力，借助生产组织之外的各种社会资源，直接构筑"二级
建构"，或曰以社会组织替代工厂组织，实现对自身的权益保护。在卡车司
机群体中，这一趋势具体化为形式多样、数量众多、名目不一的各种社会组
织，而自组织和跨地域则凸显为此种组织化的显著特征。

但是，卡车司机群体的这个独有特征在冷藏车司机群体面前黯然失色
了。之所以如此，盖因他们对公司/车队所滋生的强固依附关系使然。如前
所述，公司/车队往往替代他们承受了各种外部压力，诸如主顾纠纷、运费
拖欠等，因此也就将他们不得不在生产组织以外建立社会组织、化解各种压
力的促动力连根拔掉了。换言之，他们几乎没有产生出通过建立社会组织来
解决所面临的劳动过程中的诸问题的需求。这也就是人们很难在样本冷藏车
司机群体中找到自组织征兆，或发现他们加入任何卡车司机组织之踪迹的根
本缘故。概括地说，对于广大普货司机而言，是欠缺"一级建构"而不得
不直接构筑"二级建构"，但对于样本冷藏车司机而言，则是紧密依附于
"一级建构"而泯除了打造"二级建构"的需求。值得注意的是，由此必定
导致冷藏车司机群体抱持与广大普货司机不尽一致的价值取向和行动策略，
虽说他们都属于同一个卡车司机职业群体。或许可以说，冷藏车司机的劳动
过程是公路货运业运输工作中最为接近"工厂化"的劳动过程，这个过程
如何规训冷藏车司机群体的身心，而该群体在形成特定的价值观和行动策略
之后，反转过来又如何重塑劳动过程，进而影响其与广大普货司机的关系，
乃是劳工社会学理应密切关注的一个课题。

三　关于自雇转向他雇的生产体制变化趋势

如前所述，大部分样本自雇冷藏车司机所表达的种种不满，似乎都在预
示一个趋势，在公路冷链运输业中将有越来越多的自雇冷藏车司机放弃车主

地位，转向他雇岗位。该趋势与眼下在整个公路货运业中正在发生的大批普货自雇司机转向他雇司机岗位两相呼应，隐隐已酿成潮流。这无疑意味着包括样本自雇冷藏车司机在内的一大批卡车司机，其所抱持的原生产体制和职业身份正在发生重要变动。

回溯既往，可见自世纪之交以降，在公路货运业中，越来越多的农家子弟购车入行，成为普货司机，已构成农村青壮年劳力转移的一大领域。但需加说明的是，这批进入公路货运业的农家子弟与那些进厂、进店务工的农家子弟存在一个根本区别，此即他们并非如后者那样，是作为"一无所有，像鸟一样自由的无产者"进入工业化和城市化的，而是作为握有一定生产资料的劳动者卷入其中的。贷款买车的优惠政策使得他们能够无须多费周章即可购得一部价值数十万元的载重卡车作为生产工具，货运市场的低门槛又使得他们极易进入，得以从速开展运输劳动过程。如此一来，他们遂表现出"一身而兼二任焉"的社会特点，即兼备小私有者和劳动者的双重身份地位。一方面，正所谓"有恒产者有恒心"，小私有者的身份地位成为这个迅速成长起来的新职业群体的"压舱石"，帮助他们在整个社会框架中逐步沉淀下去，稳定起来，并逐步构筑起他们那种融入社会安排、争取公众承认的强固心态；另一方面，劳动者的身份地位又促动他们踏实工作，挣钱养家而不计其他。

然而近年来随着市场竞争日趋激烈，货运价格持续低迷，再加上沉重的税负和其他负担，迫使大多数自雇卡车司机日益感到自己作为车主的生计已难以为继，从而筹划将自有车辆卖出，转而凭借驾驶技术充当他雇司机并将此作为谋生手段。在公路冷链运输业，同样的过程亦在发生。这个趋势应当引起充分注意。历史几经昭示，小私有者和纯然的无产者对于市场社会及其前景的看法必定是大相径庭的。不难想见，一旦失去了保证其作为小私有者身份地位的那份生产工具，这些卡车司机的不满终会酿成某种不同于既往的社会诉求。不用说，丧失了小私有者身份地位之后生发出来的这类社会诉求未必有利于社会稳定的大局。

由此可以合乎逻辑地引申出两个提议。其一可谓设立一个"策略上限"，那就是要通过政策调适，尽力维护局部而言冷藏车司机群体，整体而言普货司机群体中自雇司机的小私有者地位，努力创造条件，使他们能够安心经营自己的那份小本生意，保全自身，安好家庭，一心一意奔小康，进而成为巩固社会稳定的力量。其二可谓设立一个"策略下限"，那就是应当认清，当前无论是在普货运输中还是在冷链运输中，自雇司机的收入水平及其身份地位就总体而言皆略高于他雇司机。随着自雇司机不得不放弃其原有身份地位转而成为他雇司机，也即在市场中从基于运力、运能、运输与服务质量而展开的对货源的竞争，退败至基于劳动技能与工作经验而展开的对驾驶岗位的竞争，这不能不说是一种典型的向下流动。万不可对工人群体的向下流动漠然处之。去读读汤普森吧，看看劳工史如何昭示不同工人群体的向下流动是一件多么危险的事情，其所导致的巨大张力又将如何引发各种不期而至的社会震荡。① 因此，若发现某个工人群体向下流动的趋势已成不可遏制之势时，明智之举当为设法防范由之引发的社会震荡。此即尽可能稳妥地安置这些转为他雇的司机。就此而论，至少有两点应引起相关管理机构的特别注意。一点是应特别强调相关货运企业的规范用工问题，尤其是针对在"五险一金"缴纳等基本社会保障方面业已经产生和可能出现的各种问题并及时调整解决，从而保证转岗他雇的卡车司机基本权益不受或少受侵犯，并使其产生安全感。另一点则是应大力促进相关新技术的研发与运用，加强职业技能培训，提升货运司机岗位的技能水平与岗位价值。由此方可尽量保障货运司机在从自雇体制向他雇体制转型后，在实际待遇和心理承受方面均不至有过大落差，并逐渐产生新的获得感与幸福感，从而避免引发各种深层不满和社会抗议的可能性。

① 参见 E. P. 汤普森《英国工人阶级的形成》，钱乘旦等译，译林出版社，2001。

第三篇
跨境运输：卡车司机的特殊劳动[*]

马 丹

* 衷心感谢耿立志先生、汤迎女士的帮助。

第一章　卡车司机的跨境运输

一　跨境运输的定义、特征与分类

跨境运输是跨境物流的重要环节。跨境物流是一个涉及输出国与输入国的运输、配送、仓储、平台信息服务等各类型物流主体的复杂网络系统和特殊物流板块，是"各国间跨越关境的物流活动"[1]。近年来，跨境物流已经逐渐成为我国全球经济一体化的基本要素与经济发展新的增长点。究其原因，一方面，跨境电子商务迅猛发展，成为我国跨境物流的核心驱动力。按照广义推算，2021 年，我国跨国电商物流市场规模达到 2 万亿元到 3 万亿元。[2] 另一方面，"一带一路"倡议的提出与逐步深入，推动了跨境经济合作区的产生，也推进了跨境物流的可持续发展。以云南省西双版纳傣族自治州的磨憨口岸为例，2015 年，中国与老挝政府决定在边境设立中老磨憨-磨丁经济合作区。[3] 2021 年，中国与老挝的进出口总额达 43.34 亿美元，[4] 促进了两国跨境物流的蓬勃发展。

依据跨境物流的定义，可将跨境运输界定为：各国间跨越关境的货物运输活动。从货物的角度出发，所有涉及跨境货物的运输方式都可归为跨境运输，包括来往于输出国装货点、两国边境口岸与输入国卸货点任意两点之间的跨境货物的流动。从卡车司机的角度出发，除了货物的跨境属性，卡车真

---

① 郑月明、周怡：《RCEP 背景下我国跨境物流发展研究》，《物流工程与管理》2022 年第 7 期。

② 昝金淼：《跨境电子商务物流模式创新与发展趋势》，《商场现代化》2022 年第 17 期。

③ 磨憨-磨丁经济合作区成立于 2015 年，是中老政府间合作的最高层次项目，也是"一带一路"建设的旗舰项目。根据合作方案，中方核心区位于云南省西双版纳州勐腊"县磨憨"镇内，老方核心区位于老挝琅南塔省磨丁经济特区，磨憨-磨丁经济合作区位于二者交界处，拥有中老之间唯一的国家级陆路口岸。

④ 陈泽军：《中国—老挝—泰国国际联运通道发展对策研究》，《铁道货运》2022 年第 7 期。

正跨越国境到达输入国卸货点的运输方式才可被称为跨境运输。在这个意义上，跨境卡车司机也有广义与狭义之分，广义的界定是：所有运输跨境货物的卡车司机。狭义的界定则是：来往于输出国装货点与输入国卸货点，或者两国边境口岸与输入国卸货点之间运输跨境货物的卡车司机。本篇报告以广义界定作为讨论的基础，集中分析卡车司机群体最为认同的狭义的跨境货物运输。

一般来说，跨境运输的周期长，环节多，受不确定因素影响较大，风险也略高。同时，跨境运输的具体劳动实践视乎不同国家的经济、政治、社会、文化、外交与贸易政策而有所不同，呈现复杂多样的特点。第一，从运输形式来看，跨境运输可分为海运、空运与陆运，陆运又可分为铁路运输与公路运输。跨境运输可以是某种单一的运输形式，也可以是几种运输形式的综合。第二，从运输的持续性来看，跨境运输可分为跨境直达与跨境周转。第三，从货物的性质来看，跨境运输可分为普货、绿通与冷链①等的运输。第四，从输出国与输入国不同时空的具体情境来看，跨境货物的种类、具体运输方式、卡车与卡车司机的资质、出入境手续、运输税费等都呈现了跨境运输的多元样貌。

跨境运输是跨境物流的主要生产环节，但是对于跨境运输的研究相对薄弱。首先，关于跨境运输的独立研究较少，大多数研究把它包裹于跨境物流的宏观研究当中，将其定位为一个无须详加审视的物流组成部分，未对跨境运输的定义、分类、特征与困境进行详细探讨。其次，对于跨境运输的研究范围较为狭窄，这与跨境物流研究的相对集中有关。现有研究习惯于将跨境物流与跨境运输单方面放置于跨境电商物流的背景之下，以探讨它们与跨境电子商务的协同发展，而较少触及那些独立于跨境电商之外的传统货物流动

---

① 绿通指的是我国《鲜活农产品品种目录》中的货物，包括新鲜蔬菜、新鲜水果、鲜活水产品、活的畜禽与新鲜的肉、蛋、奶。国家规定运输绿通货物的车辆可免除高速通行费用，但需整车合法装载。普货则是绿通、冷链、危化品之外的普通货物，对于运输、装卸与仓储无特殊要求。运输普货无法免除高速通行费用，因此大部分自雇卡车司机习惯于运输绿通时走高速公路，运输普货时走国道与省道。冷链运输的是冷藏冻品，是否免除高速费取决于其运输的货物是否为绿通。

与货物运输，尤其是公路跨境运输。再次，已有研究多在宏观层次抽象地分析跨境物流的特征、问题与对策，而未深入考虑涉及跨境运输的具体国家之间的社会、经济、文化特征与外交、贸易政策。也就是说，我们看到的多为抽象意义上的跨境物流与跨境运输的研究，看不到具体跨境物流与跨境运输的过程性实践。最后，在跨境物流与跨境运输的探讨中，以公路货运业的卡车司机作为主体的研究几近空白。卡车司机是承接公路跨境运输的主体劳动者，其劳动过程、生产特征、再生产方式、进入与离开跨境运输的因由、从事跨境运输的困境与优势等，都是跨境物流与跨境运输研究不可或缺的重要组成部分。因此，本篇报告在既有研究的基础上，以近年来中国—老挝跨境卡车司机的劳动实践作为主要研究对象，试图展现特殊时空交叉下跨境运输劳动的独特性与流动性，为我国跨境物流与跨国运输的研究提供多样化的思路，也为卡车司机的研究提供全新的界域与思考。

二　研究方法、资料来源与被访者概况

本篇报告采取社会学的定性研究方法，以深度访谈与参与观察为主。进行田野调查的时间正值新冠肺炎疫情的防控期，研究者不便离京，有相当比例的被访者置身于国外与边境，也很难进行线下访谈，因此所有的深度访谈只得以线上访谈的方式进行。

2022 年 4 月至 7 月，我访谈了 30 位与跨境运输相关的被访者，其中包括 20 位跨境卡车司机（19 位中国—老挝跨境卡车司机、1 位中国—哈萨克斯坦跨境卡车司机[①]），3 位曾经从事过跨境运输的卡车司机，[②] 3 位专职代驾司机（2 位境内官方代驾，1 位境内外围代驾），2 位跨境卡车司机的妻子，1 位跨境运输公司的工作人员与 1 位跨境代驾公司的工作人员。田野进入通过三条路径得以实现，一是相识多年、人在老挝的河北的李师傅帮忙介

---

① "中国—老挝"以下简称"中老"，"中国—哈萨克斯坦"以下简称"中哈"。

② 这三位是来自河北的齐师傅（60 岁、入行 41 年、驾照已降级），来自河北的王师傅（42 岁、入行 12 年、已转行）与来自黑龙江的吴师傅（48 岁、入行 17 年、目前从事境内运输）。

绍了大部分中老边境的卡车司机，部分接受访谈的卡车司机又介绍了他身边的跨境卡车司机，基本覆盖了不同类别的跨境运输者；二是"传化·安心驿站"武威大站的谢大站长帮忙介绍了中哈跨境卡车司机，作为中老跨境运输的参照；三是通过磨憨口岸一家运输公司的工作人员，访谈了该公司的冷藏车跨境司机，以及与他们有业务往来的代驾公司工作人员与官方代驾。所有访谈均以"一对一"的方式完成，在征得被访者同意的前提下进行了录音。访谈方式依据被访者的要求与访谈时的具体情况而定，大部分访谈使用的是微信语音电话，也有一部分境内被访者通过拨打移动电话的方式完成了访谈。每个访谈的录音时长在 53 分钟至 195 分钟之间，最终获得的录音总时长为 2589 分钟，共整理访谈资料 726857 字。

　　本篇报告以 19 位中老跨境卡车司机的深度访谈资料为主，以另外 11 位相关人员的访谈资料为辅。这 19 位跨境卡车司机全部为男性，分别来自河北省（5 人）、甘肃省（2 人）、河南省（3 人）、辽宁省（3 人）、云南省（3 人）、陕西省（1 人）、江苏省（1 人）与安徽省（1 人）。他们的学历为初中（13 人）、小学（3 人）、职高（2 人）与高中（1 人）。他们全部已婚已育，有三位被访者的妻子断续跟车、陪伴他们经营跨境运输。接受访谈时，有 10 位被访者身处老挝境内，居住于老挝的磨丁经济特区；有 9 位被访者留在中国境内，居住于云南省勐腊县的磨憨口岸。

　　19 位中老跨境卡车司机的平均年龄为 42 岁，年龄最长者 54 岁，最年轻者 29 岁。他们的平均入行年限是 19 年，入行最久的有 29 年，最短的有 9 年。他们的机动车驾驶证等级均为 A2 级别，驾驶车辆以 13 米至 14 米的高栏车、13.75 米至 17.5 米的大板车与 13 米至 14 米的冷藏车为主。总体来说，跨境卡车司机的年龄偏高，[①] 入行年限较长，驾驶证级别较高，[②] 驾驶

---

① 根据长安大学编写的《中国公路货运发展研究报告（2021）》（人民交通出版社股份有限公司，2022），我国货车驾驶员的平均年龄为 38.85 周岁，年龄占比最高的是 35~40 岁。

② 伴随我国卡车逐渐趋于大型化的市场运输需求，持有 A2 驾驶证的卡车司机越来越多。《中国公路货运发展研究报告（2021）》（人民交通出版社股份有限公司，2022）显示，2021年我国卡车司机 A2 驾驶证持有者占比为 61.5%。

车辆多为重卡牵引车，这与中老跨境运输的运输方式、技术要求与经验需求有关。

在 19 位被访者中，以雇佣性质分类，有 17 位是自雇卡车司机，即卡车车主，另外 2 位是由自雇卡车司机转换而来的专职外围代驾。在 17 位自雇卡车司机当中，有 10 位拥有 1 辆卡车，4 位拥有 2 辆卡车，2 位拥有 3 辆卡车，1 位拥有 4 辆卡车。从车型来看，有 4 位自雇卡车司机经营大板车，9 位经营高栏车，4 位经营冷藏车。

除了深度访谈，我通过日常交谈与追踪被访者自媒体信息的方式拓展了田野资料的深度与广度，以弥补线上访谈的局限性。我与 30 位被访者全部互加微信好友，经常就研究过程中遇到的困惑向他们请教，并持续关注跨境运输劳动的新动向，例如在接受我的访谈之后，有一些位于老挝的卡车司机回到了中国磨憨口岸，还有一些身在磨憨的卡车司机计划进入老挝，等等。同时，被访者的微信朋友圈、抖音与快手也图文并茂地向我展示了关于跨境运输丰富的相关信息，包括老挝具体的地理环境与人文环境、跨境运输真实的劳动过程、广大卡友对于跨境运输的态度、跨境卡车司机的归家之路与思乡之情。我还查阅了与跨境物流、跨境运输、陆路口岸、"一带一路"倡议、中老昆万铁路、磨憨-磨丁经济合作区有关的已有研究与新闻媒体报道，关注了与边境口岸有关的微信公众号，以获取关于跨境运输的宏观背景与多元知识。这些线上访谈之外的田野资料都为我的写作提供了具象而生动的指引。

本篇报告的章节安排如下：第二章描摹跨境卡车司机的职业历史，分析他们如何入行、在自雇劳动体制下如何工作以及最初为何进入跨境运输的行列。第三章重点展示不同时点跨境运输的劳动过程，包括劳动过程迥异的跨境直达与跨境周转。第四章关注跨境周转的特殊时期衍生而出的新型职业形态——代驾司机。第五章聚焦跨境运输的困境、优势与未来展望，重点在于对比境内运输跨境卡车司机的感受和评价。第六章将跨境运输作为一种特殊的劳动形态进行总结。全篇报告重点回答的问题是：何为跨境运输？特定时空交织下跨境运输的劳动过程与工作特征是什么？跨境卡车司机有哪些独特性？作为一种特殊的劳动形态，跨境运输为我国卡车司机的研究带来了何种可能性？

第二章　跨境卡车司机的职业历史

一　入行：成为一名卡车司机

对于大多数跨境卡车司机来说，跨境运输并非从事公路货运的起点，反而更像是职业升级：他们几乎都是在从事境内运输多年后开始接触跨境运输，继而逐步投入至跨境运输。与此同时，由于跨境运输的市场行情与边境政策的限制，很多跨境卡车司机并非全年投入跨境运输：有许多自雇卡车司机整年的劳动全景是境内运输与跨境运输的季节性组合。因此，要理解跨境卡车司机的劳动，需要大致了解他们的职业经历与境内运输历史，尤其是所有故事的开端——入行。

在入行这个重要的节点，跨境卡车司机与其他卡车司机一样，经历着几乎相同的生命周期：作为农家子弟，[1] 他们大多读书至初中。辍学的原因也很类似，多为学习不好、对学习没兴趣或家中条件有限。离开学校后，他们的人生交织在家务农、光荣入伍与外出打工[2]等各种谋生之路，最终在某个机缘巧合之下顺理成章地进入公路货运业，成为一名卡车司机。这是一条较为典型的农村男性青年的就业道路。

> 我们那时候家庭条件不好，早早下来就打工了。（LN-LQ 访谈录）

> 哎呀，我们那个年纪的人不是都那样，看见人家出去打工，也总想着出去赚钱，打工玩啊。（HN-YL 访谈录）

---

[1]　根据中国物流与采购联合会 2021 年发布的《2021 年货车司机从业状况报告》，卡车司机以农村户籍为主，占比为 84.6%。

[2]　他们外出打工的经历非常丰富，做过的工作包括但不限于建筑工、修理工、厨师、保安、采购员、送货员、销售员与制造业工人等。

那会儿学习一般，那会儿像我们（这个）年龄在村里都是读到初中就差不多了，上高中就很少了。（HB-GYS 访谈录）

上初中的时候，家庭条件也不太好嘛。那时候哥哥姐姐都考上学了，我学习也不是太好，所以就主动不去上学了。那年正好过年嘛，我父亲就让我跪在那里，跪了将近两个小时吧，就问我这个话："你到底上学不上了？"我说："我要饭吃我也不上了。"那时候也是为了给家里分担一点嘛。（GS-MGH 访谈录）

关于为何入行至公路货运业，跨境卡车司机的答案与其他卡车司机也大同小异。原因之一是对于卡车的喜爱与驾驶卡车的向往。

你看每个养车的，他几乎都是农村的，从小都有一个喜欢货车这个梦，长大之后就一点点实现了自己的梦想（笑）。小的时候吧，村子里过那个农用车啥的，就是老喜欢、老喜欢的了，就会在后边跟着跑，闻着汽车那个排气管子排出那个气味儿……（LN-ZGL 访谈录）

原因之二是对很多农村年轻男性来说，驾驶卡车是辍学之后、就业之初所能寻找到的最好的出路。

我们家在大山里面嘛，条件不好，那时候我父亲也不在了，我就没读书了。我们那边靠的不是渭南的 H 城嘛，那边的车多。我那个时候就想开大车（笑），然后就出去到那边给别人当徒弟嘛，学开车。学会驾驶照就开始这卡车生涯了。（SX-ZZX 访谈录）

原因之三是很多被访者当年入行时，正值公路货运业的巅峰时期，卡车司机的经济收入比较高，对他们的吸引力也比较大。

没办法啊，逼的嘛，生活所迫嘛，我家兄弟多，他们哥俩又对这些东西不专业，也不会，只有我一个会开车。开车当时工资也可以，我开的那会儿（月）工资最多好像是 2300（元），后来是 3500（元）。（JS-KZS 访谈录）

原因之四是来自重要他人的引领，许多跨境卡车司机是跟随父兄、亲戚或朋友入行的。

问：为什么要去考驾照呢？

答：哎呀，那时候就是，我父亲本来就是一辈子的驾驶员嘛，总觉得开车挺好的。

问：然后您就去考驾照了？

答：对，可能从小就是这样，就在那种环境下长大的吧。

问：好像咱们西北那边好多都是这种，是不是？就是父子都是开卡车的？

答：嗯，好多都是。（GS-CJZ 访谈录）

跨境卡车司机对于自己入行节点的判断并不相同：有的师傅以成为卡车司机学徒作为入行的标志，有的师傅认为考取正式驾照才叫作入行，有的师傅将他雇卡车司机的经历认定为职业的开端，也有师傅将独立购买卡车作为入行的标准。可以发现，成为学徒、考取驾照、给人开车与购买卡车是卡车司机入行的重要标志，而这几项生命事件不确定的先后顺序则体现了跨境卡车司机入行经历的多姿多彩。

陕西的马师傅的入行历程是相对完整又较为典型的四阶段路径，即学徒、考证、他雇与买车。马师傅出生于 1973 年，因为家庭的原因 16 岁辍学，之后就给人当学徒，学习驾驶卡车。当学徒四年后，马师傅正式考取了驾驶 B 证。实习期满后，他先是给别人开车几年，之后在结婚第二年购买了人生中第一辆 6.2 米的二手解放车。

以前都是给别人打工嘛，打工跑车。我是（20）01 年结的婚，（20）02 年买的车。那时候我还开油罐呢，结了婚我是不想打工了，买了一个 6 米 2（6.2 米）的解放车。那个时候还没有分期付款，买车都是现金嘛。那个是买的二手车。（SX-ZZX 访谈录）

甘肃的谭师傅属于"先买车、后考证"的类型，他也并没有做过他雇司机。谭师傅出生于 1981 年，16 岁初中辍学后曾离开家乡到北京当保安，之后报考技校考取了厨师资格证，成为一名厨师。做厨师两年后，因为自幼喜欢卡车，谭师傅用积蓄购买了一辆微卡，那时的他还没有驾照，因为"查得不严"（GS-MGH 访谈录）。开了几年微卡，谭师傅于 2008 年正式考取驾照，之后购买了一辆 13 米的欧曼车，跑长途往返于天津、北京与上海。

也没有什么原因，其实就是自己比较喜欢卡车这一行嘛。小的时候别人有个"三把子"① 都感觉想去摸一把（笑）。（GS-MGH 访谈录）

河北的李师傅跟陕西的马师傅一样，也是"先考证、后买车"，并且经历过他雇司机时期，只是李师傅有入伍当兵的经历，入行的时间也更为漫长。李师傅出生于 1982 年，初中毕业后，他在家中赋闲月余，之后收到征兵通知，在父亲的鼓励下入伍当兵。跟许多有入伍经历的卡车司机一样，李师傅在部队考到了机动车驾驶证，那一年，他只有 18 岁。退伍之后，李师傅打过多份工，做过业务员、采购员与策划员，也给公司发过快递、做过小生意，又因为持有驾照，去往北京与上海做过他雇司机。辗转到 2013 年，他才下定决心购买一辆卡车，以公路货运为业。

那会儿呢，运输行业还属于一个特别鼎盛的时期，最繁荣的时期。那会儿国家工业也比较发达，尤其是还没有环保管控这一块，各地的炼

---

① "三把子"指的是电动三轮车。

钢厂特别多，对这种煤炭、焦炭的需求量特别大，国家也不限制产能，对吧？拉煤特别赚钱，不光是半挂车在拉煤，很多那种单车、"前四后八"① 都在拉煤。（HB-GLZ 访谈录）

入行是跨境卡车司机职业生涯的起点，展现出他们多元而又殊途同归的生命周期的特点，显示了他们选择公路货运业的动因，也成为他们日后从境内运输转至跨境运输的历史线索。

二 自雇卡车司机的从业经历

根据交通运输部的统计，2021 年我国道路货运从业人员有 1728.73 万人，完成了全社会 74% 的货运量。② 在 1728 万卡车司机之中，占比最高的为个体司机，③ 占卡车司机总量的 83%。④ 个体司机即我们所说的自雇卡车司机，他们是自行购买卡车、自负盈亏的卡车车主，也大多是日复一日驾驶卡车奔波于路途之中的一线劳动者。跨境运输作为自雇卡车司机一种特殊的劳动形态，其特征来自其从业经历。由于"中国卡车司机调研课题组"前四部卡车司机调查报告已对该群体的从业经历着墨甚多，本篇报告依据跨境卡车司机的职业历史提取四个关键节点简而述之。

（一）购车

购买属于自己的卡车是自雇卡车司机入行的重要标志，也是卡车司机家

---

① "前四后八"指的是"商用车的一种类别，即前转向轮为两轴四轮，后驱动轮为两轴（桥），每组双轮共八轮。常见的'前四后八'的车辆有各种自卸车、重型卡车、拖挂车等"。转引自"百度百科"。
② 《中国官方：2020 年 1728 万货车司机完成全社会 74% 货运量》，中国新闻网，https：// baijiahao. baidu. com/s？id=1715411522469243942&wfr=spider&for=pc，最后访问日期：2021 年 11 月 3 日。
③ 运联研究院：《2022 中国公路运力发展数据白皮书》，运联智库，2022。
④ 长安大学编《中国公路货运发展研究报告（2021）》，人民交通出版社股份有限公司，2022。

庭的一项重大经济决策。一辆卡车动辄几十万元，常需举全家之力方能购买。因此，很多自雇卡车司机在购车之前、考取驾照之后会选择先给别人开车作为过渡，一是为了巩固驾驶技术，学习经营货运的能力；二是可以借机储备购买卡车的资金。甘肃的简师傅拿到卡车驾照后做了 10 年的他雇卡车司机，才购得人生中第一辆卡车。

> 那时候是因为家里条件不允许，就是想着打工嘛，也没接触过这个。我媳妇他哥养了好多车，就给他们跑车。一直跑到（20）12 年冬天，用我自己挣的工资，偷偷地买了一张①旧的"前四后八"。（GS-CJZ 访谈录）

在全款购车还是分期付款购车的选择上，存在代际区分、车型区分与意愿区分。20 世纪 90 年代至 21 世纪之初，自雇卡车司机大多选择全款购车，因为那时汽车金融并不普遍，银行贷款较为艰难。辽宁的魏师傅 30 年前购买卡车时就是全款购车，他当时拉的还是国家统一调拨的粮食。陕西的马师傅 20 年前购买第一辆卡车时，唯一的付款方式就是现金，那时候还不存在分期付款这样的选择。辽宁的郭师傅 17 年前买车时，如需贷款还需要公务员的担保。近十几年来，随着卡车金融的逐步落地，"零首付"等购车促销比比皆是，贷款购车业已成为常规之举。分期付款可以直接通过银行贷款，也可通过汽贸公司或挂靠公司办理贷款。就车型的区分而言，由于轻卡、微卡、一些中卡与二手卡车的价格较低，购买这些卡车时很多卡车司机会选择全款购车，而对于价格较高的重卡与牵引车新车则需要贷款买车。辽宁的刘师傅表示车型的区分也与卡车司机的职业发展历程有关，最初购买卡车时，卡车司机大多以小型卡车与二手卡车入手，价格较低，可以全款购买。但是随着运输事业的发展，几乎所有卡车司机都会不断升级卡车，卡车价格越来越高，只能贷款买车。购车方式的选择还视乎卡车司机家庭的经济实力与购车意愿。

---

① "张"是"辆"的意思，下同。

一般来说家庭经济条件较好又认为全款买车更为划算的卡车司机会选择全款购车。甘肃的谭师傅入行 14 年，换过 4 辆卡车，一直坚持全款买车。

> 那时候，我们刚开始跑的时候就一直是全款车。我不喜欢贷款，因为贷款下来要比全款车贵好几万（元）。（GS-MGH 访谈录）

几乎每一位卡车司机都清楚记得自己购买第一辆卡车的情景，也对多年从业经历中购买过的卡车如数家珍。

> 哎呀，第一台是解放一四一，那个 260 马力的大铲，长春一汽出的，第二台就是那个……嗯，汉威，浮桥的那种，也是牵头，那是青岛出的。第三个是解放的奥威，那个也是长春出的，是"前四后四"①。第四个就是我卖的那个豪沃呗，豪沃那个 G7，济南出的。因为每台车给我的印象都老深了，毕竟陪我东征西跑的。（LN-ZGL 访谈录）

（二）换车

虽然一辆卡车在出售时预估的使用年限并不短暂，但是自雇卡车司机很少能在使用年限到期之时再换车。首先，卡车尤其是重卡的折旧很快。每一辆自行经营的卡车都会长年累月一直奔跑在路上，拼命赶路、满载的货物与质量不一的公路使得卡车的损耗很大，保养与修车成本也与日俱增。每当跑车到某一个时点，当卡车的保养与修车费用超过极限时，自雇卡车司机就会因其成本与收益的计算而换车。其次，很多卡车司机会在刚入行或某些特殊的时段购买二手卡车，二手卡车的寿命本就比新车短，坏车的概率较大，维修成本也高，因此换车频率也随之增加。再次，市场需求的变化也促使自雇卡车司机不断调整车辆类型。辽宁的刘师傅经营境内运输时驾驶的是 17.5 米的大板车，

---

① "前四后四"指的是卡车前面四个轮子、后面四个轮子的车型。

投入跨境运输之后他就将平板放在家乡，又购买了 13 米的挂车进入老挝。

> 它（大板车）不适合往里面跑，里面那个路况不好，路窄，这个 17 米 5（17.5 米）的吧，加上车头有 22 米多，合 3 米宽。换的 13 米嘛，13 米这个是高栏。（LN-LQ 访谈录）

最后，国家政策的调整与变动也会影响卡车司机换车的时间与频率，例如环保政策与按轴收费政策等的出台。

> 你像国 IV 出来几年出的国 V？国 V 出来还没三年就国 VI 了，国 IV 就不让跑了，就淘汰了。一个车现在更新得比电子产品还要快。我前面那个天龙跑了三年半，这也不让走，那也不让走。（GS-CJZ 访谈录）。

一般来说，自雇卡车司机换车的规律是：从二手车到新车，从微卡、轻卡到重卡，从小马力到大马力，从低价车到高价车，载重量越来越高，结构越来越复杂，"越换轮胎越多"（YN-XGW 访谈录）。换车已然成为卡车司机职业生涯中更新换代的里程碑，它不仅是生产工具的更换，更深刻说明了卡车司机货运劳动的流动性与不确定性。

> 20 年了也没数过，我那解放换了以后，刚开始又是先买了个天龙，天龙才刚出来是那个单桥，买的半挂，然后又买了一个天龙，再买了两个解放。哎呀，到现在买了有十几个车吧，反正来回换的。（SX-ZZX 访谈录）

鉴于大部分自雇卡车司机选择贷款购车，频繁换车给这个职业群体带来了沉重的财务负担。甘肃的简师傅在成为自雇卡车司机后的十年内换过 3 辆车，都是贷款购车。一般长途卡车的还贷期在两年至三年，这就意味着他几乎每辆车刚还完贷款没多久就面临换车，背负新一轮的贷款，这让他始终处于巨大的经济压力之下。因此自雇卡车司机群体不仅是最大的负债群体之一,[①] 还是负债状态时间偏长的职业群体之一。

> （卡车）还在还贷期,每个月还 18500 （元）,在咱们当地那个农村信用社还有 20 万 （元） 的贷款。（GS-CJZ 访谈录）

（三）曾经的辉煌

入行较早的自雇卡车司机,都经历过卡车司机这个职业曾经的辉煌时期,那时货多车少,卡车司机不仅经济收入高,社会地位也不低,走到哪里都会被尊称一声"师傅"。云南的徐师傅入行 24 年,对此颇有感触。

> （19）98 年我刚开车的时候,说通俗一点的话,那个时候还有点拽,人家都叫:"师傅,帮帮忙,帮我拉一下。"然后到 2000 年就成为"驾驶员",到 2010 年就成"老驾",越来越低,越来越低。（YN-XGW 访谈录）

辽宁的郭师傅在 17 年的跑车生涯中也感受到了卡车司机职业地位的一再降低。

> 哎呀,头十多年前那个时候吧,那个社会地位,咱说实话,到哪都受人尊重。这货运呢,发展来发展去,到现在就是,我感觉社会的最低一层就应该是养车的,没有比这个行业再低级的了,因为去哪里都不会被人尊重。为人民服务,不为人民理解。（LN-ZGL 访谈录）

对比十年前后的情况,郭师傅认为最明显的例子在于装卸工与网络货运

---

① 参见《中国卡车司机调查报告 No.1》,社会科学文献出版社,2018。

平台对于卡车司机的态度。

> 你比如说装卸工吧，咱说十年前，咱上哪装货啥的，绝对不会说为难咱这个那个的。现在的装卸工呢，他呲哒司机感觉就像呲哒儿女似的，真的，有些时候吧，心里会很酸，去哪都受气，真就这样。……有这个货运平台了，他向着货主也不会向着司机，很多时候出现矛盾，他第一时间找你司机，他不找货主。（LN-ZGL 访谈录）

因此，每当有年轻人来询问是否应该增驾到 A2、购买重卡跑长途时，河北的齐师傅都持否定态度。齐师傅已入行 41 年，如今的他认为买车不如给别人开车，因为自雇卡车司机的收入已远不比从前。

> 我说半挂车现在也是多得没法弄，所以说现在，我奉劝你有这几万块钱，你不如干点其他的。包括我这三个孩子，我说："哎呀，这个千万不要羡慕弄车，可能运气好了这几年行情好，你能挣个大钱，但是运气背了以后你还赔钱哩。"（HB-MQH 访谈录）

（四）工作困境

我国的自雇卡车司机正面临越来越多的工作困境，最主要的困境是入行门槛低、同行竞争激烈、货运收入每况愈下。用他们自己的话来说，是"收入与付出不成正比"（HB-LDL 访谈录）。

> 中国现在的货运行业就是最低谷的时候了，不然真的过不去。现在每一个卡车司机都是负债，你可以随便去问，每一个卡车司机身后都（负债）十万（元）或者上百万（元）。干这行的门槛太低了，你一分钱没有，汽贸公司可能还要借给你 2 万块钱让你去买车，"零首付"嘛，一分钱不用拿，一个月得还 2 万多块钱，你现在根本就挣不回来 2

万多块钱。现在司机没有一个保障的体系，根本没有地方去说理，谁跟你说呀？只能自己往肚子里咽。原来我（给人）开车的时候是赚钱的，我养车以后是赔钱的。（HB-ZM 访谈录）

行车在路上，他们会遇到各种各样的困难，甚至是被刁难。例如乱罚款、乱罚分，还有永无止境的限行与禁行等。

我们主要就是好几个禁行，你有的地方没有注意到。因为你要去陌生的地方卸货，还都是用的货车导航，但是到里面了，它还是禁行，拍到你了还是一样罚款扣分。禁行的地方太多了，防不胜防。还有地方24 小时限行，没办法进行卸货。（HN-YL 访谈录）

因职业而造成的疾病也是卡车司机群体无法忽略的问题。长时间连续驾车、拼命赶路的劳动过程，生产与生活合一的再生产特征，都使得他们的身体始终处于紧张与超负荷状态，入行日久则满身病痛。最普遍的就是颈椎病、腰椎病、胃病，还有高血压与高血脂等。

比方说咱们从保定来云南，我们都是拉普货，它没有时间限制。要是我们回高碑店或者回北京卸货，全部都是绿通，它有时间限制，熬得这个人，我就跟你说吧，受不了。路上面你这一天一宿也就是睡 3 个小时。你要是第一天发车他不催你，到了第二天他就问你到哪里了，要是到了第三天他就催得急了："我什么时候卖货，你得到啊！"（HB-LDL 访谈录）

哎呀，都有，哪有没有的？现在时间长了，就整个膀子，这颈椎这腰都是……我这腰最严重的时候是站的时间长也不行，坐的时间长也不行。（LN-LQ 访谈录）

大部分自雇卡车司机日夜奔波在路上，与家乡相隔遥远，与亲人聚少离多。

> 我自己弄车 11 年了，最多在家里边儿过了三个春节。因为咱们这个货车司机吧，全凭着过年这一趟运费高。我这一次回家，我媳妇和我说："咱们这一家子有好几年都没有坐在一个桌子上吃过饭了。"因为我弄第一个车，那会儿货源也好、车少，挣了点钱，第二个车赔了，第三个车又没挣到钱，弄到第四个车这才慢慢好起来的。(HB-LDL 访谈录)

购车、换车、曾经的辉煌与现下的困境从不同侧面展现了自雇卡车司机的从业经历，折射出他们如今对于自身职业地位与社会地位的较低评价，也反映出我国公路货运市场近些年来的结构性变化。从业经历的起伏使得卡车司机越来越怀念过去的光辉岁月，也促成他们职业历史上的许多不同选择，例如跨境运输。跨境运输对于自雇卡车司机来说，是多元运输经历中一段或长或短的旅程，也是摆脱境内运输某些困境暂时的良方。

三 进入跨境运输

自雇卡车司机进入跨境运输的原因有很多。总体来说，第一，也即首要原因是境内运输不尽如人意，跨境运输可另辟蹊径。按照河北董师傅的解释，境内运输的长时间、高强度劳动已无法获得预期收入。

> 这个付出和回报不能成正比了。你在国内跑付出得多，根本就回报不到，连月供都还不上。(HB-LDL 访谈录)

甘肃的谭师傅在 2021 年 6 月疫情稍缓时勇闯老挝，也是因为境内行情不好，抱着试一试的态度寻求职业突破。

> 哎呀，就说国内行情吧，那时候有点掉了嘛，然后老挝有朋友，就

跟他们打听了一下这边儿还行，就说上来。心里边那时候就想，反正自己也没有车贷，就上来试试。如果行的话就跑，不行就回去嘛。但上来相对来说要比国内好一点吧。（GS-MGH访谈录）

对于一些年龄较大、入行年限较长、饱尝货运生涯冷暖的卡车司机来说，他们的身体素质、抗压能力与竞争能力都逐渐无法适应境内运输当下的形势，因而感触更深。

现在卡车（运输）说实话啊，没有前景，你都看不到曙光。正常情况下应该说，（20）15年开始正式不好，车辆（跑车）的经济下滑，然后一年不如一年。我们跑车说实话，原来都是两个人跑，现在变成一个人，甚至变成了带着老婆在车上做饭，这都是没办法，因为跑车运费太低，油价太高。到这边跑就是想啥呢，哎呀把车放到（老挝）里面，出来了自己就接一下，一个月挣多挣少呢，自己不那么累，现在（境内）活不好跑，还要熬夜。年龄方面，现在越来越跑不动了。（LN-LQ访谈录）

第二，相比竞争激烈、运价低迷的境内运输市场，跨境运输在某些时段运价较高，吸引了众多信息灵通的卡车司机。当年河北的王师傅开始跑缅甸，就是因为收入高。

（20）15年3月份我们第一次跑云南，第一次就是跨境运输嘛。那时候还不是去的老挝，是去的缅甸。缅甸是以前远征军的后代嘛，那个地方去的时候不用办护照，就是办一个边民通行证①嘛，手续比较简单一点。我们先跑的那边，回来以后感觉这个地方吧，就是说白点儿挣钱

---

① 边民通行证指的是"前往黑龙江、新疆、西藏、广西、云南、甘肃、内蒙古的边境管理区需办理的通行证件。年满16岁且有正当理由者方可申领此证"。转引自"百度百科"。

比较多一点，虽然距离比较远，但是挣钱比较多。以后我跑那边一直到（20）21年，大概跑了7年左右。（HB-GGH访谈录）

河北的李师傅2019年曾经去过老挝，那时从磨憨口岸去老挝还可以驾车直达，但是那时的跨境行情对于李师傅而言，吸引力并不大。

那会儿也是想着境内不好干，准备跑老挝看看怎么样，跑了一趟吧，也不行。哎呀，老挝也没什么跑头，时间又长，也没赚到钱，运费也没赶上，心想这地方没啥意思，不来了（笑）。（HB-GLZ访谈录）

2020年3月，李师傅运输完抗疫物资从武汉二下老挝，是因为境内运输货源较少，听朋友说老挝运费还不错。当时他刚换了新车，有迫切的还贷需求。

为什么来老挝？我们有一个好站友①在这边儿，他跑了好几年。我听说老挝运费涨了，他说："不是涨了，是暴涨。"疫情这运费突然间一涨，哎呀，过来吧，对吧？那会儿就感觉，车贷压力大，满脑子都是压力，哪儿效益好一点就往哪里钻。我就直接从湖北配了车货到昆明，从昆明这边我就直接空放到磨憨口岸。那会儿有个政策说是3月底就不让进了，我还赶时间办护照那个商务签。（HB-GLZ访谈录）

第三，是国家"一带一路"倡议的积极影响。河北的李师傅告诉我，老挝是一个较为落后的农业国家，在"一带一路"倡议提出之前运输业并不发达。之前老挝进口的商品大多来自泰国与越南，在我国"一带一路"倡议提出之后，中国的商品才得以大量进入老挝。"一带一路"倡议带来的还有中老磨丁-磨憨经济合作区的建立以及诸多大型基础设施的建设，例如中老昆万铁路与国际公路等，都为中老跨境运输提供了更多的契机，而跨境

① "好站友"是传化·安心驿站对于入站卡友的称呼。

卡车司机是直接受益者之一。

> 对，因为"一带一路"（倡议），这个真是。其实我来老挝，真的要感谢这个国家的"一带一路"（倡议），要没有"一带一路"（倡议），我们也不可能来，也没有我们这个卡车的生存空间，对吧？这个绝对是跟着国家的"一带一路"（倡议）走的。（HB-GLZ 访谈录）

跨境代驾公司的钱先生是勐腊当地人，他也深刻体会到"一带一路"倡议为勐腊当地尤其是磨憨口岸带来的商机。

> 我是生在勐腊的嘛，但是我现在过来磨憨上班，就是因为磨憨这有发展前景啊。这边的就业环境，还有待遇呀，是很明显的。这边这几年发展挺快的。（YN-QXS 访谈录）

"一带一路"倡议不仅为中国跨境司机提供了契机，也改变了老挝当地运输业的业态，促成了老挝卡车司机进入跨境运输。

> 老挝没有大型的运输车辆。大概就是 2016 年、（20）17 年那个时间，咱们中国不是提出"一带一路"倡议嘛，然后咱们中国援助老挝修建铁路，还有高速，那个时间需要大量的建筑材料，从咱们中国各地运到老挝。也就是从那个时间开始，老挝才开始接触牵引车、半挂车。老挝的驾驶员等于说是从开单车，就是"前四后四"的这种车，开始和中国人接触，一点一点地去学习开半挂车、牵引车。（HN-HC 访谈录）

第四，社会关系网络起到重要的驱动作用。几乎所有跨境卡车司机都有亲友从事跨境运输，他们是因循该社会关系网络才得以知晓跨境运输的行情与流程，也才有勇气迈出进入跨境运输的脚步。这个社会关系网络以相熟的卡车司机朋友为主。

> 我们跑这边都是朋友带的，如果说没去过的地方我们也不敢去呀，一般都是问朋友他们去过的地方，我们才敢。就像我们进老挝一样，如果说不是我朋友在这边，他们再怎么说，运费多高，你也不敢一个人只身进来啊对不对？（HN-YL 访谈录）

还有一些跨境卡车司机是追随亲人而来，例如父亲或兄长。河南的小周师傅是跟随父亲老周师傅来到磨憨口岸，继而进入老挝。安徽的杨师傅经营四辆 17.5 米的大板车，由于工作繁多，他便请弟弟来到磨憨口岸，帮他管理车辆。

> 因为当时咱们国内的物流行业比较混乱，最主要的你现在国内各个方面来说，这个卡车无论说是车主也好，驾驶员也好，这个压力太大了。我第一次来是……我爸爸先来的，我爸爸来半个多月以后我跟着他来的，就来找他了。（HN-HC 访谈录）

也有一些跨境卡车司机的社会关系网络直接来自货主，例如蕉地老板、西瓜地老板或矿厂老板。

> （境内）不好干，运费低啊，高速上还不好跑，限速、疲劳驾驶，事情太多了。因为我老乡在这种西瓜种 15 年了嘛，很多老乡都在老挝种西瓜，（我就）给他们拖西瓜。我们刚开始那会儿货源特别多。（LN-SWZ 访谈录）

第五，就中老跨境运输而言，他国跨境运输经验与边境运输经验也在无形之中推动了跨境卡车司机的职业选择。河北的赵师傅曾经从事过中缅跨境运输，当中缅跨境运输无以为继之时，他很快转入中老跨境运输，因为他已经积累了足够的经验与人脉。

> 中国车不让进去，不让中国车进缅甸。不是因为疫情，是因为中国车进去在里边挣着钱了。挣着钱了以后，里边那些有钱人，他们自己就买车。完了以后，他们就给缅甸政府施加压力，不让中国车进去。我在以前也跑过老挝，这边也有朋友。我去年（2021）联系这边的时候，他们说还行，比国内好跑一点，完了我就直接过来了嘛。（HB－CC访谈录）

边境运输对于跨境运输来说也是重要的经验积累。陕西的马师傅自2013年就开始在边境接货，每年冬天他和伙伴们会从陕西老家拉煤至云南，再从口岸运输水果回西北，或运至新疆、北京等地。从事边境运输的时间渐长，他逐步熟悉了跨境运输的流程，成为最早一批进入老挝境内进行跨境运输的"吃螃蟹的人"。

> 后来一直驻在边境，就看到他们可以出关。刚开始出关我们都没护照，都是走小路进去的，就在老挝附近和缅甸。2015年，我跑的时候看到别人在里面（有）"倒短"的车嘛，那时候挂车还少。因为认识里面的朋友，他们有公司在里面"倒短"，就跟着他们加入他们的公司。（20）15年开始，就长期到了这里开始"倒短"，在老挝里面拉。（SX－ZZX访谈录）

第六，还有一些跨境卡车司机是跟随货源的流向进入跨境运输，例如安徽的杨师傅，他先前给浙江的多位家具老板运货，之后自然而然地跟随家具产业的跨境经营涉入中老跨境运输。

> 也就是（20）17年嘛，那时候浙江有好多做红木的老板，以前老挝政府红木原料不给出，咱们浙江那些做红木家具的老板都要到老挝境

内去开家具厂。我们毕竟合作了多年，就帮着拉设备进去，再拉家具出来，没有家具的时候就拉香蕉。（AH-HYX 访谈录）

从产生跨境意愿到真正进入跨境运输，除了上述各种各样的原因与动力，还需要具备一定条件，并非所有卡车司机都能顺利成为跨境卡车司机。这些条件包含了卡车司机的态度、意愿、沟通能力与社会资本等软件水平，也包括了卡车司机的驾驶技术、出入境资格与车辆资质等硬件情况。同时，不同国家的出入境政策也在不同时点有所不同，需要在当时当地具体问题具体分析。

以中老跨境运输为例，作为准备出境的公民，卡车司机需要提前办理护照。在疫情之前的跨境直达运输时期，办理短期旅游签证即可；在疫情之后，大部分跨境卡车司机办理的是有效期较长的商务签证。围绕这些出入境业务，磨憨口岸已经形成了不同的代理群。

　　人的话，你必须有护照，这是前提。我那会儿就是有护照，走的商务签。有专门挣这号钱的（笑），有专门的代理人。有需求就有人做。（HB-GLZ 访谈录）

同时，中国卡车司机进出老挝运输货物还需要办理老挝的驾驶证。卡车车牌如果换成老挝车牌手续费比较高，但是如果保留中国车牌就要缴纳一定的手续费用，还要缴纳运输税。

　　老挝是承认中国的驾驶证的，只要有中国的驾驶证，你拿着护照，他就给你换成老挝的驾驶证。车牌不换，车牌的话它有政策，不用换。中国车牌进去有一定的费用，（在）关口要办手续费，大概 100 来块钱……还有一项比较大点儿的就是运输税。老挝对入境的中国跨界车辆，每一趟、看你去哪个地方，它有一个税率，一般情况下就是老币 100 多万（基普），大概就是五六百块钱吧。（HB-GLZ 访谈录）

关于卡车的出入境，从事中老跨境运输需要保证卡车的营运资质是一级，即车辆技术评定是一级。这个资质由中国运管部门评定，原则上刚出厂的新车第一年被评定为一级，之后自动降级为二级。如果车辆营运资质被评定为二级，在办理出关手续、购买黄单时就需要交纳更多的担保费用，徒增运输成本。

> 车的话，首先第一个就是营运证必须是一级的。二级的也能进来，但是它要分级买这个黄单。买黄单的时候，一级的 50 块钱，二级的它就成 500 块钱了，是一级的十倍。（GS-CJZ 访谈录）

所谓黄单，相当于卡车的护照，记录了每一辆卡车的出入境信息，对于每一趟跨境运输的出关入关来说不可或缺。

> 黄单等于咱们的护照一样，就是车辆的签证。二级也不是说违规，等于他是得做一个担保嘛，必须得有公司出来担保。黄单的费用就那么多，其实多出来的费用是公司担保的费用。（GS-MGH 访谈录）

需要说明的是，开始从事跨境运输并不意味着自雇卡车司机只专注于跨境运输，卡车司机在不同的劳动类型之间始终存在着流动性。以河南的陈师傅为例，他 2020 年 10 月听说老挝运价尚可，就跟表弟一起驾车去了云南，在磨憨口岸等待月余，找专业中介办理好所有手续进入老挝。当时老挝运价确实不错，为了多赚点钱，他又远程购买了第二辆卡车。之后，由于蜂拥至口岸的卡车太多，运价持续跌落，陈师傅发现在老挝的收入低于预期，于是在 2021 年 7 月，他又回国重新经营境内运输。2022 年，由于境内运输再现颓势，陈师傅只好重新回到磨憨口岸，再次从事跨境运输。只是此时他已经不再是境外卡车司机，而变成在磨憨口岸接车的境内卡车司机。这种灵活多变的流动性充分说明了跨境运输的复杂性与不确定性，也说明跨境运输与境内运输始终是一种有机互补。

　　综上，跨境卡车司机的职业历史由入行、从业经历与进入跨境运输的过程组成。对于职业历史的梳理，有助于我们更准确地理解跨境运输的社会背景，廓清跨境运输在卡车司机职业生涯中的位置，分析与解释跨境卡车司机的当下选择与未来展望。跨境运输虽然与境内运输存在诸多差异，但是二者并非截然对立或全然分离，它们共同组成了自雇卡车司机的劳动过程。与此同时，跨境运输为我国自雇卡车司机开辟了职业生涯的另外一种可能。

第三章　跨境运输的劳动过程

跨境运输是公路货运一种特殊的劳动形态，与境内运输相同的是，它们都涉及找货、装货、运货、卸货与结算等基本劳动过程。不同的是，这个基本劳动过程由于跨境货物的特殊性、通关手续的繁杂、运输路线的不确定性与风险性、目的地异文化的影响而呈现全新的风貌。因此，梳理跨境运输的劳动过程对于理解公路货运不同的劳动形态来说分外重要。本篇报告以跨境卡车司机为主体，根据他们的劳动过程将跨境运输分为跨境直达与跨境周转，主要以中国—老挝跨境运输为例进行描述与分析，同时辅以中国—缅甸跨境运输、中国—哈萨克斯坦跨境运输作为参照与对比。

以卡车司机是否穿越国境作为分类标准，跨境直达指的是具有跨境运输需求的卡车司机在办理合法出入境手续之后，直接驾驶自己的卡车在输出国与输入国之间往返运输货物。跨境周转指的是具有跨境运输需求的卡车司机无法自行驾车跨越国境，卡车或货物基于输出国与输入国之间的协定经由不同形式的周转而完成跨境运输。中国—老挝、中国—缅甸与中国—哈萨克斯坦之间的跨境运输都曾采取跨境直达的形式，但近几年都有所转变，只是转变的方式与方向不甚相同。

跨境直达与跨境周转以卡车司机的流动作为分类标准，本质上描述的是"人车合一"与"人车分离"这样两种不同的跨境运输方式。在具体的劳动实践中，跨境卡车司机还常以卡车的流动作为讲述劳动过程的线索，又可从另一维度将跨境运输分为"跑大圈"、"跑小圈"与"倒短"。"跑大圈"指的是卡车在输出国装货地与输入国卸货地、输入国装货地与输出国卸货地之间反复循环的全程式运输。"跑大圈"的时间长，成本高，对卡车车况与卡车司机的能力要求较高。"跑小圈"指的是卡车在特定路段的运输，主要是来往于输出国装货地与边境口岸、边境口岸与输入国卸货地之间的运输。"跑小圈"的时间短，成本低，不太拘泥于特定车型与车况。"倒短"指的则是卡车跨越国境后在境外国家内部进行货物运输。"倒短"与"跑小圈"时有重叠，同时"倒短"有些涉及跨境货物，属于跨境运输的范畴；有些涉及的则是境外国家本国的货物，按照本篇报告的定义就不再属于跨境运输。

一　跨境直达

2020 年，在新冠肺炎疫情发生之前，中老边境的跨境运输主要采取跨境直达的形式。跨境直达有赖于两个影响因素，一是陆地接壤的客观地理位置，二是国家框架下的跨境运输协议。

> 为什么中国的车能够进入老挝？就是因为老挝没有运输业，它的车辆跟不上。另一个是什么？就是有大量的中资企业在这儿，这些物料必须要运过去，中老两国政府就开始协商，必须让中国车来解决这个运力需求。中国周围 14 个（陆上）邻国，可能让中国卡车司机跑全境的只有老挝。（HB-GLZ 访谈录）

河北的李师傅 2019 年初入老挝时就是跨境直达，他认为那时在国家敲定的大框架下进行跨境直达运输相对更加顺畅，因此他经常会选择"跑大圈"。

> 以前的车是怎么跑的？是境内直达老挝，卸完货从老挝再直达境内。我有一趟出去拉的去西宁的香蕉，我是直接到西宁的，以前的车是这样跑的。这段时间我们在老挝滞留，这属于非正常状态，现在所有的物资因为直达不进来，必须在磨憨进行中转。（HB-GLZ 访谈录）

在跨境直达时代，陕西的马师傅则基本以"跑小圈"为主，往返于磨憨口岸与老挝境内。

> 原来我们没在磨丁住，在磨憨，磨憨跟磨丁就隔一个国门。那时候我们随便嘛，你今天想进老挝，下午7点钟还没封关，拿护照就进。想回来只要不超过9点钟，就回来了。那个时候是自己开车进出，方便得很，一个月最起码要跑七八趟车嘛，这是最少的。那时我把三本护照都用完了，每次过护照要盖章嘛。（SX-ZZX访谈录）

疫情之前，跨境直达的出入境手续相对简单，按照河北的齐师傅的说法，每月办理旅游签证即可。

> 其实以前特别方便，因为你就是一个普通护照啊，B2护照也就是旅游签呗。因为老挝是落地签，我们给的是一个月，你只要在一个月期间出来，就没事儿。（HB-MQH访谈录）

对于拥有边民通行证的云南籍卡车司机来说，就更为方便。

> 我们这边靠着边境，做跨境运输是最正常的事情。之前的话，我们出国就跟赶集一样，一天可以出几次、进几次的。我们办那个"边民通行证"，就不用签证。（YN-LCX访谈录）

跨境直达的劳动环境与跨境周转是非常不同的，无论是卡车数量与运输过程，还是成本与运价，都不可同日而语。与跨境周转排队通关少则一周、多则半月的拥堵相比，河北的董师傅很怀念一路畅通的跨境直达。

> 疫情之前没有这么多车，我们来那会儿老挝里边根本就不堵车。运价也比中国要好。（HB-LDL访谈录）

云南的邢师傅认为跨境直达不仅更为方便通畅，运输成本也更低。

> 满意的啊？哎呀，怎么说呢？跑跨境满意的话其实（是）疫情之前的事了。（那时候）也是"跑大圈"，我们自己开车过去。那个费用也小（低），我用 300 块人民币，我就可以去老挝把货装了，回到中国。现在是……差不多 1 万块钱。（YN-LCX 访谈录）

劳动过程的特征也形塑了跨境卡车司机劳动再生产的方式。在跨境直达阶段，他们到老挝境内运输货物很少会选择留宿于老挝的宾馆，都是吃住于卡车之上，再回到磨憨口岸住宿。但到了跨境周转时期，留在老挝的卡车司机无法回国，卡车与货物来回周转的时间又长，他们只好租住在老挝境内，不再以车为家。

> 我们那会儿呢，进去（老挝）以后就是直接（住）在车上面，不可能说住他们那些小旅馆什么的。老挝那会儿穷嘛，害怕他们会偷东西什么的。后来也就是疫情前后这两年，是住宾馆了，因为你没办法，车子一交到中国，我们要十几天才能接到车子。（JS-KZS 访谈录）

就跨境直达的劳动过程而言，选择"跑大圈"还是"跑小圈"要根据货主需求、季节、运价等因素而定。河北的董师傅是"跑大圈"的代表。

> 每趟回来我都是"跑大圈"嘛。上来到昆明，然后昆明装货，再进老挝。进老挝以后是拉香蕉了、（还）是拉西瓜了，然后就回北京了，都是这么跑。（HB-LDL 访谈录）

黑龙江的吴师傅 2017 年从事中老跨境直达运输，如今已回国经营黑龙江到甘肃的境内运输。据吴师傅回忆，跨境直达具体的运输方式是根据当时的运价决定的。从老挝运货回国，如果口岸至卸货地的运价尚可，他就选择

"跑大圈";如果运价一般,他便只承担老挝境内到磨憨口岸的运输,到磨憨口岸再倒货给负责运输境内段的卡车。

(20)17年基本上进去(老挝)是空车,出来拉香蕉。那时候没有什么货啊,我就拉香蕉的箱子进去。比方说香蕉是装3000件,你就装3000套的箱子。有时候是倒到磨憨的口岸,有时候是全国各地哪个有要的,你觉得运价合适了,你就自己拉过去;运价不好了,就在磨憨那边"倒短"①,就是说进去把香蕉拉出来,到口岸,到境内,完了人家货主到哪个货站,直接就倒货。那时候也不算是赚钱,但是呢,总的来说那时候费用小(低)啊,应该说是可以。(HLJ-ZSL访谈录)

辽宁的魏师傅同黑龙江的吴师傅一样,也是2017年开始从事中老跨境运输。不同的是,如今吴师傅已然退出跨境运输市场,而魏师傅仍然在老挝境内努力拼搏。魏师傅跑跨境直达时,会根据货源与季节决定"跑大圈"还是"跑小圈":旺季货源充足、运价高涨时他会选择"跑小圈",因为多拉快跑能挣得更高的收入;淡季货源稀少、运价低迷时他就选择"跑大圈",以更长的运输距离适当增加部分收入。

(20)17年挣钱,那工夫还没有疫情嘛。我们跑老挝可以直达,直接拉到北京,或者拉到沈阳。分季节,有的时候"跑大圈",有的时候"跑小圈",不一定,取决于老挝里面的货源、季节。西瓜和香蕉它是有季节性的。(LN-SWZ访谈录)

江苏的沈师傅的经验说明了跨境运输方式的灵活性,他的跨境直达运输一度是"跑大圈"和"倒短"的适度拼接。

---

① 这里的"倒短"事实上是"跑小圈"。跨境卡车司机在叙述中并不特别区分"倒短"与"跑小圈",本篇报告为清楚说明运输方式的分类,进行了理想类型的划分。

　　我那会儿最早时候怎么跑的？一般我是（在老挝）装了香蕉，直达我们江苏或者是直达重庆、成都，然后从那边再装货，转到广州，从广州那边再下来，就是这么样跑。老挝境内那会儿刚跑的时候可好跑了，在里面装上货直接到（琅勃）拉邦或者是到万象，然后再"倒短"嘛，拉水泥呀，或者是拉别的像他们中铁的钢材呀，是这么样来回，在（老挝）里面不出来。不出来呢，也就一个月时间，然后再出来，出来一趟呢，然后再接着进去，就这么样来回跑。（JS-KZS访谈录）

　　除了老挝，有一些跨境卡车司机还曾经去过其他国家，运输方式也是跨境直达，例如哈萨克斯坦。甘肃的谭师傅与许多西北的卡车司机一样，很早就开始接触新疆的各个口岸，例如最著名的霍尔果斯口岸①。那时中哈跨境直达的手续也相对简单。

　　新疆就是口岸比较多嘛，我们西北那边的人好多都是跑新疆，西北线就是新疆啊、青海呀、西藏啊。我们西北司机正常90%都去过，几乎就是新疆的那些口岸都去过。那时候你拿自己的身份证，在霍尔果斯口岸办理一个临时出入境的证明，就是15天嘛，到边境大队那里去盖个章，然后给你一个临时的出入境的文件，那时候不用护照。（GS-MGH访谈录）

　　谭师傅最早的跨境运输经验始自2008年，他经霍尔果斯口岸与朋友结伴跨境直达哈萨克斯坦，出境60公里左右才能将货物送到目的地。谭师傅清楚记得，由于入境哈萨克斯坦之后的路况一般，60多公里的路需要跑两天。为安全计，谭师傅都是与其他卡车司机一起出境，每一趟有六七辆车同行，还会聘请一位专门的领路人。

---

① 霍尔果斯口岸是"新疆维吾尔自治区最大的陆路与铁路综合性口岸，是新疆维吾尔自治区口岸之首。位于中国新疆维吾尔自治区伊犁哈萨克自治州霍尔果斯市，与哈萨克斯坦共和国隔霍尔果斯河相望"。转引自"百度百科"。

那时候我们是 17 米 5（17.5 米）的大板嘛，像哈萨克斯坦那边儿没有说是像大板啊之类的（卡车），他们那个车都是全挂车，一个主车后面带一个挂车那样的车，他们车拉不了的货物，我们给他送到那边儿嘛。（GS-MGH 访谈录）

同样来自西北的简师傅在 2017 年跑过缅甸，也是跨境直达的运输方式。

那时候我们从新疆的哈密拉焦炭跑缅甸，从西双版纳出去，也就跑 100 多公里路，也是咱们中国人修的钢厂，给里面拉嘛。那个口岸不需要签证，咱们在西双版纳的景洪办个通行证，就可以直接开车走了。在关口报好关，从海关出去有 8 个多小时就到了。那个时候感觉就是出国了，去看看外面咋样，是不是？（GS-CJZ 访谈录）

简师傅一开始还忧虑进缅甸卸货后可能需要空车回国，后来才发现可以从缅甸装香蕉回国。那时候跨境进入缅甸的运价还不错，但简师傅认为运价高、成本也高，同时回程运香蕉时运价也会低一些。

回来的时候就是往回走 80 公里，那有个市场，专门往中国装香蕉的，然后老板打电话说："你们进去之后我给你们联系装香蕉，你们出来。"那时候我记得好像是一吨给了 1200 块钱，就是拉那个煤沫子，拉到缅甸，我拉了 33 吨。那时候运价好，开销也大呀。你像办通行证，去到缅甸还要交过路费，然后中国的费用加起来，也就落个一万七八（千元）那样子。回去的时候那个香蕉一箱才给多少钱？一箱才给 7 块多钱，那时才装 2400 多箱，我记得，2450 箱吧。那时候没有说回程车不回程车，咋说呢，已经就是 5 月份吧，应该说是淡季了，车比较多，都是想着回去的。（GS-CJZ 访谈录）

甘肃的谭师傅与简师傅那时是偶尔拉一趟跨境直达，但是河北的赵师傅从 2017 年开始一直在跑中缅跨境运输。他当时住在猴桥口岸，专注于猴桥口岸至缅甸"跑小圈"的运输。2021 年缅甸政府禁止中国卡车进出缅甸，他才将运输路线转至老挝。

> 我们在那边主要就是拉香蕉，缅甸里边儿 95% 的蕉地我都去过，别的货缅甸政府不让中国车拉。我们进去的时候，就是带着我这个车装纸箱，能装 2000 箱，我就带着 2000 箱纸箱进香蕉地，光装香蕉，完了就拉回来。基本上也就空车进吧，纸箱一两吨。因为他们都有规定嘛，缅甸境内需要的百货，也就说进口的货，像什么日用品啊、服装啊，那些东西由缅甸车拉。（HB-CC 访谈录）

赵师傅刚开始从事跨境直达运输时较为懵懂，无法找到稳定货源。但他善于总结和学习，很快就融入了中缅跨境运输的社交网络，拥有了固定客户。

> 进缅甸，我们就是跟着香蕉老板，香蕉老板说："哎，你去什么公司装。"完了以后就把我的车号、名字、身份证号、联系方式、中缅的所有手机号给他发过去，报关公司给我报关备案。手续办完就说："哎，赵师傅，你那车可以走了啊。"我就开车走。进缅甸以后，车进去是用临时牌照，用 A4 纸打一个证，往咱们牌照上面一粘。我们从中国过去，过了中国国门，进缅甸，最远的是跑上 230 多公里。像我们经常跑的，早上一早走，也得跑到半夜才能跑到。那边那个路以前挺好，中国人给修的嘛，修了以后没人养护，所以说一天不如一天。（HB-CC 访谈录）

跨境直达是跨境卡车司机集体缅怀的一段幸福时光，它不仅代表着每位卡车司机都可以驾驶自己的卡车在出入境手续极为便利的前提下进行直达运输，还代表着跨境运输曾经的辉煌，那时货源充足，运价稳定，有限的车辆之间竞争并不激烈，可以根据具体情况自由选择"跑大圈"或者"跑小

257

圈"。当跨境周转的时代到来,跨境卡车司机面临的不仅仅是劳动过程、生产方式与再生产模式的变化,更是整个跨境运输环境的变化。

二 跨境周转

2020年,新冠肺炎疫情波及全球,每个国家都制定了专门的防疫政策,对于边境线的管控也日渐严格。在这样的国际背景下,跨境运输的方式也随之发生多重转变。以中老跨境运输为例,第一重转变来自中国、老挝国家政策的调控,使得"人车合一"的跨境直达无法维系,继而转变为"人车分离"的跨境周转,即出入境的载货卡车通过边境代驾进行周转,卡车司机固定于境内或境外,不得随卡车进行一以贯之的跨境运输。在疫情严重时刻,关口还会采取封闭措施,跨境周转也随之停止。第二重转变来自卡车司机,当跨境卡车司机得知跨境直达转变为跨境周转时,他们迅速分散成两个阵营,一个阵营是驻扎在老挝从事境外段运输的境外司机,他们有的是专门在闭关之前进入老挝,有的则是在运输跨境直达的途中遭遇关口封闭、无法回国,还有的是在跨境周转相关政策实行之后办理手续前往老挝;另外一个阵营是驻守中国磨憨口岸的境内司机。第三重转变来自疫情防控政策与跨境运输的变化所衍生出的新职业——代驾司机。代驾司机是分段的,中老界碑两边是两国官方代驾,延伸开去是境内外的外围代驾。无论是跨境周转的设置、卡车司机的分化还是多方代驾的产生,都使得特殊时点的跨境运输变得更为复杂。

(一)疫情防控时期的跨境运输

在疫情防控时期的跨境周转中,货物的出入境产生出更多环节,运输过程也更加曲折。以我国作为输出国起点,可以将跨境周转分为出境运输与入境运输。在跨境周转中,除非封关,其他大部分时间卡车仍然可以自由出入,只是经营卡车的跨境卡车司机只能选择停留于中国或老挝,以不同方式控制自己的卡车,完成不同形式的货运。关于疫情防控时期中国—老挝的跨境周转运输如图3-1所示。

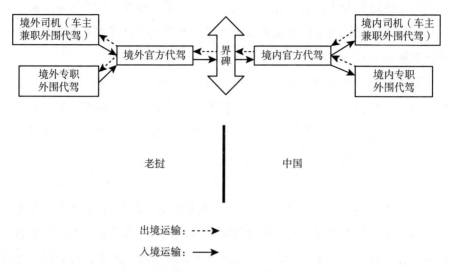

图 3-1　疫情防控时期中老边境的跨境运输

　　就出境运输来说，如果卡车位于中国境内，无论拥有这辆卡车的卡车司机是在中国还是在老挝，都需要通过熟悉的货主、代驾或货运微信群来寻找货源，因为境内运输主要的配货载体——网络货运平台往往无法覆盖跨境运输。找到出境货物后，境内司机可以自己驾车去装货，境外司机会将卡车交由境内外围代驾去装货。之后排队通关，办理完所有手续之后交给境内官方代驾。境内官方代驾负责将卡车开往中老界碑，交给境外官方代驾也就是老挝官方代驾，卡车与货物就完成出境，进入老挝境内。老挝官方代驾办理好一切手续，会将卡车停在固定的接车停车场。如果卡车车主人在老挝，他们会自行前往停车场接车送货；如果卡车车主人在中国，那么境外外围代驾就会代表他们去接车，尔后将货物送往老挝最终的卸货地，出境运输宣告结束。这就是疫情防控时期一次完整的中老跨境周转出境流程。如图 3-1 所示，入境运输与出境运输的方向是相反的，但流程大致相同。只是据被访跨境卡车司机反映，卡车与货物自老挝入境中国时，病毒消杀与核酸检测等程序更多。

　　根据跨境周转过程中跨境卡车司机所处的位置与货运流向，可以将跨境周转的运输过程分为四类：境外司机的出境运输、境外司机的入境运输，境内司机的出境运输与境内司机的入境运输。四类运输方式大多遵循上述跨境周转的流程，只是具体劳动实践更加丰富多元。

甘肃的谭师傅是身处老挝的境外司机，他为我讲述了境外司机的出境运输流程，主要包括八个节点：找货、境内外围代驾装货、境内外围代驾排队报关、境内官方代驾接车、境外官方代驾接车、境外司机接车、境外司机排队报关与境外司机送货。

> 我们正常就是通过朋友关系，还有微信来找跨境货物。找到货以后，我们车在中国，这车在中国有代驾，代驾开着车给我们去把货物装好，装好以后正常的就在 8 号路上开始排队。排队以后，去买这个货物的黄单。开了黄单之后就送到中敬货场，开始排队出关嘛。排队出关以后到黄楼，中国的（官方）代驾送到老挝的界碑这里，然后有老挝的（官方）代驾，从界碑这里开到下面 5 号货场这里，就是磨丁嘛，磨丁这里有个货场。然后他们把车钥匙交到代驾公司，我们再从代驾公司把车钥匙和所有的手续拿到我们手里边儿，开到下面有一个海城货场，就是报关公司。正常的报关公司，一个是海城，一个是阿苗，到那里再做这个进老挝的入关手续……像我们拉大件设备的话，就是报关时间比较长一点，手续比较麻烦，大概一礼拜左右。报完关以后就是我们自己开车送货。（GS-MGH 访谈录）

境外司机接到自己装满货物的卡车之后，就要完成跨境周转的终端路程，在老挝境内送货。陕西的马师傅从跨境直达过渡到跨境周转后，专门请弟弟到磨憨口岸为他做外围代驾。每趟出境运输都是弟弟负责中国口岸段，将车送进老挝，马师傅负责老挝段，在老挝进行全境运输。马师傅运输最多的目的地是老挝境内离磨憨口岸最远的香蕉卸货地——阿速坡。

> 比如外面我弟弟打电话说车进来了，我就到货场把车接好，然后送

到报关货场等着报关。报完关了，我把费用一结，拿个护照、驾驶证，我们开车办的老挝驾驶证嘛，然后就开车了。这个远近不一样，近的你看100公里，两天就到了；最远的有时都得七八天，有时你得八九天，你像那两天香蕉地里车多了，你就得排队等。不确定是多少天啊，一趟一趟的时间都不一样。回来下雨天土匪山堵路，又耽误一天，这个不确定。（SX-ZZX 访谈录）

甘肃的简师傅总结了跨境周转阶段境外司机进行入境运输的分段过程：他的卡车除了自己之外，要由5~6位代驾司机经手才能完成一趟单程运输。

我们把车开到界碑，但是界碑这儿你还得找个（官方）代驾，开到中国去。开到中国之后，自己的（外围）代驾再去接车。你看，就是说今天我交的这个车，我自己开到5号货场嘛，把车交了，5号货场开到黄楼，这是一个（代驾）；黄楼再开到中国界碑那里，又是一个（代驾）；中国界碑那，再开出去开到中国，就是一个（代驾）；然后从验货厂再开到做核酸的那里面又是一个（代驾）；做完核酸然后人家再给你开到货场，这又是一个（代驾）。连自己代驾有五六个，这个也是疫情下没办法的事情啊。（GS-CJZ 访谈录）

河北的于师傅是境内司机，他自己经营两辆13米的高栏车，也会帮助身在老挝的朋友兼职接车、做外围代驾。于师傅认为，跨境卡车司机在磨憨口岸的劳动"比较琐碎，但强度不大"（HB-GYS 访谈录）。他也详细描述了境内司机进行出境运输的全过程，包括找货、境内司机装货、境内司机排队报关、境内官方代驾接车查验、境外官方代驾接车查验、境外外围代驾接车与境外外围代驾送货。

从装货开始说吧，装货需要在货场驳货，驳完货以后要去8号路。8号路是政府规定的一个排号的地方，你可以排中敬货场或者边民货场，看你去哪个货场报关呗，这两个你可以分别排，它有一个软件是"智慧磨憨"。排完号以后，哎轮到你了，叫了你号了，你会收到短信、收到那个 APP 通知，完了你才过去开车，把车开到你排的或者中敬或者边民其中一个。你排过去以后，再排队进货场。进入货场，剩下的就是需要报关人员来核实车上货物信息，海关查验，再放关呗。这个手续办完以后，你需要到报关公司买车辆出入境的黄单，就是说中国车进老挝需要老挝警方那个交通部门承认嘛，需要办这个黄单。办完黄单加上你的报关单，你再重新用"智慧磨憨"排号，就说这辆车已经报完关了，政府手续都办齐了，可以出去，再排号出去。完了你出了报关货场以后就交给（官方）代驾，（官方）代驾直接帮你开到查验货场，所有手续走完以后，就过界碑，到那边交给老挝那边。老挝从去年（2021）也是弄了一个代驾公司，代驾公司再把车帮你开到老挝的这个海城啊、阿苗啊，这两个也是报关货场、查验货场，就是老挝海关啊各方面再查验，完了再报关、再通行，这样朋友才能接到车，才能往里开，再去卸货。（HB-GYS 访谈录）

通过跨境周转运输过程的总结我们可以看出，在疫情防控时期，跨境周转的运输过程较为繁复，无论是境外司机还是境内司机，他们的载货卡车都要经过多人之手才能顺利出入境，每一个环节都可能出现漫长的等待时间，因而在跨境周转阶段，一次完整跨境运输的周期比跨境直达延长了许多。同样在磨憨口岸与老挝境内之间"跑小圈"的运输流程，在跨境直达时期的旺季一个月可以跑三四趟，如今最多跑两趟，平均只能跑一趟半。河北的李师傅将跨境周转的劳动过程形容为："2 天打鱼 4 天晒网"（HB-GLZ 访谈录），甘肃的简师傅则感觉他自己像是在"修仙"（GS-CJZ 访谈录）。

一个月跑两趟就不错了！那边节奏很慢！报关就要报三四天，车在外面再配货，周期很长，跑一趟就得十来天。（HB-GLZ 访谈录）

（二）"跑大圈"与"跑小圈"

中老跨境运输在跨境直达阶段，卡车司机主要的运输方式是"跑大圈"或"跑小圈"，当跨境直达转变为跨境周转，这两种方式仍然是卡车司机面临的主要选项，只是对境外司机与境内司机来说，他们只能负责"跑半圈"，另外一半则由境内外的外围代驾帮助他们完成。

到了跨境周转阶段，在老挝境内与磨憨口岸之间"跑小圈"成为跨境卡车司机最集中的选择，磨憨口岸至中国境内装卸货地的运输则由其他境内段的卡车司机负责。选择"跑小圈"的客观原因有很多。第一，许多跨境车辆的车况与硬件标准只能覆盖老挝至磨憨口岸的小圈运输，回到中国境内则寸步难行。因为老挝对行驶在路上的卡车车况要求较低，也没有环保标准的要求，因此许多中国国Ⅲ、国Ⅳ标准的卡车仍然在老挝畅通无阻，到了中国境内却会面临各种各样的限行禁行。还有一些跨境卡车已经更换了老挝牌照，老挝牌照的卡车在我国的有效运输范围也只到磨憨口岸，无法在中国境内其他地方通行。第二，按照时间成本与经济收入的经济理性来计算，大部分时间跨境卡车"跑小圈"往返于老挝与磨憨口岸收入最高，而磨憨口岸至中国境内装卸货地的运价往往较低，耗时还长，疫情期间各种不确定性也较大。第三，由于跨境周转的存在，境内司机选择"跑大圈"尚有可能，但是境外司机要依靠境内外围代驾帮忙接车，如果再继续跑大圈运输，一则境内外围代驾有相当比例的证照不符，只能在口岸附近接车与装卸货；二则鉴于境内段有限的运价，很可能连境内外围代驾的代驾费用也无法覆盖。江苏的沈师傅表示，80%从老挝入境中国的卡车都会选择在磨憨口岸倒货，而不再继续跑境内线。

因为直达达不到我们国内的标准。第一，像我们从老挝里面出来的，有的时候吨位会稍微超那么一点，你像我们中国的高速，超了以后下不了高速，费用交不起啊。再说，他们现在也不方便啊，比如说拉香蕉，如果说你在国外，我在国内，你在国外你又回不来，你这车子想拉着一车香蕉去昆明，去重庆、成都，可能吗？你去不了啊，你必须要找司机啊。现在怎么说呢，运费不行，你如果说从磨憨口岸再往里面走的话，货主只给加那么一点钱，多加了那么1000块钱，那这些车子他能愿意吗？不可能。还有一种是什么呢，车况不行，跑国内高速，跑着跑着就容易出现问题。你像现在在国外的车子，"国三"、"国四"、"国五"的多，"国六"的几乎是十辆能有一辆就不错了。还有一部分，你像我们国内的这个14米6（14.6米）和13米75（13.75米）的骨架车多，它必须装上高栏在国外跑，在国内跑抓住要罚款，都不行，所以说客观原因太多了。（JS-KZS访谈录）

河北的齐师傅断续从河北老家到磨憨口岸做专职外围代驾，他也说一般从老挝入境中国的卡车都会在磨憨倒货，连昆明那么近的距离都不会继续跑，因为磨憨至昆明的运价一直都很低。

磨憨到昆明的价格一直涨不上来，为什么说涨不上来啊？磨憨因为它有香蕉，有西瓜，是绿通，价格稍微还高一点儿，还有是不掏过路费，是吧？从昆明只要够油钱、过路费，我从昆明拉着到老挝的货，我知道到磨憨就卸掉了，就有水果往内地拉，价格还高，所以说昆明往磨憨走的货，一直运费也涨不上来，所以说这个价格，你让我从老挝直接拉到昆明，我肯定不愿意碰这个，我到磨憨以后倒货，我就进去（老挝）了，这个多好啊。（HB-MQH访谈录）

在"跑大圈"还是"跑小圈"的选择中，车型也是参考标准。相比于大多驻守磨憨口岸"跑小圈"的高栏车，许多冷藏车依据货主的要求仍然需要"跑大圈"去全国各地送货。云南的徐师傅就是这样，他说他运输的起点与终点都是磨憨，基本每一趟运输都是"跑大圈"，回到磨憨的最后一段路大多也是从昆明、玉溪这些河北的齐师傅表示运价较低的城市返回。

你看，比如说我的车今天（从老挝）回来了以后，公司里面通知我，比如说你知道的地方哈，高碑店，他说："你这车山竹高碑店定价多少。"他开单子给你，然后几天内必须到达，对不对？那我就做完核酸，报完关，马上找一个驾驶员在玉溪等着，到玉溪寻到驾驶员的话，就往高碑店赶。赶到高碑店卖完货自己再找货，找货就是往云南回。一般都是回到玉溪、昆明附近，直接到磨憨的也有，但是要分季节。季节好的话，水果、蔬菜多的话就有可能直接到磨憨，一年当中应该多半送的是到昆明附近，然后卸完冻品再到通海，玉溪的通海，或者昆明附近这些冷库里面，装上发泰国的菜，我们就冲到磨憨了。到了磨憨交给（官方）代驾嘛，报好关交给（官方）代驾的话，（官方）代驾就把车开出去嘛。（YN-XGW 访谈录）

（三）高成本与代驾费

在疫情防控时期的跨境周转运输中，大部分跨境卡车司机表示他们的运输成本有所增加。增加的成本一方面是时间成本，因为跨境周转运输环节多，运输时间翻倍，运输趟数也随之下降。

旺季的时候车多，堵车的时间也多，可能导致你一个月只能跑一趟活儿，你挣再多的钱跑一趟活儿也没有什么意义。车其实还是那些车，只是说境内的活儿不好干了，这边还算有一点活儿，好多车都上这边来了。咱打个比方说，原来最早的时候磨憨有 10 辆车，现在就达到 100 辆车或者 1000 辆车。（HB-ZM 访谈录）

另一方面是经济成本，在跨境周转过程中围绕疫情防控增加了许多新的收费环节。陕西的马师傅给我算了一笔账。

我就给你算一下，现在我们在磨憨口岸装货，一进一出这个代驾就

4000 多块钱。我们跑到阿速坡卸完，烧油就得 14000（元），因为老挝油现在贵，我们在中国就带着油罐。然后路上开支 3000 多块钱，有那个高速费，还有我们中国车到老挝给人家交个运输税，远近价钱不一样，跑得远了交得多。再就是驾驶员吃饭、加水，这些费用加上罚款，乱七八糟的这些开支。(SX-ZZX 访谈录)

具体分析，增加的经济成本包括停车费用与核酸费用。

车出去这一圈所有的费用加起来要 5000 来块钱。车辆要做核酸，给各个停车场的费用，比如什么过磅费，多了！疫情产生的这种名目繁多的费用（笑）。(HB-GLZ 访谈录)

还有增长速度惊人的油费。

跑好了两个月能跑三趟。现在一个是淡季，一个是怎的？油价太高！现在我们这边柴油的价格是 8 块 3 毛 2。老挝里面路况不好，耗油量还高，平均百公里都得在四五十个油。(LN-LQ 访谈录)

相比其他车型，装满货物的冷藏车需要持续打冷，因此耗油量更大，油费更高，尤其是在跨境周转运输中遭遇拥堵的情况下。

磨憨和磨丁只有两公里，就隔着一个国门，这两三公里要花 5000 块钱。排队打冷的油钱还不算，堵车嘛，有时候一堵堵两三天，一天堵几百辆车。冷柜车拉的山竹都要打冷，一个小时得按 40 块钱算，每一分钟都在花钱嘛。现在这货运行业是太难干了，所以不建议后人再买车、再干货运，这个行业已经让人伤透了心。(HB-ZM 访谈录)

最为跨境卡车司机所诟病的，是跨境周转阶段价格高昂的多段代驾费用。疫情之初，跨境周转初具雏形时，代驾环节较少，包含代驾费用在内的双程经济成本也只有一两千元左右，然而在 2021 年 11 月跨境周转环节调整之后，代驾分段增多，出入境双程代驾费用就要达到五六千元，运价却并未相应增加，这给跨境卡车司机带来了极大的经济压力与精神压力。

> 我们去年（2021）来的时候，我们的车进中国、进老挝一个来回，连外面代驾费大概也就 2000 块钱吧，还有外面停车费乱七八糟。但是现在交给好几个代驾公司，费用也是挺高的，一进一出连外面代驾的费用就差不多 6000 块钱了。(GS-CJZ 访谈录)

在多段代驾之中，代驾费用最高的被认为是界碑两边的官方代驾。

> 老挝的代驾成本实际不高，高在哪了呢？高在中国这个（官方）代驾上了，就这段费用高。去年（2021）我们能直接开到红木馆，在红木馆经过一个人的手就能开到中国与老挝的界碑，这个中间不就没有费用嘛，我们自己能开到这个位置，那时候费用就在 700 块钱左右。但是现在不一样了，现在正常来说就在 1000（元）、1500（元）左右。(LN-LQ 访谈录)

（四）收入与淡旺季

很多自雇卡车司机转战跨境运输都抱持着高运价的预期。事实上，在疫情之前或者疫情初期，中老跨境运输确实存在运价高涨的情况。按照河北李师傅的说法，在过去两年多运价最高时，他 13.75 米的大板车往返老挝与磨憨的运价有 7 万多元，但这个运价对他来说也是"百年不遇，可遇不可求"（HB-GLZ 访谈录）。一般情况下，旺季时他的月收入能达到 4 万~5 万元，淡季可能只有 2 万多元。淡旺季加在一起计算平均数，李师傅说每个月的毛收入能有 2 万~3 万元，但是去除成本之后的净收入则会低于很多慕名来到边境的卡车司机的想象。

> 杂七杂八的费用，还有路上这些开销大概下来也要 2000 块钱吧。5000（元）代驾费加 2000（元）是 7000（元），再加上油费，跑一趟万象油费回来大概 1000 升左右，1000 升现在 8 块来钱（1 升）的油就是 8000 块钱。8000（元）加 7000（元）就得 15000（元），就是 15000（元）的本。要 15000（元）的本，20000 块钱你就挣 5000（元）（笑）。（HB-GLZ 访谈录）

中老跨境运输与境内运输一样，也有淡旺季之分。只是由于货物的特殊性与运价的高低起伏，它的淡旺季运输形式对比较为强烈，分化也较为明显。对于大部分经营高栏车的跨境卡车司机来说，旺季是每年入秋到来年的春天，因为高栏车入境回国主要拉的是香蕉、西瓜这些具有季节性的水果。

> 往外拉的话就是香蕉、西瓜，还有小量的矿石，再有那个橡胶，你知道造轮胎那个橡胶吗？那种橡胶打成捆，叫胶包，那个也有出来。最多的还是香蕉、西瓜等水果。（SX-ZZX 访谈录）

淡旺季的分化除了跟水果的生长规律有关，也与水果的销售行情紧密相关。

> 你像现在国内的水果都下来了，吃香蕉的人就少了。冬天的时候国内没什么水果了，就靠这个热带水果嘛。现在国内有西瓜，老挝就没西瓜；等到春节的时候国内没西瓜，老挝的大量西瓜就上市了。（SX-ZZX 访谈录）

同时，淡旺季也受到大环境的影响，例如疫情、建筑工程等。

现在已经进入淡季，货很少了。老挝的旺季是 10 月中旬到 3 月中旬这个时间段。咋说呢，现在就是看老挝里面是不是（有）疫情嘛，要是工程开了，就多了；要是工程不开，就少。是这样子。（GS-CJZ 访谈录）

也有很少部分的跨境运输受到淡旺季的影响较小，例如安徽的杨师傅，他经营四辆 17.5 米的大板车，专门运输老挝至磨憨口岸的毛坯红木家具，之后他在口岸雇用境内段的卡车司机，将家具运往广东中山或者浙江义乌，他的卡车再从磨憨口岸运输设备回到老挝。

家具来说没有淡季，只是说每年临过年的时候，家具厂放假，那时候家具（运输）停了，拉点香蕉啦或者什么东西。（AH-HYX 访谈录）

淡旺季的收入对比非常强烈，因此一到运输淡季，那些仍处于还贷期的卡车司机面临每月雷打不动的购车贷款，就显得十分焦虑。

咋说呢，现在才进入淡季，跑着看吧，哪有给家里面转的钱？都一个月紧着打车贷，然后是代驾的费用，打完就剩不下多少了。急呀，焦虑啊。怎么缓解？就这样大眼瞪小眼，瞪着。（GS-CJZ 访谈录）

为了填补或减少淡季的损失，跨境卡车司机会采取不同的应对措施。云南的洪师傅在淡季的两个月只跑了一趟运输，若运价不高，他认为最好的防范方式是无为，等待旺季运价提高时再弥补淡季的亏损。

现在（是）淡季，到 9 月以后才是旺季。（淡季）非常明显，旺季时排队排五六十公里，现在队都不排。我跑都不想跑，摆着，也是休息嘛。运价好跑一趟，不好你就摆着了。货有，但是烂价，你跑着也没收入。现在着啥急啊？着急也不行啊，看看今年（2022）9 月份能不能旺

起来。像去年（2021）能补，还多挣一点，但是要看行情嘛。（YN-YHC 访谈录）

河北的赵师傅与洪师傅不同，他认为越到淡季越要努力跑车，希望通过"拼趟数"来抵消运价低迷所带来的负面影响。

> 那也不行啊，那也得多少挣点啊。我晚上两三点睡，早上五六点就起来了，不可能我出来挣钱来了，在异国他乡问家里要钱，家里边儿人怎么想啊？不挣钱就少挣点儿，挣个生活费就得了。反正比一般车我跑得要多一点儿。（HB-CC 访谈录）

由于冷藏车的淡旺季与高栏车在某种程度上是相反的，河北的董师傅会在高栏车的淡季将自己的卡车改装成冷藏车。

> （现在）是淡季，但是是高栏的淡季，是冷柜的旺季。你看咱们上北京或者是哪里的水果市场，你们吃的榴莲，都是从泰国给拉出来的。榴莲 5 月初上市，还有山竹、龙眼什么的，各种进出口水果都是泰国跟越南给弄过去的，拉这种水果全部都得用冷柜车。高栏车拉不了嘛，都得用这个冷机控制温度，要不就坏了。（HB-LDL 访谈录）

河南的老周师傅与儿子小周师傅也会使用车型的转换来抵消淡季收入的低迷。但即使是两手准备，老周师傅说在高栏车与冷藏车的淡旺季之间，仍旧存在一两个月的间隙是他们无能为力的。

> 等于说是两手准备吧，有高栏的生意就做滑栏，要是没有滑栏的生意，就拉冷柜嘛。挂不换，等于说是做滑栏。就这中间还要一两个月，也是赔钱，那时间冷链跟水果都没下来嘛。（HN-HMZ 访谈录）

河南的陈师傅的应对办法则是转换路线，他在淡季从老挝回到国内跑了一段境内运输，之后在旺季又回到磨憨口岸继续从事跨境运输。正是在磨憨口岸，他深切体会到淡旺季的起伏。

> 现在走了 1/3 肯定是有了，你像我们刚来的时间，路边啊、停车场啊都是满满的，到处都是车，现在这个停车场空空的，没什么车了。到9月份以后这里就热闹了，到处都是人。（HN-YL 访谈录）

跨境卡车司机的收入除了与运价直接相关，也与卡车司机的卡车车型、货运经验、驾驶技术、社交能力与避险能力有关，在淡旺季的对比之下尤为明显：那些从事跨境运输时间较长、人脉较广、与货主保持持久联系的卡车司机的货源与收入都较为稳定，受淡旺季的影响较小；而那些刚进入跨境运输行列、社交网络狭窄、与货主未建立持久联系的卡车司机则饱受淡季运价跌宕的影响。这与境内运输的卡车司机分化也很类似，往往运输时间较长的资深卡车司机更可能保有固定运输线路和稳定货源；而初出茅庐的新晋司机则更加依赖网络货运平台，路线、货源与收入都更加不确定。

在陈师傅看来，他经营两辆高栏卡车跑跨境运输，未必比很多资深跨境司机经营一辆卡车的收入高，最主要的决定因素其实在于是否拥有稳定的货源。

> 人家自己在蕉地里面有活儿嘛。像人家包那种蕉地的话，常年在一个蕉地干活，比如说以前我们拉四万多（元）的运费，人家签好合同了，比如说两万五（千元）的话，他一直就是这个价钱。现在像运价降到一万多（元）的话，人家还是两万多（元）。他们签好合同，垄断蕉地，然后找一帮车再做。价钱贵的话人家不涨价，价钱便宜的话人家也不降价，一直就是这个价钱在跑。先来的人已经把名额占了。（HN-YL 访谈录）

如陈师傅所说,"有活儿"的跨境卡车司机还会集结周围的老乡、亲友共同承接自己的垄断货源,形成一个互通有无的小团体。

> 比如说十几个人专门建一个群,我们就是这样,好多都是这样啊。老乡多了,你像四川的他们四川人有一个群,河南的建一个群,就是说几个人关系比较好了,就建一个群,有活了什么的,就自己搞。(HN-YL访谈录)

陕西的马师傅就是陈师傅所描述的那种拥有稳定货源的资深跨境卡车司机,他经营一辆13米高栏车与两辆14.6米高栏车,还雇用了驾驶员。他坦承虽然淡旺季也会对他的货运收入产生影响,但是影响的时间会短一些,程度也低一些。

> 近几个月(是)淡季,今年(2022)就6月份拉得还行,平常到5月份就没什么货拉了,今年还多拉了一个月。这就是,说难听话看人脉关系嘛,跟国内一样,你自己有人脉,有货拉,就能挣得到。旺季的时候那是没事的,你谁都能找到货;淡季的时候就开始看人脉关系。我有两个车明天进来,有一个前天走的嘛,回中国装货去,卸完货然后再装。(SX-ZZX访谈录)

关于如何积累人脉关系,马师傅的心得是需要时间积累,也需要懂得"吃亏是福",保持可持续发展的眼光。

> 主要靠的是人脉关系,比如货主缺车的时候,那个时候运价还没起来,别人就多要2000(元),你不会要的,给他帮忙、救急。你在他困难时帮了他,他在你困难时就会帮你啊,你像我们都是结利嘛。我不看重这个1000、2000(元)的小钱,有的人就是:"哎,你看人家那边都19000(元),你这边才给17000(元)。"他在乎的是这2000(元)。挣

钱要靠以后，不是这一趟多挣了几百块钱。（SX-ZZX 访谈录）

辽宁的魏师傅也认为，不斤斤计较和讲信誉对于中老跨境运输这个熟人货运界域来说最为重要。

> 这边儿的人相处吧，不能太斤斤计较了。有的时候你太斤斤计较了，对自己也不好，人家也不会团结你的。有些事情呢，自己吃亏就吃亏一点，也不能说是你处处占上风。你自己占完上风之后，朋友和外界也不说你，人家慢慢会孤立你的。再有一个最重要（的）一点是，人不管说（是）在中国还是在国外，说的话一定要负责和实现，换句话说，必须讲信誉。（LN-SWZ 访谈录）

也是资深跨境卡车司机、如今已转行的河北的王师傅认为，不仅是卡车司机在积累人脉，事实上货主也喜欢雇用熟悉的成手司机。

> （货主）他肯定也愿意用熟人，有些东西他不想用生人，生人的话，第一个在老挝里面不认识路，我们进老挝进得最远都是 1000 多公里，知道吧？一般的话四五百公里这是很正常的。第二个新手对关口啊、办什么手续也不了解，耽误时间。（HB-GGH 访谈录）

在淡旺季起伏的运价、卡车司机自身客观条件与主观能动性之外，影响跨境卡车司机收入的还有公路货运环境的改变。2021 年 12 月 3 日，中老昆万铁路全线通车运营。截至 2022 年 9 月 1 日，中老铁路累计运输货物 717 万吨，其中跨境货物 128 万吨。[①] 从中老双边贸易发展情况来看，它的货源结构与运输距离非常适宜铁路运输，这对于公路跨境运输尤其是高栏车，具

---

① 张红波：《开通九个月，中老铁路累计运输货物 717 万吨》，《云南经济日报》2022 年 9 月 5 日，第 A01 版。

有深远影响。

> 高栏车这一年都没有旺季，高栏车就比冷链车还苦了，它没货啊。现在不是火车又开通了？好多以前要出省的货，现在人家在西双版纳、老挝全部都装火车了，直接火车就把生意拉走了。以前拉矿（石），从老挝那边倒矿（石）过来中国，卸了在中国找车拉到昆明一些厂里面，现在人家在老挝直接用集装箱装好一列一列地过来。（YN-XGW 访谈录）

河北的李师傅有一次同我微信聊天时也谈到这个问题，感慨万千。

> 现在全球经济危机，老挝经济更差，没啥大的项目开工，加上铁路也分走了很多物流蛋糕。这是一个悲惨的故事：在遥远的东南亚老挝，货车司机拉物资建了一条铁路，然后铁路抢走了大部分货源。（HB-GLZ 聊天记录）

（五）高栏车、大板车与冷藏车

从事中老跨境运输的卡车大多是高栏车、大板车与冷藏车。每一种车型，其跨境运输的流程大致相似，但是不同车型之间也存在细微差别。第一，运输地点的差别：高栏车的运输范围最广，装货卸货可覆盖老挝全境。大板车进老挝的目的地以首都万象为主，回国运输的装货地点与高栏车有一定重合。

> 像我们板车的话，还是以（老挝）首都万象为主。因为这一块大型的工厂多一点，重点项目多一点，大型设备多一点，这跟我们车型有关系。如果是高栏的话，老挝很多省都有，老挝全境都跑。（HB-GLZ 访谈录）

　　冷藏车的卸货地点多为老挝的万象等发达城市，装货地点则较为固定，集中于老挝边境的磨丁经济特区附近，多使用吊柜甩挂转运老挝、泰国与中国贸易往来的冷藏货物。

　　　冷藏车的话有多一半都在磨丁口岸，就是刚一进老挝这里。为什么在这里驳车呢？因为泰国的水果最多，就是过境的，然后泰国的车直接从泰国跨境老挝，拉到中国的口岸。但是泰国的车进不了中国，所以说都在这里跟中国的车进行对驳。（HB-GLZ 聊天记录）

　　第二，不同车型运输的货物也有一定差异。高栏车与大板车的运输货物有一些重叠，都会涉及设备、百货、水果、农作物、矿石与橡胶等，但是货物重量与体积稍有差别。大板车进入老挝一般是运输只有大板车有能力运输的大件设备，从老挝回到中国时则与高栏车一样主要运输的是老挝的香蕉。

　　　冷藏车稍微有点区别，冷藏车拉冷藏货嘛，它不是以香蕉为主，我们出来的话都是以香蕉为主。不管什么车，板车也好，高栏车也好，出来的货都是香蕉，但是进去的货不一样，我们是以大件设备为主。因为我们的车宽，三米宽的，就是超宽。像高栏车的话，它是标准车厢，两米五五（2.55 米）宽。车型不一样，它拉的货不一样，就说，进去的货不一样，出来的货只有香蕉这个不分。（HB-GLZ 聊天记录）

　　冷藏车进入老挝时一般运输的是中国的蔬菜和水果，离开老挝时在磨丁口岸接驳的货物则以泰国的水果为主。

　　　冷藏车的话，从国内一般也是拉冷藏货过来，比方说拉一些蔬菜呀、水果啊什么的，中国产的这些东西。因为老挝还是不发达，这种一般都是拉到万象，像拉点砂糖橘呀、菜呀什么的，他们都是从万象往下面儿再分拨。（HB-GLZ 聊天记录）

第三，不同车型的市场占有率时有不同。大板车由于车身超宽，适用范围较为有限，因此市场份额较为固定，相比高栏车来说数量较少；高栏车的适用范围最广，市场占有率最高；冷藏车的市场需求来自近两年海运口岸封闭，泰国水果途经老挝入境中国，因此市场占比处于上升期。

> 这个分季节，应该是高栏车比冷柜车多。冷柜车也就是最近这两年才多的，原来没有这么多冷柜。后来进出口公司这个水果大批量从磨憨出来，他们从泰国装上，途经老挝，别的关口都封了，这里冷柜车才多的。（HB-LDL访谈录）

第四，不同车型的卡车司机的劳动过程也存在差别。大板车司机在装卸时需要注意封车，尤其是在运输单价较高、容易磕碰的货物时。同时，大板车作为特殊车型对于卡车司机的技术要求也更高。高栏车装卸与驾驶相对比较省心，只需常规操作即可。不同车型的整体结构决定了货物类型，也决定了劳动者劳动过程的不同侧重。

> 其实我们这种平板车也叫设备板车，它主要拉的货就是大件设备，是普货里面的一个分类。有一些是超大、超宽、超重的，总体来说就是高栏车装不了的，就需要我们这种车来装，我们相当于是普货的一个有力补充。从我们这个板车来说，其实也相对来说有要求，第一是它的车比较宽，对驾驶技术方面有要求；第二就是说它拉一些大型设备，对货物的装载、货物的固定，有一定的专业要求；第三就是我们车上需要配备一些特殊的工具，比方说导链啊、枕木一类的，这个是普通车上一般不用的；还有就是我们这个车的整体结构也有区别，我们这个车承载力更强、更牢固，你拉个几十吨的设备压上去是没有事的，普通的高栏车就是把平板拆了它也拉不了，车的设计就不一样。（HB-GLZ聊天记录）

冷藏车需要打冷以保持一定温度，因此冷藏车司机必须时刻注意车厢的温度与货物的状态，最为操心。

> 驾驶员有的人家就喜欢开高栏，因为高栏就是装普通的货物，不是这些新鲜的瓜果蔬菜。高栏车你装完货以后比较省心呀，不需要检查蔬菜的温度，也不需要检查发电机有没有损坏啊，各方面的问题。你像冷藏车就不一样，相当于一个移动的冷库嘛，你只要货装上了，发电机打开，每隔两个小时、三个小时你都要去检查一下制冷设备有没有问题。你路上根本就不敢说让那个制冷设备出现一丁点问题，出现一丁点问题责任都太大了。（HN-HC访谈录）

以境内外围代驾为主业、原本并非卡车司机的黑龙江的罗师傅在代驾过程中积累了人脉，购买了一辆高栏车与一辆冷藏车。罗师傅发现，高栏车没有冷藏车赚钱，但冷藏车也具有局限性。虽然两种车型在货源上没有太大竞争，但是从淡旺季的角度来看，中老跨境运输中高栏车的淡季更为明显。后来罗师傅就卖掉高栏车，只经营冷藏车。

> 它们互不干涉、不竞争。冷藏车我跟你讲，如果拉香蕉、拉西瓜可以拉，但是冷藏车就一个门，在后边开门之后，人得走十几米才能把货装上，然后卸货的时候从后边一件一件往出卸，局限性非常大。高栏车的厢板一打开，哪儿都能卸。冷藏车也有淡季，冷藏车的淡季就是运费正常、运费低了，就是淡季；运费一天涨一个价，一天涨一个价，就是旺季。（高栏车的淡季）太淡了，淡得把车都烧掉了。（HLJ-AF访谈录）

罗师傅还认为，虽然冷藏车运价高、旺季长，但是需要足够稳定的货源才可以维持经营，因此比高栏车的入行门槛更高。

> 你有钱也干不成，为什么干不成？你和公司不熟，你干不了。（货

源）那肯定是有限的啊，因为每年咱们国家和泰国的合同是几百个亿（元）吧，那你算算，一车榴莲就 80 万（元）、100 万（元），贵的时候 120 万（元），你一天出来 200 车、300 车，你算算多少钱。（HLJ-AF 访谈录）

云南的徐师傅则倾向于认为不同车型没有办法进行完全对比，因为它们各自代表特定群体与其运行脉络，也各有优缺点。

这个不应该比，因为人生各式各样都有。人家开高栏的，有能力的，有背景的，有关系的，跟开冷柜车是一样的，你还羡慕人家的钱。不管开什么车，现在只要是搞运输的，不管是冷链啊、集装箱啊或者是高栏车，它都有自己的一个模式、一个套路、一个人缘关系、一个背景嘛。（YN-XGW 访谈录）

（六）空闲时间

跨境周转为境内外的跨境卡车司机带来了大量空闲时间。在跨境周转中，境内运输与跨境直达拼命日夜赶路的连续劳动过程被切割成分段式劳动，自雇卡车司机在职业生涯中第一次面临"如何打发空闲时间"这个问题。

大部分境外司机集中租住于老挝的磨丁社区，虽然有人住单间，有人合住，但基本是朋友或老乡聚集在一处，大家过着同吃、同住、同劳动的集体生活。根据他们的描述，在卡车离开老挝的空闲时间，共同买菜做饭是境外司机一项很重要的社会活动。中国卡车司机大多不习惯老挝当地的饮食，买菜做饭不仅可以打发时间，还可以省钱和满足口腹之欲。

聊聊天玩玩手机，完了就研究吃啥呀，是吧？买菜去啊，东逛逛、西逛逛，没事儿哎，喝个小啤酒啦。我就在出租屋啊，这边闲着没事嘛，昨天买了一条鱼，做的鱼。今天早上起来我上市场转了一圈，没啥吃的，买了点鸡爪鸡胗，自己卤一锅鸡爪鸡胗。哎呀，瞎做呗，闲着也没事儿，一次做不好，两次；两次做不好，三次；三次做不好咱就不做了，不行换一个。我们这一起住7个人，做饭是我的事儿，洗碗筷、收拾、择菜那是他们的事儿。（HB-CC访谈录）

除了在出租屋做饭、聊天、看手机，大部分境外司机很少参与老挝当地的娱乐休闲活动，反而更愿意通过互联网与家乡亲友维持联系。

别的地方没啥事儿不买菜啥的，我们基本上就在这院的出租屋待着，不出去。这有朋友聊天，现在有手机，这多好啊。刷刷抖音，看看朋友圈，聊聊天，是不是？完了以后家里边儿，老长时间不回家了，今天给这个小伙伴打个电话聊个天，明天给那个小伙伴打个电话聊天，一天不就过去了吗？（HB-CC访谈录）

驻守磨憨口岸的境内司机与境外司机度过空闲时间的方式也很相似。

我现在车送出去了，我们没事就天天在屋里面做饭、吃饭。车回国了我们就接车，然后去卸货、装货，就这样，每天就是这样。（HN-YL访谈录）

空闲时间也并不是全然的放松，虽然卡车不在身边，也有心细的卡车司机会时刻关注自己卡车的动向，还要负责解决卡车在跨境周转过程中时不时冒出来的各种问题。

主要是歇着呗，然后联系联系车上的事儿，外面车这个了、那个了，对吧？车没在手里，你得老跟代驾联系着，然后联系联系货。货到哪儿了，排队到哪儿了，报关到哪儿了，手机大概跟踪一下，对吧？（HB-GLZ访谈录）

还有一些习惯了境内运输与跨境直达运输快节奏的卡车司机无法适应突如其来的空闲，"人车分离"也使得他们容易陷入焦虑。

> 你像我老乡刚来这里的时间，他们都跟他开玩笑说："你马上要抑郁了。"车出了境以后，一直在路上排队呀干吗呀，他就感觉："哎呀，这个车这么长时间，一个月了还没出来，对吧?"一直都很焦虑，天天一个人在屋里闷闷不乐的，我们就会开导他嘛，我们说："你在这边时间短，时间长了以后，你慢慢就会适应这里的环境，适应这种运输。"他没来过嘛，今年（2022）第一次跟我们过来，他一个人吃饭也吃不香，睡觉也睡不着，就天天这样。我们带他出去转啊，跟他讲啊，这边就是这样，然后现在慢慢就好了。（HN-YL 访谈录）

（七）霍尔果斯口岸

为了与中老跨境运输做对比，我还访谈了从事中哈跨境运输的胡师傅。甘肃的胡师傅出生于 1982 年，运输路线是浙江义乌到新疆的霍尔果斯口岸。胡师傅与一家物流公司签订了专线合同，去往霍尔果斯口岸运输的大多是跨境货物，而从霍尔果斯口岸到浙江的回程运输他需要自己找货，运输的货物也不再是跨境货物。因此可以说，胡师傅的运输方式是跨境运输与境内运输的结合。

> 我是（20）17 年开始跑的，一直是浙江义乌到霍尔果斯或者到塔城口岸，① 就这两个口岸。（GS-JHT 访谈录）

运往霍尔果斯口岸的货物，主要是浙江义乌出口的百货，例如服装包、

---

① 塔城口岸即"巴克图口岸"。巴克图口岸"隶属于新疆维吾尔自治区塔城地区塔城市，位于我国与哈萨克斯坦共和国边界交界处，有国家二级公路直达。巴克图口岸是新疆离城市最近的口岸，也是距乌鲁木齐市最近的口岸"。转引自"百度百科"。

玩具包等。原本也可以跨境直达的霍尔果斯口岸如今也需要跨境周转，与中老跨境运输不同的是，霍尔果斯口岸的跨境周转是中国卡车司机将货物从中国各地运往口岸，之后在口岸换车倒货，再由外国卡车司机驾驶卡车入境到达口岸接货，最后由外国卡车司机装载货物运往他们的国家。

> 都不出境，我们拉到口岸就行了。货他们就装着，国外的那个车就来了嘛，他们直接拉走出境了。我们卸到口岸库房，他们车从国门进来以后他们才倒出去。我们出不去，但是他们有些手续可能办好的话，他们能进来。（GS-JHT 访谈录）

胡师傅认为，跨境货物的运价尚可，货源也很难得，但是由于跨境周转对时间精确度的要求较高，因而对运输时效的要求也颇为精准，这是单驾卡车司机[①]从事跨境运输最困难的事。

> 我觉得最困难（的）还是时间太紧了。义乌到口岸将近 5000 公里嘛，4600 多公里，他要求 80 个小时（笑）。你像我们堵车的话立马得报备，不报的话，口岸那边比如说今天国外的车就来了，今天进来明天必须要出去。口岸里面有负责人嘛，车子进到中国来以后，比如说在 12 个小时之内必须要出国门。到不了你就得报备，口岸负责人就跟外国车报备，说这车货没到，这次走不了，再推迟多久，就说护照改一下。他的要求是必须两个人双驾，（但是）一个人也没有办法。（GS-JHT 访谈录）

总结而言，跨境直达与跨境周转的劳动过程勾勒出跨境运输在不同国家、不同时点的两种截然不同的运输方式。同时，基于这两种以卡车司机为

---

① "单驾"指的是一名卡车司机独自驾驶卡车，"双驾"指的是两名卡车司机交替驾驶卡车。

主体的理想类型分类，跨境运输的劳动过程还展现出跨境卡车司机灵活多变、以卡车流向为基础的具体运输方式，例如淡旺季运输路线、生产工具与生产方式的转变，"跑大圈"、"跑小圈"与"倒短"的无缝拼接，境内司机与境外司机互为代驾维持跨境周转的运行，等等。相比跨境直达，跨境周转的卡车司机群体发生了更多的分化，不仅是时间与空间的分化，也有劳动分工与再生产的分化。更值得注意的，是跨境周转延伸出很多新型劳动形态，其中最重要的一项就是特殊时期的代驾。

第四章　特殊时期的代驾

在疫情防控时期，中国—老挝的跨境运输形式由跨境直达转变为跨境周转，转变的重要标志是增加了新的劳动环节——代驾。根据田野资料，我将中老跨境运输特殊时期的代驾司机分为官方代驾与外围代驾：官方代驾用以指称界碑两侧由两国政府统一组织与管理的代驾司机，外围代驾则用以指称在官方代驾外围承担特定运输任务的民间代驾司机。根据将中国定为起点的境内外的区别，又可将官方代驾与外围代驾细分为境外官方代驾、境内官方代驾、境外外围代驾与境内外围代驾。

境外官方代驾与境内官方代驾由两国当地政府监管、招标公司招聘的他雇代驾司机组成，境外外围代驾与境内外围代驾则以专职或兼职的自雇卡车司机为主。根据不同的标准，境内外的外围代驾还可细分为许多不同的亚分类。按照代驾距离的长短，外围代驾工作可分为短途接车与长途装卸：短途接车的地点是老挝的磨丁口岸与中国的磨憨口岸，长途装卸的路线则是老挝全境与中国全境。按照社会关系的远近，外围代驾与车主有些是亲友或熟人关系，有些则单纯是雇用与被雇用的市场关系。按照收费标准的不同，外围代驾又可分为免费帮忙与收费代驾。

特殊时期的代驾工作是疫情防控时期中老跨境周转延伸出来的一项应对策略，它由政府推动，结合市场需求，也动员了跨境卡车司机群体的社会关系网与个体能动性。在具体的劳动实践过程中，分段代驾较为灵活、充满弹性，也呈现复杂多元的流动性。由于各种原因暂时无法进行境外官方代驾也就是老挝官方代驾的访谈，本篇只涉及中国籍代驾司机的劳动。

一　境外外围代驾

在中国—老挝跨境周转运输中，境外外围代驾指的是人在老挝、帮助中国境内卡车司机在老挝代驾卡车运输的境外司机，他们大多是中国籍的自雇卡车司机，也有一部分老挝籍的卡车司机。

> 以前这边并没有代驾什么的，他们本地的驾驶员技术也并不太好，没有经过什么正规的培训。现在因为疫情封关，车主也来不了，中国的车主人在西双版纳那边嘛。他们很多人不了解，为了便宜用国外的本地代驾，导致很多中国车出比较大型的交通事故，翻车啦、车毁人亡这种事情每年都好几十例，所以现在这种情况就是很多车主宁愿多花钱，要保证我的车平平安安的，必须要用咱们中国的驾驶员，所以就衍生的这种代驾嘛。(HN-HC 访谈录)

（一）中国代驾与老挝代驾

在境外外围代驾中，技术更加成熟、更有责任心、更好沟通的中国籍卡车司机是首选，熟人更是最佳选择。

> 我们找的都是中国人，就像朋友一样嘛，在里面相处时间长了，他们自己也有车。(HN-YL 访谈录)

老挝外围代驾的口碑呈现两极化的趋势。有的跨境车主认为，老挝卡车司机有显著的优点，他们收费低，有一些驾驶技术也不错。

> 认识几个老挝司机，他就是给我们做代驾的排队嘛。像我们车前一段时间排队比较严重，让中国司机排队费用比较高，像老挝司机排队的话，一天也就给 100 多块钱嘛。(GS-MGH 访谈录)

但是老挝卡车司机的缺点也很明显，由于老挝的运输业起步较晚，老挝司机接触半挂车的时间也比较短，他们的驾驶技术大多有待提高。

他们毕竟使用挂车时间短嘛，但是不能说人家没有好司机，也有，但是总体来说还是技术太差。你像那个 14 吨的转弯，掉沟里的多得很。（SX-ZZX 访谈录）

除了技术不佳、缺乏经验，许多跨境车主认为老挝卡车司机缺乏中国司机的那份"责任心"。

区别是啥呢？老挝司机技术不好，比如说他想喝啤酒，接一车货是急着用的，他都会到家里面停车喝啤酒喝两天。他不管你着不着急嘛，就是一车香蕉废在车上也不关他的事，所以说中国蕉地老板就不要老挝人，就要中国人。（YN-YHC 访谈录）

因此，在中国外围代驾与老挝外围代驾的选择上，存在一定差别。有的跨境车主除非万不得已，大部分时间只请中国代驾；有的跨境车主没有明显偏好，只要通过知根知底的中间人介绍，中国代驾与老挝代驾均可考虑，例如辽宁的刘师傅，他聘请老挝代驾司机的经验较为正面，他认为老挝司机驾驶卡车更为谨慎，在淡季时代驾成本也更低，因此他既可以接受中国外围代驾，也并不排斥老挝外围代驾。

像我那个车到老挝李师傅接到车之后，如果李师傅有时间呢李师傅就开，如果没有时间呢他就帮我找个代驾。他要是说找老挝司机呢，就老挝司机帮我们做代驾；要是有中国司机呢，就中国司机做代驾。说实话，现在老挝司机给我的印象还不错，为什么这么说？老挝司机没有中国人这么胆大，现在很多在老挝出事的车都是中国司机开的，老挝司机比较谨慎。说实话他们的技术肯定没有我们中国人开得好，但是也不是每个中国司机开得都好，也有新手司机上那边做代驾。现在老挝人会说中国话的也多，直接就可以沟通。（LN-LQ 访谈录）

285

（二）兼职外围代驾

老挝的兼职外围代驾多是滞留老挝的跨境车主，他们之所以成为外围代驾，最初是因为卡车司机之间的互惠。在跨境直达刚转变为跨境周转时，老挝的境外司机几乎都会帮助自己的亲友在境外接车，同时拜托身在磨憨的亲友在境内帮忙接自己的车，这种互惠模式在当时不过是一种权宜之计。后来随着跨境周转的时间渐长，代驾需求也有所增加，外围代驾逐渐从熟人圈的权宜之计拓展成相对持久稳定的代驾市场。在这种情况下，那些相对拥有更多空闲时间的境外卡车司机就成为兼职代驾，在经营自有车辆之外额外挣得一些收入。虽然也有一些自雇卡车司机在老挝售卖掉自己的卡车，成为专职外围代驾，但总体来说，兼职外围代驾仍然是境外外围代驾群体的主要组成部分。

驾驶技术高、具有责任心的境外外围代驾在旺季是非常抢手的，因为境内外围代驾身处中国境内的磨憨口岸，可以随时补充国内的劳动力，但是境外外围代驾的数量是有限的。

> 那会儿代驾也挺赚钱的，头过年前后，光做代驾一天都能赚2000块钱。有一部分车是国内闻风过来的，他一看老挝的运费高了，有亲戚、有朋友的都想进来挣点钱，他们人又进不来，总得找代驾。那会儿代驾也炒得很，因为里面就这点儿司机对吧？中国司机资源是有限的，就炒起来了，跟着运费一起水涨船高了。（HB-GLZ访谈录）

同时，兼职外围代驾的时间也很有限，他们的工作重心仍放置于自己经营的卡车，自营卡车的运费也是他们主要的收入来源。

> 问：事实上，虽然自己的车很多时候都是在等着，但是您也没有办法老是去做代驾是吧？因为说不定什么时候车就回来了？
> 答：对，对。

问：所以您一个月比如说自己的车跑一趟的话，您给人家做代驾平均是做几趟？

答：也就一趟。

问：也就一趟？其他的时间其实都得围着自己的车转？

答：都围着自己车转。（GS-CJZ 访谈录）

在这样的情况下，境外外围代驾无论是熟人还是陌生人，都很难固定下来。

每次都会换，这个固定不了的，因为人家自己也有车嘛，万一人家的车回来了，人家要开自己的车。（HN-YL 访谈录）

一般寻找境外外围代驾可以直接用微信联系特定卡车司机或中间人，也可以在微信群发布信息。由于每一趟代驾的距离、货物与送货情况均有不同，代驾费用都要由车主或中间人与代驾商量决定。

远近不一样啊，每次都要谈的。比如这次我拉到里面的货路途近了，然后卸完货就在附近装，装货回来多少钱，然后远了又多少钱，就这样。（HN-YL 访谈录）

但是代驾费用在某一段时间也会达成某种共识，例如人在磨憨的辽宁车主刘师傅在接受访谈时表示，当时老挝短途接车一天是 200 元人民币。同时，由于境内车主与境外外围代驾逐渐形成一个熟人圈，代驾费用也会在共识的基础上存在上下浮动的空间。

因为代驾费都差不多嘛，到哪里多少钱、到哪里多少钱，它基本上已经形成这个价格了，上下错不了多少钱。但是能砍价，就少要一点儿，如果两个人关系特别好的话。你就像李师傅帮我们跑，正常人家比如说我们要给人家出 6000（元）的话，如果让李师傅他们去了："哎呀

随便你看着给一点，给上 5000（元）就行了"。他会少要一点，是这样子的。（HN-YL 访谈录）

相比边境的短途接车，全境长途装卸的代驾费用更高。河北的赵师傅在保证有充裕时间运营自己那辆 13 米高栏车的前提下，不仅会短途接车，还会帮境内车主在老挝境内长途送货。

代呀，有代驾就开。在忙的时候，可以说基本上天天有人打电话。旺季的话最远的他们会给 17000（元）。得 5 天，还得快一点儿跑 5 天，一般到 6 天、7 天，完了以后再跑自己车。（HB-CC 访谈录）

拥有丰富代驾经验的赵师傅认为，要做好外围代驾工作并不容易，一来要腾挪时间，保证自有车辆的经营；二来代驾本身的劳动性质让他觉得比驾驶自己的卡车风险更高。

开别人车跟开自己车不一样啊，开别人车累呀！咱自己车开了多少年，咱轻车熟路，开着心里放心。你开朋友车，比方说你给他碰了，是不是得赔？（HB-CC 访谈录）

也有一些互相帮忙接车的卡车司机彼此都不收取代驾费用，例如河北的于师傅，他人在中国，他的朋友人在老挝，他们互相在口岸接驳对方的卡车，彼此都不给代驾费。但是这种互惠仅限于短途接车，如果接车后要进行长途运输，他们也还是会再花钱聘请长途代驾。

这个怎么说呀，肯定从我的出发点是这样，我给过他（代驾费），哎呀，现在这个也说不太清了。当时我们就约定了以后，他肯定是今年（2022）再难也要回来嘛，回来以后到时候我再进去是怎么着，到时候再说呗。（HB-GYS 访谈录）

（三）专职外围代驾

辽宁的郭师傅是一名专职境外外围代驾，他本来经营一辆豪沃 G7，2021 年由于行情不好，他在老挝把卡车售卖给了越南人。郭师傅本来准备再换一辆新车，但是跨境货运行情不佳，他觉得再买一辆卡车进入还贷期压力太大，于是便下定决心从兼职代驾转变为专职代驾，从自雇卡车司机转变为他雇卡车司机。郭师傅代驾车辆的车主有之前经营货运时认识的熟人，也有后期大家帮忙介绍的新客户。郭师傅认为，代驾工作对他而言最大的优点就是不用出本钱。

> 把那车卖了，我不养了，货运环境也不好。主要我那车吧，感觉卖的价格还挺合适的，因为我那车也好几年了，买前儿应该是不到 4 年，卖那价格吧，比正常能多卖个 1 万（元）、2 万（元）的。关键现在吧，货运行情也没法换了，比如买一个车吧，你做贷款的话，都下来现在这车头 40 多万（元），办完手续将近 50 万（元），再挨个挂，合 60 多万（元），关键是 60 多万（元）什么时候能回本啊？（LN-ZGL 访谈录）

作为专职代驾，郭师傅每次都要在磨丁口岸的 5 号货场接车。

> 车主在磨憨口岸把车交给磨憨口岸代驾，这是（有）国家资格的，代驾（是）必须用的。磨憨口岸代驾开 100 米，把车开到中老界碑，交给磨丁口岸代驾公司，磨丁口岸代驾公司再把车开个几百米，到 5 号货场，我们在那里接车。（LN-ZGL 访谈录）

接到代驾的卡车之后，郭师傅会按照车主的要求送货至指定地点，之后再去装香蕉、西瓜等回程货物。

> （卸到）老挝全境，大多数是金三角、万象，金三角不在北部嘛，

万象属于南部嘛。卸完之后在里边儿装香蕉和西瓜，再回国。老挝里边的农业公司也都是中国人（种植）的，一般都朋友啥的人跟蕉地关系好了，哎，可以跟他联系，问："有货没？给我一个。"就这样，跟人要呗。（LN-ZGL 访谈录）

除了短途接车与长途装卸，郭师傅还借助自己在老挝的社交网络帮助代驾的车主配货。他并不收取配货的信息费，只是将其作为拓展代驾业务、稳固代驾客户的途径。

货运行情好的时候，中国的卡友进不来，我在老挝给他们做代驾，还给他们联系货啥的。其实我帮开的车 80% 进老挝的货，还有回国的货几乎都是我帮联系的。因为很多卡友吧，知道里边有这个运价，但他们自己手里没有货。老挝里边的货源网上没有，都是直接朋友介绍。这人际嘛，只能说是时间长了，积累的会越来越多嘛。我就挣代驾费，我也不挣那个信息费啥的。没有啥亏的，我就是为了挣代驾费，我就知足了，高的时候代驾费也是一趟能挣 1 万（元）。（LN-ZGL 访谈录）

帮助跨境车主配好货、装好货，郭师傅就再次将代驾卡车开回磨丁口岸，送车回国。

我们回来还是和进来一样，把车交给磨丁（官方）代驾，他们再把车交给磨憨口岸代驾，这个货物到中国之后进货场进行核酸检测，再给车辆做消杀，合格之后，他就把车交给车主了。（LN-ZGL 访谈录）

郭师傅的代驾收入还不错，但也受到淡旺季的影响。

大体就是不同地方吧，代驾费有不同价格。现在属于淡季了，旺季的时候去万象 1 万（元），现在去万象多少钱？5000（元）、6000（元），6000（元）都少，都是 5000（元）。因为车都不挣钱了，就这个情况。（LN-ZGL 访谈录）

淡季价低时，郭师傅会选择停工休息。因为淡季在老挝还意味着雨季与糟糕的路况，郭师傅认为这时风险太大，不宜接车。

　　我得有一个多月没接车了，（一是）因为里边活儿不好。二吧，风险还大，出国有交通事故中国保险不给报，现在里边还是雨季，老挝里边儿的路况啊，北部都是山区，都是山路，危险（风险）很大。（LN-ZGL 访谈录）

郭师傅与河北的赵师傅一样，认为代驾工作最重要的是责任感。

　　你说不操心吧，咱说实话，代的每台车，咱接的车，挣的不仅仅是代驾费，而是责任。车出来这么大风险，车主把车交给咱了，是不是？就是也有压力。（LN-ZGL 访谈录）

二　境内官方代驾

　　2020 年 4 月，磨憨口岸的跨境运输从跨境直达改为跨境周转，增加了边境代驾的环节，此时的代驾业务还是市场化的。2021 年 11 月，由于疫情形势的严峻，云南勐腊将代驾业务统一收归政府监管，并重新招标，先后确定了三家跨境段代驾公司与两家境内段代驾公司，由这五家公司根据政府统一的政策招聘与管理官方代驾司机。

　　它是分了两段嘛，一个我们是跨境段嘛，还有一个是境内段。我们开到那个红木馆货场，海关那个货场，又交给那个境内段的代驾，他们开到底下那些货场。车主不能直接来，政府的意思是交叉感染的概率大了嘛。（YN-XSF 访谈录）

（一）官方代驾的资质

除了代驾公司的工作人员钱先生，我还访谈了两位境内官方代驾——柳师傅与薛师傅。他们都是云南勐腊人，共同在政府招标的代驾公司 A 公司做代驾司机，负责跨境段的代驾工作。从事官方代驾之前，柳师傅是公司职员，薛师傅则经营出租车。他们之所以成为官方代驾司机，与疫情防控时期的关口政策有很大关系。

> 我们其实……怎么说呢，政府批准的跨境运输的代驾。新冠（肺炎）疫情刚开始的时候，海关这边只允许有边民证的人通行。之前的市场很混乱，然后就统一起来嘛，由公司统一来做。因为还要做防护，还要做消杀，车辆才能交给老挝，或者才能从老挝人的手里交到我们中国司机这里。（YN-QXS 访谈录）

成为官方代驾必须具备两个条件：一是拥有边民证；二是拥有 A2 级别的机动车驾驶证，因为代驾车辆大多是半挂车。

> 一个就是要有 A2 驾照嘛，还有一个是边民证，边民证必须要办得到的，因为有污点的话就办不到。（YN-LSF 访谈录）

柳师傅与薛师傅应聘官方代驾时，都以为这是一份过渡时期的暂时性工作，因此多少都抱着挣快钱的心态，但是谁都没有想到，这份代驾工作持续的时间竟然如此之长。

因为搞这个代驾能干多久也不知道嘛。我们前面想的也就是，哎呀，可能两三个月就结束了，（没承想）一来就来了两年多了。（YN-XSF 访谈录）

在做官方代驾之前，柳师傅与薛师傅虽然考到了 A2 级别的驾照，却从来没有驾驶过半挂车。A 公司也不提供正规的驾车培训，但是会提供新手的适应期。

原来没开的话，肯定心里面还是有一点（害怕），但是开上去就没事啊。第一天不允许你上车，你自己可以去货场里面实习一下。你自己觉得可以的话，那你就可以上车嘛。（YN-LSF 访谈录）

对于新手司机来说，最大的困难是倒车。

我那下有点害怕，那车又长。我以前才来的时候倒车不敢倒，旋转还行。有些（同事）更懂一点，就叫他们帮着倒了嘛。像我们这边本地人，基本上很多都是以前没开过。（YN-XSF 访谈录）

在境内外跨境卡车司机眼中，官方代驾司机跟他们是不一样的，一来官方代驾都是云南本地人；二来官方代驾大多没有自己养车的公路货运的经历，基本都是驾驶卡车的新手。

说实话，像我们都开这么多年了，是成手司机，很少有去那地方给他开车的。他们那一段都是直路，但是新手呢，我们也看到了，他们挂挡也不正常，而且从这个位置到上面那个货场排队，是一个大坡，有很多（官方）代驾司机都把车弄坏了。（LN-LQ 访谈录）

（二）官方代驾的劳动过程

与外围代驾不同，官方代驾的劳动过程更为固定。由于跨境代驾工作的特殊性，官方代驾由政府通过公司统一闭环管理，他们共同居住于政府指定的隔离点，每日的工作与生活都是两点一线地集体往返于隔离点与货场。官方代驾每天固定的工作时间是早8点半至下午5点半，如果不值班，6点多就可以结束工作回到隔离点；如果需要值班，可能需要工作到晚上8点半左右，回到隔离点约为晚上10点。

> 我们早上的话，起床起得早，6点40就起来了，因为我们基本上7点多钟就要开始做核酸。一般到下午就是5点半。到那个点下班的话，我们就不接车了嘛。有些车会在路上，有些时候就可能到（晚上）六七点这个样子。（YN-LSF访谈录）

薛师傅与柳师傅所在的A公司是跨境段的三家政府指定代驾公司之一，共有代驾司机30人，每人在公司内有一个专属的号码。公司将这30位代驾师傅分为两队，1~15号为小号，16~30号为大号。每天早晨做完核酸之后，A公司会有专门的车辆将代驾司机送往货场，然后公司调度按照顺序将大号队与小号队分别派至境内点与境外点，准备开始工作。境内点负责将境内段官方代驾送出的卡车开往中老界碑交接给境外官方代驾，而境外点正好相反，负责将境外官方代驾送回的卡车开进国门交给境内段的官方代驾，待完成核酸消杀等一切程序后再交给境内司机或者境内外围代驾。等待接车时，官方代驾会待在自家公司固定的接车点，每一队的每位代驾具体接车的顺序也是由自家公司的调度按照号码统一安排。接到车辆后，所有代驾司机都要按照公司要求先环视车辆，再拍下视频存档。

> 首先我们去上班每天都是按序号来的，我们都是排队的，今天可能我第一，明天就可能是变成最后一个了，轮着来的嘛，由调度安排。如

果我们公司车到了，调度会叫你嘛，叫到几号，他会叫你去接下一辆车，把接车的信息发给你，有微信群嘛。我们是在等候区，调度是在接车点那里看车。接到车，你就上去对一下车牌，看一下车子证件在不在。如果那些齐的话，你还要看一下车子。你需要去环视车，拍一个视频。从车头绕一圈，然后到驾驶位，驾驶位里面也要拍。看看哪里车烂了、有没有损坏的地方。（YN-LSF 访谈录）

接车视频虽不需上交公司，官方代驾也要自行保存 20 天左右，即一个单程运输周期。因为跨境周转分段环节很多，若卡车发生损毁或故障，经手之人需自证清白。

因为不单单一个人接触过这个车嘛，首先是外围代驾，外围的交给我们，我们要交给老挝代驾，所以说那个车子你不拍一个视频的话，你不知道是哪个地方烂了。如果是一个反光镜丢了，可能我拍接车视频的时候那个反光镜就不在了。你到境内可能车主他不知道，他就过来找我们调度，我们调度就过来跟我们要这个接车视频。我们发给他看一下，哎，在我接车时就已经没了，它就跟我们没有关系呀。（YN-LSF 访谈录）

A 公司的工作人员钱先生也表示，在代驾业务中处理最多的工作就是事故赔付。A 公司的赔偿规则是公司与代驾司机各赔一半。

要处理的事情很多。像我们司机如果出事故了，我们会第一时间联系货主，该怎么修理啊，或者跟他协商好怎么赔付。公司有规定，公司出多少、司机个人出多少，承担这个事故嘛。也不能说多吧，一个月一起、两起不等。像雨天的话可能事故会多一点，天气好的话事故就不会那么多。还有有些车老化，特别是老挝车，它的那些制动啊，其实有些时候是车本身就有问题。还有就是会倒霉（笑），会遇到车子自身的那

个磨损嘛，刚好我开到这个车，那就坏了，那也没办法。（YN-QXS 访谈录）

检查完车辆、拍好视频后，代驾司机就将卡车从中国境内送往中老边境，或从中老边境将车辆接回中国境内。一般来说，依据道路宽窄，前者每次可同时出发 2 辆车，后者每次可同时出发 4 辆车。官方代驾接送车辆的直线距离并不长，大概几百米左右，所以如果一个接车点无车可接他们可以步行走到另外一个接车点。无论出境还是入境，他们都需要到边境的移民局卡点在自己的边民证上盖章。

我们中国这边的都是水泥路，过去界碑就是毛路了。我们开到老挝界碑下面有一块比较宽的地方，我们把车子摆在那里，老挝人他自己会接下去。他们也是有个公司的，也是代驾，也不是老挝车主自己来开。老挝人他们也是调度安排。（卡车）一般不熄火，因为我们车子一开过去他们马上就接走了。（跟他们）不接触，老挝人更不能接触。我们车子一交掉我们就去老挝一个点报到，有车就开车回来呀，没有车就可以走路回来啊，回到红木馆。（YN-XSF 访谈录）

由于官方代驾直接接触跨境货物与车辆，并且盘亘于边境线工作，为降低交叉感染的风险，他们不仅需要每天都做鼻拭子的核酸检测，还要在工作过程中进行严格的防护与消毒。

不害怕，习惯就好了嘛。因为你接触过这一块，哎呀，我也没有那么担心。去年（2021）要来的时候又重新培训了一下，培训了穿防护服，上车都要进行消杀。我们随时都是提着一壶酒精啊，有的容器就是装个一斤、两斤那个样子。我们上车的话喷一下车，然后上车要喷手啊，下车要喷手啊，下车全身也要消杀了。（YN-LSF 访谈录）

在工作期间，官方代驾统一穿防护服，戴手套、口罩和面屏。

> 我穿这身衣服太热了，每天要出很多汗的！手套都戴两层嘛，一层内手套，一层外手套。那个手套一脱下来，（手）就像被水泡的一样！（YN-XSF 访谈录）

在炎热的夏天，这套装备让人倍感闷热。吃午饭时他们可以脱掉手套、口罩和面屏，但是在工作期间不允许脱掉防护服。他们的一日三餐只有午饭在货场的接车点解决，其余两餐都在居住的隔离点，全部由公司统一送饭。

> 我们从上班到下班防护服是不允许脱的，只能脱那个口罩、手套。现在可能还是习惯了，现在人家说不戴口罩的话，可能还感觉好像脸上少了什么东西一样。（YN-LSF 访谈录）

（三）平均主义"大锅饭"

中老边境的境内官方代驾公司，从头至尾都奉行平均主义。一方面，三家跨境段代驾公司轮流接车，尽量保证每家公司每天接车的数量大致相同。

> 那边老挝人把车子开上来，每家公司接两张，也不能多接的，就是我们接两张，另外一家接两张，循环的嘛。他们三家公司都有调度在那里安排嘛。（YN-XSF 访谈录）

如果平均主义被打破，还要着力弥补。

> 就是我们公司今天接了 100 张，他们公司也是 100 张。打比方，我们公司今天少接了一两张，到明天就补两张给我们（笑）。（YN-XSF 访谈录）

公司之间的平均主义是为了避免市场化的竞争，彰显代驾公司之政府招标管理的性质。

> 公司与公司之间它就不会存在竞争嘛。因为我们属于防疫这块的，所以说不允许它市场化嘛。（YN-LSF 访谈录）

另外，虽然官方规定每位代驾司机每接一辆车的价格无论淡旺季都是120元，但是代驾司机的工资是平均分配的，他们自己称为"吃大锅饭"（YN-XSF 访谈录）。

> 我们这个是"吃大锅饭"，比如说我们公司30个代驾，大家一起跑，比如说跑了100张车，100张车公司结给我们12000（元）嘛，那12000（元）就是30个人平均分。每个人每天有跑3个（车）的、跑4个（车）的、跑6个（车）的。（YN-XSF 访谈录）

柳师傅认为，"吃大锅饭"让人心情放松，也可增强凝聚力，保证行车安全。

> 因为这个是吃"大锅饭"，大家都会更齐心一点，开车啊各方面不会抢道嘛，只要把安全放在第一位。因为这个东西的话，大家也要心态放平衡一点，就是说今天第一，可能明天就不一定跑这么多嘛。（YN-LSF 访谈录）

A 公司对于平均主义"大锅饭"或许会带来的消极后果唯一的抗衡措施是末位淘汰制，即连续三个月接车数量均为倒数第一就会被开除。

> 你自己要勤快一点，不能偷懒。如果你今天感觉跑的次数太少了，可能说到后期别人下班了，你就跟另外一队一起加班。没定一个规矩的

话，有些人可能就会耍一些小聪明，反正分钱都一样多。（YN-LSF 访谈录）

（四）收入与待遇

境内官方代驾的月工资在旺季时能达到 2 万元，淡季时则要减半。这个工资水平在勐腊当地属于高工资，这也是很多人愿意投入该份工作的原因。

> 我原来坐办公室的话，没有会计证的可能（月工资）就是 4000（元）左右，你有个会计证可能就是 7000（元）吧。工资肯定是第一位的，工资不高的话也不会来。（YN-LSF 访谈录）

A 公司的工作人员钱先生也认为这份工作虽辛苦，但待遇尚可。

> 是很辛苦，但是他们的待遇很高。他们只需要带着边民证和 A2 驾驶证来公司就行了。他们拿到手的薪资，如果他们不花钱，只买自己的个人用品，他们是完全不用开销的。所有他们的吃、住，还有防护用品、核酸费用，包括其他的费用都是公司承担。（YN-QXS 访谈录）

作为劳务派遣工，官方代驾并不享受"五险一金"的社会保障。

> 现在我还没搞懂这块，但是前两天原来带我那个师傅跟我说，因为劳务派遣的话，公司就没有这块义务帮你买"五险"，但是我们公司好像有帮我们买了一份保险。（YN-LSF 访谈录）

官方代驾也没有底薪，所以一般情况下，他们很少停工休息。

我一般一个月都不休息，就是换边民证的时候休一天。我们休息是没钱的。（YN-LSF 访谈录）

由于工作性质特殊，官方代驾只有辞职之后才能离开隔离点，为此他们很久未曾回家，即使他们的家近在咫尺。

从去年（2021）的 11 月 15 号开始，就一直都回不去，像我们扫码也过不去。在磨憨收费站那里不是有个点嘛，你去那里一扫码，上面显示的就是"劝返"。像我们经常跑境外，意思是风险大嘛。（YN-XSF 访谈录）

薛师傅表示，做这份工时间越长越觉得不自由，但是为了生存，仍然打算坚持下去。

住宿的，哎呀，也还行，反正睡一下觉。一人一间，小得很，就是 6 个平方（米），1 个床，里面有个小小的卫生间。有些床像身高高一点的脚都伸不直。没有空调，只有电风扇。按照他们严格的要求是不能扎堆、不能一起聚拢嘛，就是下班了自己回自己房间啊，在这里人更不自由了嘛。哎呀，习惯了。也不是说喜欢不喜欢，就是说，为了生存也得干啊（笑）。（YN-XSF 访谈录）

三　境内外围代驾

老挝的境外司机将卡车通过层层官方代驾最终交给境内外围代驾。境内外围代驾与境外外围代驾一样，有可能是同样经营货运的境内车主，即兼职代驾，也有可能是市场化的专职代驾。境内外围代驾常年工作、生活于中国的磨憨口岸，方便他们接车。

由于疫情影响，还萌生了一个职业，就是关口的个人代驾，帮你装卸货。这个装卸货是很琐碎的，帮你鼓捣车啊这些，对吧？因为车这个东西呀，一边运营一边维护，它很琐碎，这种活儿（官方）代驾公司做不来。而且这活儿都是费力不讨好的，说白了都是辛苦点儿，人家也不做（笑）。现在我们的车在磨憨装货、卸货，我们都有专门的代驾。有的他们自己也有车，在那附近给你接车，干车上的这一套活儿。（HB-GLZ 访谈录）

（一）兼职外围代驾

辽宁的刘师傅是一辆 13 米高栏车的车主，与妻子驻扎于磨憨口岸，主要运营的是自己的卡车，闲时也会兼职做代驾工作，帮助人在老挝的车主接车。

这个磨憨，是昆磨高速的终点，走到头了。它这个地方是归哪呢？归西双版纳管。勐腊县磨憨口岸，实际就是一个村，现在变成一个口岸了。下高速就是一条路，走到头就是国门，有个 8 公里左右。这个地方外地人多，本地人也不多，有在这边倒货的，有这边报关公司的，还有在这边跑车的。我们是在旅店长租，我们俩这一个月 900（元）。（LN-LQ 访谈录）

刘师傅的收入分为两部分，一部分是自己的高栏车完成跨境运输挣得的收入，另一部分是他从事境内外围代驾收到的代驾费。两相比较，虽然前者是他的主要收入，但是代驾费用在运输淡季时也可解燃眉之急。

他们那车过来呢，收入倒不多，这面现在都是不好干的时候，就挣点费用钱。我们在这吃、住、开销，多多少少呢，靠我们自己车（不够）。一个月现在（笑），能挣 1 万多块钱？（LN-LQ 访谈录）

与境内官方代驾相比，外围代驾的工作既琐碎又充满不确定性：无论是代驾的车辆，还是代驾车辆进出关的时间，抑或是代驾车辆的需求都是未知的，要根据每一次代驾工作的展开才能一一揭晓答案。

> 我们这个工作不定时，这边说需要装车、需要排号出关到老挝的话，我们就装车。装完车之后我们排号出关或者先到货场，然后那边排完之后，我们就直接开车到货场，在货场报关，等着办手续。办完手续我们在到号的情况下，再交给（官方）代驾，就出国了。（LN-LQ 访谈录）

与刘师傅不同，也有一些磨憨口岸的自雇卡车司机很少从事代驾工作。一是觉得自己并非专业代驾，只给相熟的朋友——尤其是在境外为自己车辆代驾的朋友帮个忙；二是从老挝入境中国跨境周转的环节较多、成本较高，境内代驾可能需要垫付许多资金，而追讨垫付资金与代驾费用就变成一种负担。

> 那个钱不好赚啊，现在这个代驾要帮他们垫很多钱，有好多代驾也不想做了。因为你看，他们车子出来，我们要帮他交 2000 多块钱，然后送出去又要（交），下来就要将近差不多 4500 块了，一进一出。你帮他垫上去，然后你帮他装好一车货送出去，你的代驾费才有 1000 块钱。好多人在里面他也没钱呀，你看着好多人在老挝，其实呢他也没赚到什么钱，好多都欠代驾费，你帮他垫付的这个钱他都要欠着，所以我们也不想做这个事情。（HN-YL 访谈录）

同样是外围代驾，境外外围代驾却不给境内车主垫付资金，境内车主也不能拖欠他们代驾费。

> 老挝那个代驾费（是）欠不了的，你像我们车回国，他把我车送

到货场，我们要付一半钱给人家；然后车到中国接到车了，我们要检查车嘛，看看车有没有问题啊。我们觉得没有问题了，就要把另一半付给人家。都是这样的，老挝里面不欠代驾费。不知道（原因），现在里面都是这个规矩。（HN-YL 访谈录）

究其原因，第一，老挝境内的中国卡车司机数量较少，他们相对磨憨口岸的外围代驾来说更为稀缺，掌握着跨境运输的核心环节与谈判的主动权。第二，人在老挝有时赚钱更为艰难，也没有别的退路，境内车主不好意思拖欠他们的代驾费用。

我们也能理解，因为去年（2021）封关封了三个月嘛，有的人在里面吃饭钱都没有了，真的，像我老乡在里面，去年（2021）都给我打电话，我就给他转了 1000 块钱嘛。他们在里面，车在中国又进不去，人又出不来，在里面待了三个月，真的吃饭钱都没有。（HN-YL 访谈录）

第三，境外运输的特殊性使得境外外围代驾的劳动与境内外围代驾的劳动有所不同。境内外围代驾大多围绕磨憨口岸进行接车、卸货与装货，即使有可能增加境内段的运输，也是熟悉的路途与环境，行车风险在可控范围之内。但是境外外围代驾需要从老挝边境接车运往老挝各地，老挝山路居多，雨季道路泥泞，行车风险较高。可以说，境外外围代驾的劳动比境内外围代驾的劳动更复杂，风险更高，在市场上也更为紧缺。

再一个里面风险比较大嘛，他只要把咱车给安安全全开回来了，咱出点钱觉得心里也高兴嘛。因为我们在里面跑过，知道里面的路不好，风险大，所以他们要点代驾费，我们觉得只要是能接受的，我们一般都不怎么搞价。（HN-YL 访谈录）

除了接送车、装卸货、修车保养等基本代驾工作，河南的老周师傅认为外围代驾更像是境外司机在口岸的"中间人"，帮助他们处理找货、报关等各项工作。

> 比如这个货是老板发的，从中国发到老挝。有的车出不去，我们就在磨憨倒车嘛。你给人调个车，来回要跟人沟通，给人家押车，提前要给人家说明，我堵车、报关什么的。一票货很好报关，多票货比方说百货就不好报，要查验。那零担（的话），哪一担货你都要注明、拍照、拍视频，给老板、给报关公司、给车辆都要沟通，毕竟你是个"中间人"嘛。（HN-HMZ 访谈录）

老周师傅作为兼职外围代驾，有很多原则。除了要接自己跟儿子的三辆车之外，是否接别的车他会进行筛选，老挝牌照的卡车与旧车他都不接。

> 加上朋友的车也就是五六个（辆）、七八个（辆），那也接得过来。一般老挝牌照的车不接，因为老挝车都是过山车，不好开，不接。挂老挝牌的到中国没有保险，万一有什么事，麻烦。手上的车（是）新车了接一个，不是新车不接。旧车又不好开，万一有什么事你不好处理，又给自己找麻烦。你挣个三五百块钱，需要一个礼拜，万一又有什么事了，你挣这个钱都不够开销。（HN-HMZ 访谈录）

境内外围代驾的收费依据代驾内容而有所区别。例如老周师傅接一次车的费用是 600 元，每接一辆车的时间周期是 3 天到一周。河北赵师傅的境内外围代驾在淡季接送车一趟的费用是 800 元，旺季则提高到1000 元。

> 咱们香蕉车出去，卸完车以后，比方说我车什么地方该保养了，跟他一说，去哪修车，把车修完以后去哪装货，装完货以后给我排队交

车，哎，这一趟现在是 800（元）的费用。旺季的时候 1000（元），现在淡季 800（元），我们外边儿有固定人。（HB-CC 访谈录）

（二）专职外围代驾

河北的齐师傅出生于 1962 年，接受我的访谈时，他的 A2 驾照刚刚降级。在降级之前的几年里，每年他都会间歇性地到磨憨做一阵子外围代驾的工作。齐师傅是经验丰富的资深卡车司机，与很多老挝境外司机是多年老友，因此他代驾车辆的工作很是红火。据齐师傅介绍，代驾接车最多时有六七辆车。如果有两三辆车同时入境回国，他就需要统筹代驾工作的分配。对齐师傅来说，由于几辆车在报关、验货、卸车、修车与装车之间会存在时间差，因此同时代驾几辆车对他而言完全不成问题。

> 有时候歇两天，有时候一天可能回来两三辆车。好多车出来以后，不一定当天就能卸掉，在中国不是也要报关嘛，在海关这边可能待一两天。我把车开到海关，往那儿一放，关口那儿有人，他什么货找哪一个报关公司报，这是人家自己找的，不用管。把车往这一放，你给验货，那跟我就没关系了。一验（完）货他给我打电话说货验好了，可以出去了，哎，我再去开这些车。报好关，我卸车快，反正两三公里就是库房啊，或者是场地呀，就把车卸掉，卸掉以后不可能当天就能配上货，所以回来两三辆也没事儿。（HB-MQH 访谈录）

除了关口接车，齐师傅也会代境外司机处理很多境内事宜，例如长途换车。2021 年，齐师傅驾驶身在老挝的吉林车主的 13 米的高栏车到达山东省，帮助对方更换了一个 13.75 米的平板，换好后又帮对方配好一车货回到中老边境。相比长途换车，齐师傅代理最多的业务还有车辆年审。

> 好比说这个月该年审了，因为西双版纳那边不给外地挂（车）年

审，就得到昆明。他们把货拉出来，我装一车昆明的货卸掉，给他年审车。年审完了以后我再配一车货，给他们送到老挝关口，是这么着。一个礼拜之内是 3500（元），最低给我 3500（元），你好比说三天回来、四天回来，我也是挣 3500（元），但是超过七天，一天就得加 500（元）。一般去昆明，七天都完成不了。（HB-MQH 访谈录）

齐师傅接车的车主来自全国各地，基本靠口碑相传。

基本上固定，你像河南、山东，还有辽宁、吉林、（黑龙江）哈尔滨的都有，应该也是司机和司机给我介绍的吧。有的司机就说，他们经常在一块干活，在老挝那边在一块儿住着呢，对吧？说："你看老齐修车细致啊，岁数也大了，修车这一块你放给他你就不用管了。"反正咱给他干活实在，把这个东西规整得也特别好，完了以后就说："你让老齐接吧。"他又从别的代驾手里给我要过来了。（HB-MQH 访谈录）

如果说齐师傅是季节性的专职外围代驾，那么黑龙江的罗师傅则是全年无休的专职外围代驾，也是磨憨口岸代驾时间最早、口碑最好的外围代驾之一。罗师傅出生于 1971 年，是大学毕业生，由于在家乡做生意失败辗转来到磨憨口岸。在跨境直达阶段，他的主业是进入老挝境内售卖二手车，之后边境封关，他变成专职代驾，并在代驾的基础上又成为卡车车主。

罗师傅做外围代驾的契机，来源于他在跨境直达时就于磨憨的酒店结识了一批卡车司机。当跨境周转的运输方式让这批卡车司机滞留老挝无法回国，又需要正常运转车辆以维持生计之时，驻扎在磨憨口岸的罗师傅就成为他们求助的对象。

2020 年 3 月 28 号，中老双方约定这个口岸就要关闭了，他们一股脑地就是疯了似的，也不计后果，就开进去了。就晚上这个点，你看今

天是 9 点半嘛，① 我记得最后一波是晚上 10 点出去的，就走了。(HLJ-AF 访谈录)

当这些卡车司机进入老挝之后，卡车回国如何处置就成为难题。大家都找相熟的亲友帮忙接车，罗师傅也在这时接到了代驾请求。

他们到里边该干啥干啥呗，干完活回来了，中国这边需要代驾司机接车啊，然后就给我打电话："大哥，快把车接了卸货呀。"我说："我不会开。""那你能给开走？"我说："能……"就去开去了，是这样。(HLJ-AF 访谈录)

刚开始接车时，罗师傅将其视为顺手帮忙，并未意识到这是特殊时期的一项新兴职业。慢慢地，找他接车的人越来越多，他才意识到自己在边境的职业生涯又开辟出全新的疆土。顶峰时期，罗师傅手里的代驾车辆有 20 多辆。由于跨境周转周期长，这 20 多辆车最多一天回国 6 辆，对擅长统筹的罗师傅来说也是驾轻就熟。

这个东西就是一个统筹方法的事儿，你要会干不累，不会干能给你累得晕头转向。第一先干方便的，第二就是吧，哪个车需要修车，哪个车不修车，你是这样统筹的。假如现在三辆车在货场，你去开出来一个扔到驳货货场，然后回去再开另外一个，再送到另外一个货场，然后第三个。这两个都卸上了，别着急了，把第三个车再送去。然后三个车出来了，你看看谁着急，人家有那个订完进老挝的货了，你看看谁，先可他那个车开出来，就是补补胎啦、加加油、加加尿素啦，然后给人装上货，送到报关货场报关。另外一个车可能需要修车，你先把这个车的问题反馈给修理厂，修理厂最大的特点就是没有配件，他根据你这个车的

---

① 　与罗师傅的访谈是晚上 9 点开始的，他白天非常忙碌，只有晚上有时间。

"病情"给你研究配件，从昆明发配件得发两天，然后车送到修理厂，再开另外一个，就这样。（HLJ-AF访谈录）

接受我的访谈时虽是运输淡季，但罗师傅代驾的车辆也仍有7辆之多。最开始做外围代驾时，罗师傅会帮助境外的卡车司机垫付境内运输的各种费用，但时间渐长，费用越来越高，他便言明不再先行垫付。

原来没有正规代驾公司的时候，非常混乱。那时候吧，老挝到中国有200块钱代驾费，做核酸500块钱，消杀70（元），你有800块钱就能把这车接到手。现在不行了，现在一个往返最低得4000块钱，不包括我们的代驾费，所以说不好干，费用太大（高）。我原来的时候总垫，现在不垫了，现在我告诉他们，我说没有钱，一个车出来4000（元），10个车就4万（元），垫不起啊。（HLJ-AF访谈录）

关于自己的代驾费，罗师傅自始至终每趟都收1000元。

怎么说呢，我自古（始）以来，从开始不管你别人代驾费多高，我都收1000块钱。到现在我还是1000（元），你也别和我讲价，和我讲价就再见。现在我是全部按最高价的代驾费，1000块钱是最高的。最低的哎呀，我都说不出口，200块钱、100块钱就开。（HLJ-AF访谈录）

之所以能一直收取最高代驾费，罗师傅认为他最大的优势在于责任心，这与许多代驾师傅所强调的如出一辙。

主要是责任心。每个人的车到我手之后，都拿他这个车当我自己的车一样对待。接车之后啊，首先，在你没开车之前，你得围绕这车走一圈，看看这车有没有什么外观上的变化。如果有的话，我会给你发视频、发语音告诉你。我说："这个车，车门子划了一道。"就好比你说："啊，我知道，那是我划的。"那行。然后开车之后，我说："这个车哪哪有毛病啊。"你说："啊，有点毛病，给我整一整。"我说："行。"然后卸完货之后就给他修车，修完车，我去给他加油，加完油，我（代驾）的车大多数都是我给配货，配完货到了货场报完关之后，交给（官方）代驾之前我会发一条视频："你的车交给（官方）代驾了。"就这样。（HLJ-AF 访谈录）

罗师傅的驾驶证级别是 B2，作为各种半挂车的专职代驾，他说自己事实上是"证照不符"（HLJ-AF 访谈录），但是"证照不符"在磨憨口岸的外围代驾之中颇为普遍。

就这个地区，到现在为止80%都没有 A2 证。（HLJ-AF 访谈录）

为此，外围代驾司机会使用微信群进行沟通，尽量规避检查。

都有群，在群上有一个暗号，你说："到哪有大猫在埋伏。"大家都靠边停了，不走了。（HLJ-AF 访谈录）

在罗师傅看来，交警并非不知晓这种情况，但是由于特殊时期客观条件的限制，加上外围代驾的活动范围基本是在口岸附近的货场，风险较低，交警在执法时也会比较灵活。

我这三年，给我截了三次也不是四次。第一次是 2021 年的春节，正月初一，我一出门就给截住了，完了交警说："你那个，驾照。"我说："没有。""没有？行车执照。"我说："拿去口岸买黄单了。""谁的车？"我说："朋友的车，过年了没人开，我给送到口岸去。""那你这个证照不符啊。"我说："不符啊，你就咋处理吧兄弟，你要能放过我呢，你就给我放过去，以后我也不开了；你要不放过我，你该怎么办

就怎么办，谢谢你。"他说："那你走吧。"挺好，说心里话。（HLJ-AF 访谈录）

总之，特殊时期的代驾是中老跨境运输从跨境直达转变为跨境周转的重要标志。多段代驾的出现，将原本"人车合一"的直达运输分割成"人车分离"的周转运输，也催生出境内外的官方代驾与外围代驾。通过代驾司机的劳动实践可以看出，如今的多段代驾并非一蹴而就，而是跟随疫情情况、政策要求与市场需求反复调整，从一时的权宜之计逐渐发展为颇具规模的代驾流程。同时，每一段代驾都有自己独特的劳动特征，外围代驾相比官方代驾的劳动更为琐碎与不确定，更加贴近自雇卡车司机的劳动过程；官方代驾朝九晚五，根据调度安排往返工作，更加贴近他雇卡车司机的劳动过程。虽然分段代驾增加了境内外卡车司机的运输成本，但是他们也承认，边境两侧的官方代驾确实承担了更大的感染风险，外围代驾则帮助他们顺利完成跨境运输的起点与终点。正是由于分段代驾的存在，跨境运输在疫情防控时期才具有可能性。

第五章　跨境运输的困境、
优势与未来展望

对于自雇卡车司机来说，跨境运输存在诸多困境，除了语言、生活习惯、异乡社会文化等可以想象的阻碍，还有许多与卡车司机职业相关的困难：山路崎岖、危险性高；境内保险失效、境外保险保额太低；跨境卡车越来越多，竞争激烈；疫情防控政策充满不确定性；与家人相隔遥远、回国之路漫长。与此同时，跨境运输也给卡车司机带来不少美好的体验，例如：老挝生活的慢节奏提高了他们的幸福感；抛却了网络货运平台的传统货物匹配方式让他们梦回"九十年代"；在运输业不发达的老挝找回卡车司机的尊严与曾经的辉煌；跨国周转使得他们不再疲于连夜拼命赶路，拥有了更多的空闲时间。由此可见，跨境运输的困境与优势是一把双刃剑，是许多卡车司机千里奔赴的理由，也成为很多卡车司机黯然离开的原因。因此，关于跨境运输的未来展望，也充满各种各样的可能性。

一　路况、保险与竞争

（一）山路多、救援慢、保险少

跨境运输在不同国家之间具有不同形态，也关涉不同性质的风险与困难。就中老跨境运输而言，无论是跨境直达还是跨境周转，老挝境内的运输段都是风险最高的，这与老挝的地理条件与基本路况有着最直接的关联。老挝境内山路多，高速公路少，对于驾驶半挂车的外国卡车司机来说是一项严峻的考验。

> 老挝全部是山路，路又窄，车又多，山太大。这边还没有高速，前年中国才在这边修高速，才有一段高速通到他们首都，才有不到100公里的高速。（HN-YL 访谈录）

可以说，老挝的驾驶模式与中国境内运输存在本质区别，拥有跨境运输经验的卡车司机都认为，只有驾驶技术过硬、胆大心细的司机才适合到老挝从事跨境运输。

> 在国内跑车这个驾驶模式跟老挝不一样。在国内，总归你是在跑高速；在老挝里面它全程都是下路，要求驾驶技术高，遇到什么事儿要细心，在老挝里面代驾出事的那都多了。（HB-LDL 访谈录）

河北的于师傅在老挝境内跑车最无助的时刻，是卡车在路上出现故障，无法及时修理。

> 最难的时候我跟你说是什么，就是你在老挝山上啊，车坏了。尤其是你一个人晚上在爬山的时候，你这个车突然哪里出点毛病走不了，那时候最着急。有的时候他有修车的，这个修车的也是中国人，但是他离得比较远，他跟你要的费用高一点，这也是一方面。再一个呢，如果毛病不是很大的话，你要等老乡的车有进去的或者往回走的，你只能等，其他的没什么好办法。（HB-GYS 访谈录）

为此，安徽的杨师傅曾经在老挝雨季的深山之中等过四天四夜。

> 有一回我在山里面，那个坡下雨啊，空车上不去，打滑。我在那里停了四天四夜。车上临时带的吃完了，我们车上都有个饮水机，一大桶纯净水，后来那一桶水让我喝完了。那时候山里还没有信号，后面的车三四天才到，所以说就等他们看到、过来。（AH-HYX 访谈录）

老挝的行车困境不仅源于其崎岖的山路与复杂的路况，还包括社会环境、基础设施与法律法规等造成的人为风险。

> 你在咱们中国跑，一天跑 1000 公里，在老挝一天只跑 300 公里。老挝人吧，他喜欢喝啤酒，喝完啤酒以后呢，他们骑着摩托车在公路上边飙车。他们没有安全意识，尤其是在山路里边。晚上还好的，能看见灯光，白天你根本就看不见，经常发生这种摩托车骑快了拐弯拐不过来，就撞在咱们大车上边了。（HB-LDL 访谈录）

如果不幸发生交通事故，由于老挝的基础设施不足，法律法规也不健全，不仅救援速度缓慢，救援水平也较低。

> 去年（2021）一个卡友因为救援太慢而死亡，这是一个鲜活的例子。如果说这个事故出在中国的话，它完全没有问题，但是出在老挝里面，整整一宿都救不出来。当时还是我们卡友找的吊车，本地没有吊车，从外地调过去的。老挝吊车很少，吊的时候吊车还坏了，又换了吊车，人就救不出来，眼瞅着，那会儿还有气就救不出来。那段路在矿山里面，是比较偏僻的地方，就是翻到沟里了嘛，驾驶室把人卡住了，驾驶室变形，人出不来。那会儿大家就讨论，如果搁在中国，打个 110，立马就过来了，人怎么可能会死掉呢，对不对？他只是卡住了，失血过多，其实（如果）医疗救援跟得上，完全可以保住生命。这就是跨境运输（与境内运输）最直观的区别，它没有保护，你承担的风险还是比较大。在里面怎么说呢？死在老挝的也有，出交通事故的也是。里面也有赚钱的，也有赔得底朝天的。（HB-GLZ 访谈录）

因此，曾经多年经营中缅、中老跨境运输的河北的王师傅认为，经验和技术是跨境卡车司机的必备素质。在看似高运价的背后，隐藏着许多血泪教训。

因为这个人吧，他只听说了运费比较高，就是说在国内你这一趟挣 5000 块钱，你去老挝你可能挣 15000（元）。人们一听运费特别高，然后"哗哗"就全都去了，但是里面的路也好，技术也好，它有很大的危险，这个东西他不清楚。老挝的路特别难走，像每年 12 月份到 5 月份，这几个月是西瓜、香蕉的旺季吧，不是说每个车要出事啊，但是没有经验的新司机进去以后，出事的特别多，还有人员伤亡的也特别多，每年都有这种。（HB-GGH 访谈录）

在老挝这样的行车环境中，保险就变得分外重要。但是中国卡车司机在老挝跑货运，处于某种意义上的保险真空状态，无法实现有效的安全保障。

这边其实从最大的方面讲，就是法律法规不健全，让你没有安全感，你的车辆保险在这边是失效的。老挝也有保险，但是老挝的保险它的价比较低，保障的也比较低，它不像在咱们中国我可以保上 100 万（元），甚至保上 200 万（元），对吧？在这里是没有这种险种的，它只能保个几万块钱。（HB-GLZ 访谈录）

事实上，大部分中老跨境卡车司机会购买双份保险，一份是中国境内保险，用以在境内检车并保障境内段运输，以及保有随时回归境内运输的退路。另一份是老挝境内的保险，这个保险保额低、保障能力差，但也聊胜于无。

年检我们买两份保险嘛，国内买一份，在老挝也买一份。国内保险停不了，因为我们车每一趟都得出去到中国嘛，到中国得卸货干吗的，因为不是亲力亲为，万一人家给刮一下、蹭一下，这样有保险嘛。老挝的保险跟中国的保险是一样的，你买的时候可以选择。我们直接买商业险。（GS-MGH 访谈录）

　　高风险与低保障的鲜明对比使得每一位跨境卡车司机都会在风险与运价之间进行谨慎计算，只有运价与风险大致成正比时他们才愿意有所投入，一旦风险过高、而运价太低时，他们就会想方设法做出改变。这也是淡旺季影响跨境卡车司机流动的重要原因。

　　　　现在你看，一到淡季就没车了，因为运费跟风险不成正比了。那里面不像中国，中国车到里面保险什么都不能用了。在老挝里面出事的中国车特别多，你出了事可能就是倾家荡产了，风险比国内大得太多了。如果运价不高的话，在里面跑着（就）没什么意思了。（HN-YL 访谈录）

　　黑龙江的吴师傅如今就已抽身离开，回国继续从事境内运输。虽然境内运输拼命赶路的紧张也让他万分疲惫，但是跨境运输在他看来显然风险更高。

　　　　路况非常不好，在那边开车基本上心要到嗓子眼了，非常紧张。一旦车在那边出事了，就完了。那边风险特别大。（HLJ-ZSL 访谈录）

（二）低价竞争、语言不通与不确定的封关

　　虽然有一些卡车司机像黑龙江的吴师傅一样离开跨境运输，也有另外一些卡车司机源源不断地涌入中老边境，尤其境内运价下滑或者跨境运输旺季之时。被访者异口同声地表示，近两年从事中老跨境运输的卡车司机越来越多，逐渐引发了更多的同行低价竞争。同境内运输一样，这也成为跨境运输越来越明显的困境。

　　　　肯定是充满激烈竞争，货多的时候还好一点，现在货少，你在（微信）平台上看到一票货，如果晚 5 分钟这货就没了。（HB-GYS 访谈录）

河南的陈师傅就遭遇过低价撬货事件。

> 像我们订好货的，比如前段时间他们跟我们谈了 11000（元），信息费什么都出了，然后他们那边给我们打电话："这个货现在人家拉到 9000（元）啊，你们拉不拉？"我说："9000（元）我们肯定不干了。"我们订得好好的，第二天就能装货，结果有人 9000（元）就拿走了，这个事情是我们亲身经历的。（HN-YL 访谈录）

陈师傅表示，这种低价竞争主要发生在境外司机与境内司机之间。因为身在老挝的车主在老挝可以亲力亲为，省去了代驾费用，因此比人在磨憨、车在老挝的车主谈价时更有竞争力。

> 我们在国内，他们那些车老板在国外，他们觉得是什么？他们自己在里面不找代驾，他 9000（元）也能拿，但是我们在国内，我们到里面要找代驾，肯定 9000（元）我们拉不了。（HN-YL 访谈录）

就连陕西的马师傅这位最有威望的资深跨境司机都经历过低价撬货，可见竞争之激烈，已经威胁到货源稳定的核心司机。

> 今年（2022）有好几单我们自己的货都让别人低价挖走了。上次一个货主我们报了 28000（元），我们一直都没拉走这货，别人 24000（元）给拉走了（笑）。（SX-ZZX 访谈录）

竞争也发生在中老司机之间。

> 不但中国人买车，老挝人也买嘛，老挝人买的都是中国退下来的车。咱们中国人觉得自己车跑了两年三年了，不好了，卖给老挝人，买个新车。然后车辆就暴增，里面的车又多得很。像今年（2022）春节

这段时间，一排都是十几天才能出去，就是出关的车太多。（SX-ZZX
访谈录）

当被问到从事跨境运输最困难的地方时，还有跨境卡车司机强调语言不
通、沟通不畅给货运工作带来的麻烦。

> 现在困难还是沟通。就是说老挝警察什么的，他是在刁难你嘛，
> 多数的情况下他需要罚点儿款，你就给他三五万（基普）的，三五
> 十（元）的就办了。但有的时候什么路段不让你走了，你又不懂，
> 语言又不通，尤其进陌生的地方，那些是最大的困难。（HB-GYS访
> 谈录）

货运工作看起来形单影只，是原子化的劳动，但是路途中有诸多时刻需
要与外界打交道，而重要环节的语言障碍则会影响运输进程。

> 跨境运输最难的是啥？最难的就是在路上没法交流，比方说在路上
> 有个轮胎坏了，找那个补轮胎的，多少钱不知道，跟他交流没法交流，
> 完了以后就说让他怎么修他也不会修，是吧？主要是语言障碍。（HB-
> CC访谈录）

特殊时期，跨境卡车司机还非常害怕突然封关，这会让他们精神压力
倍增。

> 最困难的就是害怕遇到封关呀！一遇到封关，一车货压在这里了，
> 那些新鲜水果什么全部都坏掉了。这边驾驶员工资各方面开支，每个月
> 都少不了，境内的贷款每个月还少不了。每天一睁眼，你那边车贷每个
> 月几号要打回去，这是10000多块钱。几个驾驶员工资每天睁开眼又是
> 1000多块没了。（HN-HC访谈录）

二 回家之路与思乡之情

当跨境直达转为跨境周转，由于疫情与封关的影响，身在老挝的跨境卡车司机回国与回家之路变得既曲折又漫长，"想家"也成为他们描述跨境运输的困境时提及最多的话题。

> 最大的困难就是不能回家啊，知道吗？思乡心切了嘛，是不是？（YN-YHC 访谈录）

> 跨境运输最困难的就是忍受孤独寂寞嘛，对家人的思念，这是最困难的。（SX-ZZX 访谈录）

接受我的访谈时，好多境外卡车司机从 2020 年 3 月进入老挝就未曾归家，河北的李师傅就很典型。在过去的两年间也曾有一些时刻关口政策较为松散，他想过要回家，但是因为彼时境内运输行情欠佳，他的卡车还处于还贷期，他始终没有找到太好的归国时机。

> 今年（2022）国内的运输业又是一塌糊涂。我说："咱要回去了以后是团聚了，团聚了头几天挺好、挺新鲜，对吧？你侬我侬的。过几天，要车出不去，贫困夫妻百事哀，咱就又该吵架了，这个东西不美妙了，你想想？"我就跟她①说。国内的行业（情）根本就没法跑！（HB-GLZ 访谈录）

为了弥补离家遥远、无法陪伴的愧疚，李师傅会在网上给妻儿买很多礼物。

---

① "她"指的是李师傅的妻子。

前天我儿子要买个鞋，人家需要买点东西什么的，我就赶紧给人家买。有时候感觉，孩子童年有几年对吧？我以前跟他聊过，我这个职业决定了，我就很少在家，因为它就是聚少离多。（HB-GLZ 访谈录）

李师傅的妻子惠秀也能体会到丈夫通过礼物表达出来的愧疚与思念。

他在老挝之后吧，基本上会隔三岔五从网上给孩子买衣服呀或者是买玩具呀、买鞋子什么的，包括我，他都会给我们买礼物。我们从来没有给（跟）他要过，可能是他觉得长时间不回来，心里边……虽然他不说，但是我感觉他可能觉得有点亏欠孩子吧。（HB-LXH 访谈录）

有的时候特别想家，在疫情没那么严重的时刻，李师傅会到中老界碑那里去遥望一下祖国与家乡。

其实我们可以往这边走走，可以过了界碑再往前走一点，走到中国武警这里，只要不过武警那里就没事。能踏到中国的土地上可以说，也就算回国了（笑）。有的时候交车的时候到那里，嗯，真的……就是怀（思）念一下家乡吧。（HB-GLZ 访谈录）

除了境内行情不好，回家谋生成问题之外，回家之路的经济成本也较为高昂，尤其陆地口岸回国的难度更高。

磨憨口岸因为政策不稳定，每天都在变动，有很多中国人想走陆地，通过磨憨口岸回国，但是钱花了四五万（元），在老挝海关这边隔离了两三个月，还是没有进入中国。（HN-HC 访谈录）

政策最严格的时候，身在老挝的中国卡车司机想要回国，要经过 49 天的隔离。

我们回国前，在磨丁要隔离 14 天，磨丁出去我们到磨憨还要隔离 14 天，这是 28 天。完了回到本地还要隔离"14+7"，你说隔离就隔离 1 个多月，怎么回去？（LN-SWZ 访谈录）

相对来说，空运的管制没有那么严格，但是机票非常昂贵。据境外卡车司机介绍，若回国可以在老挝搭乘飞机直飞至云南昆明、广东广州或香港，再搭乘其他交通工具返乡。

前一段时间他们回去花了 4 万多（元）嘛，飞机票就 3 万多（元），从老挝万象直飞昆明。在昆明隔离 21 天再回家，回家再隔离 7 天，一个月就没了。她①知道我是我们家的顶梁柱嘛，你算算你花个 4 万（元），这个月自己再不跑车，再贴个打按揭的钱，好几万（元）啊。（SX-ZZX 访谈录）

除了经济成本，时间成本是跨境卡车司机考虑最多的。

现在如果家里没有什么特殊的紧急情况，没必要回去。回去一次，你几万块钱没事儿，对不对？钱它有数，咱们无所谓，就辛苦这几个月钱不就回来了吗？最主要隔离这一个多月，纯属是浪费时间呀。（HN-HC 访谈录）

出于这种考虑，陕西的马师傅已经两年多没有回国。马师傅的妻儿从他开始从事中老跨境运输时便陪他来到磨憨定居，但是跨境直达改为跨境周转之后，马师傅停留在老挝境内跑运输，妻儿则继续在磨憨口岸生活。他们的地理距离不到三公里，家人团聚却遥不可及。

那个时候我不是一直在这边嘛，就把她带下来了。我们在那边租

---

① "她"指的是马师傅的妻子。

房，小孩子在那里开始是三年级，现在都上到五年级了（笑）。我们的直线距离不到三公里，但是我出不去，到不了那个界碑嘛，防疫也不让靠近。（SX-ZZX 访谈录）

由于卡车可以跨境出入，妻子会将马师傅需要的食物、生活用品等通过自家卡车穿越国境带给他。

可以嘛，那个可以随便带。就是我们老家的特产嘛，你像我们在这边里面，我们是北方人嘛，要吃个面条、饺子，老挝里面又没有，都是我们自己做。她有时包好了就带进来。（SX-ZZX 访谈录）

大部分身在老挝的跨境卡车司机会通过微信给家人拨打语音或视频电话，以慰藉思乡之情，尤其是在过年过节、本该亲人团聚的时刻。

今年（2022）过年都哭了嘛。年三十那天我还在车上呢，因为这面他们不过年，他们的过年是泼水节嘛，4 月 13 号的泼水节，也不放假。那天在车上一个人嘛，就自己做了点饭，车上带的有酒，自己喝点酒。心里怪不舒服的，喝点酒以后就控制不住了嘛。因为我们去年（2021）进来的时候，拉了一票活时间比较长嘛，几乎家里边也没什么钱，把手里边的那些钱都给花光了嘛。年三十晚上打视频，感觉心里边酸的（笑）。年三十晚上我们家族里边，我三个哥哥包括姐姐他们都来嘛，然后侄子、侄女啦都给拜年，心里特别难受。（GS-MGH 访谈录）

三　"回到九十年代"

不止一位中老跨境卡车司机在访谈时提到"幸福感"和"九十年代"，一个原因是老挝的经济发展水平跟我国二十世纪九十年代有些类似，另外一个原因是他们从事中老跨境运输的情形与九十年代进入中国公路货运业时也较为相似，那时车少货多，运价较高，卡车司机社会地位高，对于卡车司机的管制也相对较少，与他们如今在老挝跑运输有很多共同之处。

> 反正老挝跟我们小时候，跟我们（二十世纪）九十年代差不多吧。咱们在那边还有点优越感，咱们中国人过去都有钱（笑）。（YN-XGW访谈录）

关于"回到九十年代"的解读，第一，老挝没有疲劳驾驶等各项交通管理规定，卡车司机可以按照自己的行程任意选择时间休息。

> 我跟你说在老挝里面最大的优势就是没有疲劳驾驶，老挝交警没有查酒驾的你知道吗？（笑）像这个雨季啊，只要老挝里边不下什么大雨啊，什么山体不滑坡啊，这个基本上都没问题。（HB-GGH访谈录）

老挝的其他交通管理政策也相对宽松，罚款频次少，罚款额度小。

> 就像我自己的车，前段时间我在国内检车，还有扣分哪什么罚款，在老挝里面没有这些东西。交警也有，但是他们那个罚款就是现金嘛，如果要查我们中国车，你最多给他2万基普，就是相当于人民币10块钱，你就可以走了。（HN-YL访谈录）

老挝驾驶证也不存在罚分的情况。

> 没有，这面儿没有扣分的，他们这面儿驾驶证上就没有分。正常的罚款呢就说，交警把我们拦住了，就给他1万老币（基普），合人民币5块多钱。（GS-MGH访谈录）

第二，卡车司机在老挝跑车很少需要拼命赶路，几乎是困了就睡。

> 最满意的就是在老挝不用熬夜（笑）。八九点钟就睡觉，睡到早上七八点。如果我家人能来这面，我都不想回去了（笑），幸福感最高的就老挝了。（YN-YHC 访谈录）

这种较为松弛的货运节奏与跨境运输的特征有关，也与老挝当地的工作习惯和文化习俗有关。

> 在老挝里面没有人催你怎么怎么样，安全第一，你就是慢慢跑。我光白天跑车，一到了晚上，过了9点，大家就全部靠边休息了，路上你根本就看不到车。因为一个是路况不好，还有一个是这个老挝人的习惯吧，晚上他们就是跟咱们中国人不一样，他懒，到了晚上，谁都睡觉了。咱们中国人一看他们睡，咱们也就跟着睡吧，就是这样。（HB-LDL 访谈录）

事实上，老挝的路况也不允许卡车司机拼命赶路。

> 在老挝你不像在中国拉什么蔬菜啊跑高速，它赶时间。在老挝里面，北边这6个省全是山路，根本就没有高速，你想赶路也赶不出来，尤其是到了雨季的时候。（HB-GGH 访谈录）

货主知道老挝境内路况复杂，报关也需要时间，因此为卡车司机预留的时间就比较充分，不会像境内的货主一般催促。

> 在老挝里面，没有着急的活儿！关口一堵车堵个十来天，那不都在那摆着呀？你着急有什么用啊？货主他们都不着急，着急也没用，着急你能给我飞出去？国内的节奏特别快，老挝这个地方够慢。用咱中国人的话（说），幸福指数超高，清闲不辛苦，优哉游哉地就把活儿干了。（HB-GLZ

访谈录)

甘肃的简师傅做了一个境内运输与跨境运输的路程对比。

> 咋说呢，咱们就打个比方，在国内挣 3 万（元），你得跑多少公里路？就是这个过路费呀、乱七八糟下来，你一个月怎么也得跑 3 万多公里路。但是我这个车（在老挝）一年了我才跑 3 万公里路。在这地方跑车嘛，咋说呢，给我的感觉就是"修仙"一样。装一车货进来了，除了在路上跑的时间，都在房子里面等车。（GS-CJZ 访谈录）

辽宁的魏师傅已经入行 29 年，经历过计划经济时代的境内运输，也经历了市场经济时代的境内运输与跨境运输，他觉得应该辩证地看待境内、跨境两种运输方式，因为它们各有利弊，运输方式的选择需要卡车司机根据自己不同的现实情况。

> 这个货运市场啊，就是说国内和国外相比吧，打一个比方，我在沈阳，我跑 5000 公里，车的磨损和油耗再加人的力量，就是说人的疲劳的程度，公里数在这儿呢，你到地方你能挣 6000 块钱，或者挣 8000 块钱，在国外就不一样了。国外公里数很短，但是吧，路没有国内的好，尤其是老挝北部地区的路，全是山区。我打万象以北到云南边界全是山路，不是平原，所以说这面运费高一点，你跑得慢一点儿。老挝里边儿吧，再有一个就是说安全一点儿，我们在老挝路边随便找个地方睡觉，不带丢东西的。中国不一样了，有时候，中国高速服务区都丢油，这点最不好。服务区都丢油，在别的地方停了更丢东西，是不是？所以说这地方吧，虽然不好跑一点，但是跑到十点就休息了嘛，休息了明天接着跑啊，习惯了也不累了。（LN-SWZ 访谈录）

第三，在中老跨境运输中，很少有货主拖欠运费，而拖欠运费是境内运输市场令卡车司机无可奈何的顽疾。

> 结运费呢，我们针对的还是中国公司，像老挝这面儿好多做农副产品的呀、开公司的呀、开矿的呀，95%都是中国人，所以我们结运费还是结的人民币，他们这面儿的钱比较不值钱（笑）。跨境货物几乎没有拖欠运费的，最多就是晚个一两天。（GS-MGH 访谈录）

货主不拖欠运费，有一个很重要的原因是跨境运输的社交圈较小，大部分从事中老跨境运输的卡车司机不仅彼此之间非常熟识，与货主也较为熟悉。

> 咱们一共上老挝里边儿的司机也就是几百个。这都认识，大家回来了都在磨丁这里，磨丁这里才有楼房嘛。就跟一个村子似的，咱们都是一个村儿的，谁都认识谁。在路上边儿，他就有这么一条主路，你怎么走来来回回你都能碰见。（HB-LDL 访谈录）

社会关系网如此紧密，口碑就变得分外重要，迥异于境内运输很多"一期一会"的松散交易。

> 跨境这一块，它如果拖欠的话，毕竟报关的永远都是那几个公司。因为在老挝跑的这些车，90%的人都认识，都在一个群里边老说话，如果我在哪个公司拉的货，拖欠我多长时间运费了，它的信誉不好了，好多人就直接在群里边一喊……（GS-MGH 访谈录）

第四，找货时，中老跨境运输基本不涉及网络货运平台，而是基于社交网络与熟人圈层的车货匹配，这是很多跨境卡车司机最为满意的部分。

> 在老挝跑运输，货都在货主的手里面，它没有乱七八糟的东西。就是："哎，我有货了，你是跑车的，我把这个货给你，你再找几个车帮

我拉进去。"是这样子的，就跟我们以前跑国内是一样的。这个以前我就记得最清楚，在传化的时候，哎，大早上起那么早，进去就开始找货，在传化大厅里，这儿转那儿转，价格商量好了，就可以走了。在这边没有平台。（GS-CJZ 访谈录）

陕西的马师傅表示在中老跨境运输中有两种找货方式，一是货运微信群，二是熟人私下介绍，有的是货主与车辆直接对接，有的会通过中间人，但是中间人大部分也都是卡车司机。

你像我们这里面又没有"货车帮"，没有"运满满"，发货最早就是我们来的时候，是电话联系，谁有货给打个电话，自己有几个谁和谁的电话，拿什么货，自己联系。后来就开始建群了，第一个建的群应该是（20）16年吧。每天我们这个群里面，你像那些好群人员就满500了，里面每天就发货，他们看货就在群里面发。你像我就根本不拉群里面的货，很少拉，因为我自己有熟人嘛，我们经常拉谁的货，他提前给我打电话，问我哪天可以发货，就是这个样。（SX-ZZX 访谈录）

河北的赵师傅经历过境内运输、中缅运输与中老运输，他认为这三种运输方式区别不小，综合来说跨境运输使得卡车司机在心境上更为放松一些。

区别是什么？这么跟你说吧，在咱中国跑车，跑车第一要的是时间，第二还有安全，第三你还得经常瞅着那个路况啊，什么罚款哪、电子眼哪，这些玩意儿就把你整死了。你跑这边儿你就看着人、看着车就得了，别把车撞了就行。你安安全全开，不用顾虑那么多，心里不用想那么多事儿。（HB-CC 访谈录）

四　未来展望

（一）不确定与易波动

从跨境直达转入跨境周转后，卡车司机对于跨境运输的前景也转入不确定的认知状态。他们逐渐发现，跨国货物的运输受到诸多因素的影响，极易波动，因此大部分人在留在老挝还是去往磨憨口岸、继续从事跨境运输还是转回境内运输之间，抱持观望态度。

> 我现在就是准备回国，但是现在回不去，就看嘛，看那个政策是啥政策。（GS-CJZ 访谈录）

> 这个短时间之内肯定是这样，但是以后边走边看呗，你这边如果跨境运输不好干了，你也不能老在这边，是吧？（HB-GYS 访谈录）

> 开关了以后看情况，老挝能跑继续跑，老挝不能跑，完了以后就把车放在这边，是卖呀、是怎么处理呀，到时候看情况再说。要是有钱，比方说在老挝还能待个三五年，还能搞个几十万（元）回家，哎，那就相当满足了。（HB-CC 访谈录）

关口政策是前景不确定的最主要来源，一方面是中国的政策。

> 前一段不是说国内那些什么政策要改嘛，但是到时候看吧，还不知道国内政策能改到什么时间，什么时间能落实。（HB-GYS 访谈录）

另一方面是老挝的政策。跨境卡车司机一直听闻老挝政府要管制中国入境车辆，例如只让重车进入老挝卸货，不允许空车直接从老挝装货回中国；

或来回拉货需要换成老挝车牌。如果中国卡车换成老挝车牌，不仅给中国卡车在中国境内段的运输增加了限制，也增加了运输成本，因为换成老挝牌照需要几万块钱。

> 现在他们政府出来一条规定说是中国车只能拉货进去，不能拉货出来了，但是还没实行。如果实行了实在想跑老挝的，他们就上老挝牌了，不想跑老挝的就回去。（YN-YHC访谈录）

陕西的马师傅认为就像缅甸政府一样，老挝政府保护本土车辆是迟早的事。

> 今年（2022）换老挝车牌的多，因为慢慢人家老挝车饱和了，老挝政府就要保护人家这个利益嘛。老挝车原来是不够用，现在中国车也卖得多，老挝人买车的也多了，慢慢这说不定一两年里就让你中国车给人家退出老挝。换车牌要花钱，要拓大梁号，要交税，现在换一个老挝牌也得4万多、5万块钱。（SX-ZZX访谈录）

关于未来，马师傅认为如果避无可避他也只能换成老挝车牌，因为他经营三辆新买的高栏车，购车贷款还没有还完，一个月需要还38000元，还要支付雇用固定驾驶员的工资等，这些成本是境内运输无法负担的。

> 如果我还长期想在老挝待着就换老挝牌。明年（2023）再说，因为我这个分期还没打完嘛。到明年（2023）有一张就打完了，有两张有半年嘛，明年（2023）的6月份。到时看情况。（SX-ZZX访谈录）

河北的董师傅则对于前景持乐观态度，认为随遇而安比较重要。

> 跨境运输只要是香蕉老板年年种香蕉，我们这个菜年年有，应该会

长久的。不让中国车进出了就上老挝牌呗。目前，我感觉最近这几年不可能说一下谈判不让中国车进去了，那是不可能的，他全凭着咱们中国拉物资来建设他老挝呢。（HB-LDL 访谈录）

跨境运输的行情也是决定跨境卡车司机选择的重要因素。河北的李师傅认为，只要老挝的运价好，还是可以选择留在老挝。

不会担心什么罚款、什么乱七八糟的这些，再说也没摄像头，没人管。扯住了，给个 5 块、10 块就完事了，对吧？大伙儿也悠闲，也不着急。（HB-GLZ 访谈录）

甘肃的谭师傅担心开关再转为跨境直达的话，运价会降低。

现在是由于疫情原因嘛，这面的运费比较高。如果说疫情解封了以后的话，运费立马就拉低了嘛。拉低了以后就跟国内差不多吧，所以就是等到这面儿解封以后也就该回家了嘛。（GS-MGH 访谈录）

（二）不转行、想转行与转行难

入行多年、年纪渐长的卡车司机无论是经营跨境运输还是经营境内运输，大多在坚持与转行之间徘徊。想转行的人比比皆是，转行成功的却寥寥无几。大部分卡车司机只能更换一辆又一辆新车，适应一年又一年新规，仰望越来越纷繁芜杂的货运市场。

在接受我的访谈之后，河北的李师傅辗转月余终于回到家乡转为境内运输。短时间之内他不想再跑跨境运输，但也深知转行不易。

大家为了生存可能后半辈子也就是这个行业，转行没什么转头了。这个行业吧，虽然说辛苦点，但是怎么说呢，还可以温饱。或者是好一点，农村的小康也能达到。城里的小康达不到吧，至少养活家人还是没有问题的。因为其他的行业要不就是你带有（投入）的资金大（多）对吧？中小企业、小微企业都这么难，你做什么呀，对不对？（HB-GLZ 访谈录）

甘肃的谭师傅无法想象太过长远的未来，现下他要养育一子一女、支撑家庭生计，唯一让他可以承担这份经济压力的就是公路货运。

> 现在就是怎么说呢，毕竟自己没有什么一技之长嘛，想着就是说孩子大一点，生活压力小了，就换个别的嘛，一家人在一块。毕竟运输行业的话就是，聚少分多嘛。孩子以后大一点，就不干了，就自己在家门口，老婆孩子热炕头嘛。（GS-MGH 访谈录）

辽宁的刘师傅也打算再干几年就离开货运行业。刘师傅的儿子已经长大成人，他不再有那么大的经济压力，节奏稍缓的跨境运输也让他不想再回到高强度的境内运输。

> 目前打算在运输行业呢，再跑个 4 年、5 年，也就这样了，就不想跑了。我们如果不跑这个行业了呢，孩子要是成家了，我们就在家做点啥，一年够我们生活费就行。因为这么多年吧，说实话，跑车，你应该也接触很多司机，你问问，尤其我们年龄要大一点的，到 50 多（岁）就是身上都有毛病。（LN-LQ 访谈录）

河南的陈师傅目前拥有两辆 13 米的高栏车，他认为转行一直是自己的备用选择。

> 本来以前给人家开车感觉没这么大压力，自己搞车搞了几年，压力太大了。我这台旧车现在就着手准备卖掉，然后我这台新车如果把分期

贷款还完了以后，如果这个行情一直就是这样，我就要退出这行，我要转行了。像我们司机坐一块聊天，提到这个问题都是这样，以后干什么，回去种地都不会再开车。（HN-YL访谈录）

陈师傅给我算了一笔账，自购车辆车主的收入有时还不如他雇卡车司机，并且自己养车压力还要更大。

现在行情真的是太烂（差）了，我跑这么多年车，没见过这么烂（差）的行情。现在买一个新车的话，你像我这个车贷一个月14000多（元），你一个月跑上3万块钱，你才能赚1万块钱啊。你赚1万多（元），好多人找到好的地方帮人家开车，一个月也能赚1万多块钱呀，那样我们还轻松。现在我们自己跑，没日没夜地跑，在高速上累得半死，还是赚那么多钱呀，还不如帮人家打工呢。（HN-YL访谈录）

河北的孟师傅反复提及，公路货运这个行业已经伤透了他的心。

其实，我干这么多年来说，养车挣不了大钱，只够养家糊口。我想过转行，但是现在受大环境影响做什么也不好做。因为我到了40（岁），快50（岁）的人了，也没有什么太大的拼劲儿了。这辆车什么时候报废什么时候就算了，我已经有退意（出）的打算了，不再踏入这行了，没意思，伤透了心了。（HB-ZM访谈录）

因为还持有A1驾照，孟师傅打算回到家乡去开公交车。

唉，没什么打算，不干就回家开个公交车，拿工资就算了。我还能退到（开）公交车，跑个旅游线儿。（HB-ZM访谈录）

云南的邢师傅也萌生退意，想要回家种植蔬菜。

这个车我准备再开一年多就不开了。我也不从事运输行业了，运输行业现在已经是最低谷了，什么钱都挣不到。不行的话回老家种植啊什么的搞一下，我们老家这边种蔬菜。开车还是有风险，用我老婆的话来说，晚上你睡不好整觉。（YN-LCX 访谈录）

云南的洪师傅想要回到家乡跑境内运输，也不想再开半挂车，而是换成中卡。

我回去我就想换了，换个小一点的就可以了。货这些啊，随便跑跑，就可以了。五六米多、九米多，是不是？没意思了现在，你现在车上挣啥钱啊，能养家就可以了。（YN-YHC 访谈录）

虽然转行是卡车司机讨论最多的问题，但是想转行与真正转行、成功转行之间还存在不短的距离。首先，做过自雇车主以后，他们再成为他雇司机给人开车总会感觉不自由。

你要是自己搞过车以后，你再帮人家开车的话，你觉得会不自由。你像我们自己现在有车的话，比如我这个月赚了点钱，我想回家歇几天，我就回家休息几天，但是你要帮人家开车的话你不自由啊，人家老板说要装货走你也要走啊。（HN-YL 访谈录）

其次，隔行如隔山，更换一种职业困难重重。卡车司机在多年行走江湖、四海为家的货运生活中，已经习惯了这个职业的劳动过程、工作环境与收支模式，很难适应那些他们有能力入行的其他工作。

其实每一个卡车司机都会想着换一个职业，就是转行太难了，隔行如隔山。这个东西吧，虽说挣不了多少钱，但是手里不断钱。假如说出趟车，毛钱能剩个 7000（元）、8000（元）的，你说不挣钱吧，兜里还不缺钱；要说挣钱吧，到时候一算账还没钱。干别的吧，咱说就是小本买卖，那么一块、两块，这个东西咱说，虽说是个穷人，但是这东西还看不上眼。说白了，高不成低不就；大钱挣不来，小钱不爱挣。（LN-ZGL 访谈录）

再次，卡车司机自认学历低、年龄大，工作技术与经验都集中于驾驶卡车，在其他行业无用武之地。

就说这个职业吧，一般的我感觉跟我几乎都差不多，80%都是农村的，也没有啥高学历。咱说就是智商也不是像人那么特别高，关键做买卖啥也不是那么好做的，有能力的绝对有，但他们早就转行了，高智商的，是不是？比如说发货了，要不然就是开货站了，他们都会有关系的，开汽贸了，卖车了，对不对？（LN-ZGL 访谈录）

最后，作为家庭主要甚至是唯一经济来源，许多卡车司机无法负担转行所需要的时间成本。

有什么计划？我现在没太大计划，就是说，俩孩子，把他们供好上学就得了。转行我想过呀，但是我再转行三年，最起码我转行前三年挣不着钱，这三年我家里怎么过？（HB-CC 访谈录）

资金支持也是一个问题。

我一直想转行呢，你手里面缺少启动资金怎么办？（JS-KZS 访谈录）

因此，大部分跨境卡车司机对于未来都比较迷茫。

现在也不知道。就说现在，我回去了，你说还能干啥？除了会开车，再转行又得好几年。转行特别难，啥也不会干。我前面那个车卖了之后，我媳妇就说："你不要跑车了，咱们干个啥？"我也想了，我都干点啥吧？找一圈，还能干啥去？（GS-CJZ访谈录）

以上在跨境运输劳动过程的基础上总结了跨境卡车司机的甘与苦、困境与优势、现在与未来。跨境卡车司机发现，在老挝危险的山路与低保障的运输过程中，他们同时感受到了攀山越岭的高度紧张与缓慢的货运周期所带来的空闲与松弛；在淡旺季的转换与跨境周转的转变中，他们时而因为运价飞涨而意气风发，时而陷入低价竞争而进退维谷；在中老界碑的两端，他们思念着远方的家乡与亲人，又可以通过现代化的互联网工具在手机屏幕上与亲友时时见面、日日聊天；在跨境运输与境内运输之间、在坚持做自雇车主与给他人开车之间、在继续坚持与转身离开之间，他们既抱持着希冀，又深感迷茫。跨境运输是众多公路货运方式中的一种，跨境卡车司机也只是分类众多的卡车司机当中的一部分，但是他们身上，仍然鲜明地映射出时代的烙印与整个职业群体的悲欢。

第六章　跨境运输：卡车司机的特殊劳动

跨境运输是伴随持续的田野调查进入我的研究视野，并历经两年终成为我的研究题目。随着专项调查的逐步深入，我意识到对公路跨境运输进行统一的定义非常困难，于是在中国—老挝跨境卡车司机的田野基础上，我尝试使用三条线索来定义跨境运输，这三条线索分别是：货物、卡车与卡车司机。

跨境运输的宏观定义指的是各国间跨越关境的货物运输活动。从货物的角度出发，只要卡车司机运输的是跨境货物，他们参与的劳动就是跨境运输。但是这个定义较为笼统，对于跨境运输的具体实践来说远远不够。于是，我尝试使用卡车的流向对跨境运输进行细分。当一辆卡车总是跨越关境来往于跨境运输的装货起点与卸货终点，可称之为"跑大圈"。当一辆卡车所涉及的运输路线只限于一国的边境口岸与另一国的卸货终点，或者只涉及一国的装货起点与边境口岸，则称之为"跑小圈"。而当卡车跨越边境只在异国的国境内部进行货物运输，就称之为"倒短"。

卡车的流动线路说明了跨境运输一种层次的分类，但是仍然无法说明特殊时点下跨境运输的复杂性，需要结合以卡车司机作为分类标准的另外一种层次的分类。因此，从卡车司机的角度出发，跨境运输又可分为跨境直达与跨境周转。跨境直达指的是有跨境运输需求的卡车司机驾驶自己的卡车跨越国境进行货运劳动；跨境周转指的是有跨境运输需求的卡车司机无法驾驶自己的卡车跨越国境进行货运劳动，需要进行边境之间的卡车或货物的周转。在跨境直达与跨境周转的劳动过程中，其具体的运输方式都可能包括"跑大圈"、"跑小圈"或"倒短"。由此我们发现，定义跨境运输的困难所铺展开来的，其实是跨境运输的多层次性与复杂性。

在三条线索的引领下，本篇报告以自雇跨境卡车司机作为研究对象，试图通过他们的职业历史、劳动过程、工作困境、跨境优势与未来展望说明跨境运输在特定时点下的特征与变化。由于境内段运输跨境货物的卡车司机的劳动过程更贴近于境内运输，因此本篇报告将研究重点放置于跨境段卡车司机。研究发现，跨境运输是一种基于境内运输又与境内运输存在诸多差异的特殊的运输方式与劳动形态。

从事跨境运输的卡车司机大多拥有多年境内运输经验，并且依靠境内运输积累的社会资本而导向跨境运输。同时，转向跨境运输并不意味着放弃境内运输，很多自雇卡车司机的职业生涯其实是跨境运输与境内运输的交叠拼接。因此，境内运输之于跨境运输是一个彼岸式的存在，它既是跨境运输的比照，又是跨境运输的序章与退路。以往的研究发现，从事境内运输的卡车司机的自雇劳动过程具有四个主要特征：原子化、流动性、不确定性与复合性。[①] 中老跨境卡车司机的劳动过程说明，跨境运输也符合这四个劳动特征，但与境内运输又存在些许不同，尤其是跨境周转。

第一，跨境卡车司机也是自雇卡车司机，因而本质上也是原子化的存在，但是他们原子化的程度有所降低，集体化的程度有所提高。一方面，跨境运输的起始常常是基于社会关系网络的成群结队，这由跨境运输的劳动性质决定，因为进入一个陌生的国度从事跨境货运需要客观准入条件与主观实践经验，原子化的个体卡车司机难以企及；另一方面，卡车司机进入跨境运输之后，相对固定的路线、熟悉的车货匹配方式、群居生活与互帮互助又不断催生出更多、更集中的卡车司机小集体。如果说跨境直达运输只是基于共同跨境的松散熟人群体，那么跨境周转运输就形成了真实的、具象的、依据乡缘与货运劳动需求建立而成的紧密熟人集体。这个集体的人数是有限的，固定的，大家不仅互相找货、配货、代驾，还在异国他乡抱团取暖、守望互助。虽然跨境卡车司机表面上仍在原子化地经营货运，但是他们并非完全单

---

① 《中国卡车司机调查报告 No.1》，社会科学文献出版社，2018。

打独斗地面对不同的市场与国家，在劳动过程中他们经常以小集体的面目出现。

第二，跨境运输的流动属于有限流动，而不像大部分境内运输属于无限流动。对于跨境卡车司机来说，跨境运输的起点与终点是相对固定的，无不是边境口岸与境内外较为集中的装货点和卸货点。跨境运输的路线也相对固定，与中国陆路接壤并可以进行公路跨境运输的国家本就有限，一般跨境卡车司机在某一段特定时间也只会选择一国往返运输。跨境运输的货物种类也较为稳定，例如在中老跨境运输中，高栏车与大板车进入老挝大多运输普货，回国运输香蕉、西瓜与其他农作物；冷藏车进入老挝的主要货物是中国的蔬菜、水果，回国的主要货物则是泰国的水果。除了路线与货物，跨境运输的货主、报关公司与同行组成的货运社会关系网络也以熟人为主。可见，货运劳动本质的流动性在跨境运输中产生了明确的边界。

第三，源于跨境运输有限的流动性，境内运输的许多不确定性在中老跨境运输中变得更加确定，例如货源、路线、是否雇用驾驶员、收入与支出等。与此同时，境内运输当中比较确定的部分又在跨境运输中变得晦涩不明，例如关口政策、报关程序、老挝对于外国车辆的规制、跨境直达与跨境周转之间的转换、跨境运输与境内运输之间的徘徊等。可以说，跨境运输的劳动过程也是充满不确定性的，但是相比境内运输，其不确定性的重点已偏转了方向。

第四，跨境运输与境内运输的货运劳动都是体力劳动、脑力劳动、情感劳动与情绪劳动的结合，但是具体劳动过程存在差异。进入跨境周转阶段，卡车司机的劳动因为"人车分离"与"分段代驾"而完全改变了时间、节奏与过程，对比境内运输劳动量有所减少，劳动强度也有所降低。在跨境劳动的具体内容中，情感劳动与情绪劳动的比重也发生了变化。境内运输对于卡车司机情感劳动的需求较多，情感劳动主要针对的是货主、装卸工与交警。转入跨境运输后，这些情感劳动的强度都得到了一定程度的降低：货主大多不催货，也很少拖欠运费，装卸工不会无故刁难，交警的罚款也可以在汇率对比中变得无足轻重。但是鉴于跨境运输的行车风险、低价竞争与离家日久，卡车司机的情绪劳动比境内运输时更为显著，包括在雨季连绵的山路开车时的高度紧张、坏车时的恐惧、等待救援时的无奈、淡旺季的强烈对比所带来的焦虑、异国漂泊的思乡之情等。可以说，跨境运输改变了自雇卡车司机复合性劳动的配比。

总体而言，跨境运输是自雇卡车司机职业生涯中的一段特殊旅程，代表了一种特殊运输方式与劳动形态。在境内自雇卡车司机劳动特征的基础上，跨境运输展现出其劳动过程的独特性：小集体化的原子化、有限的流动性、转向的不确定性以及特殊配比的复合性。这种特殊的劳动形态为我国卡车司机提供了另外一种选择，也为卡车司机的研究提供了崭新的课题，诸如跨境卡车司机的职业发展轨迹、不同国家跨境运输的劳动过程对比、中老昆万铁路对中老跨境运输的影响、"一带一路"倡议与个体卡车司机的跨国流动等，期望通过进一步研究寻获答案。

附录　卡车司机互助手册：
传化·安心驿站

刘世海　乔鹤　马丹

"传化·安心驿站"是传化慈善基金会推出的首个公益项目。该项目于2017年12月正式启动，是中国首个服务于3000万卡车司机的公益产品，其公益使命是"助卡车司机'车安、家安、心安'"，最终愿景是"放飞一批在公路上的公益天使"。

前　言

根据中国交通运输部2021年的数据，2020年我国卡车司机的人口规模达到1728万人。中国物流与采购联合会发布的《2021年货车司机从业状况调查报告》显示，83.0%的卡车司机驾驶的车辆为自有车辆，从事的是自给自足、自负盈亏的自雇劳动。"中国卡车司机调研课题组"的研究认为，此种劳动的特征是原子化、流动性与不确定性，而互帮互助是卡车司机群体的内在需求与组织化的动力。

在此基础上，"传化·安心驿站"作为卡车司机群体的公益组织，以卡车司机自身的互助经验作为主要载体，将安心驿站线上救助与现场救援的实践转化为文字结集成册，以期展现来自民间的卡车司机的声音，为全国卡车司机提供切实的帮助，并催生卡车司机群体内部更丰沛的公益精神。

《卡车司机互助手册》的内容分为三部分：第一部分为车辆管理，包括车辆购买、车辆养护、安全驾驶与故障维修；第二部分为卡车司机互助，包括互助协商小组制度、线上救助与现场救援；第三部分为货运法律知识，包括"安心驿站法援在线"、保险理赔与拖欠运费。阅读《卡车司机互助手册》时请注意：首先，本手册为民间卡车司机经验的总结，并非官方权威的科学指导；其次，出于时效性与概括性的考虑，本手册提供的是一般化的指导，读者需在每类条目下关注自身的具体情况；最后，卡车司机之间的互帮互助是有界限的，如需专业救援请寻求专业帮助。

一　车辆管理

（一）车辆购买

1. 购买卡车时，应考虑哪些问题？

（1）卡车分为新车与二手车，新车是汽贸公司出售的全新卡车，二手车是被他人购买使用后再转手出售的卡车。

（2）购车时，应考虑国家环保政策，本地的能源政策，卡车司机自身的经济状况、跑车路线、运输距离、货源情况、货物类型、购车意愿与职业规划等。

2. 选择新车还是二手车？购车时选择全款还是分期付款？

要看个人的经济状况、购车意愿与职业规划。

3. 一般的购车渠道有哪些？

新车一般在汽贸公司出售，二手车可以到正规的二手车交易市场购买，也可以通过亲友介绍购买。

4. 购买卡车的小窍门有哪些？

（1）购车前，一定要充分了解国家相关政策，多方请教业内有经验的卡车司机。

（2）购买新车，要根据自己的运输路线与货物类型选择适合自己的卡车，关注卡车的马力、能源类型、载重量等。

（3）购买二手车，要关注车龄、车况、是否有过事故与出过保险等。

（4）尽量防范各种风险与陷阱，例如二手车中的事故车、拼接车；还有套路贷、黑挂靠等。

5. 车辆登记与挂靠有哪几种方式？

一是将车辆登记于自己的个人户（有的地区允许个人户，有的地区不允许）；二是挂靠于他人的个人户；三是挂靠汽贸公司、物流公司与车队等。

（二）车辆养护

1. 什么是"车辆养护"？

"车辆养护"指的是卡车的定期保养与日常维护，"车辆养护"依据不同的车型、发动机类型、跑车频率、行车路线、运输季节与个人习惯而有所不同，但对于安全行车来说必不可少。

2. 一般来说，卡车的定期保养有哪些内容？

（1）建议大家按照卡车的使用说明书进行定期保养。

（2）定期保养一般包括：机油、机滤、柴滤、空滤、齿轮油与轮胎等。要特别注意卡车各项配件（如发动机的皮带、离合片）的使用寿命，切记在到期之前完成更换，以避免安全隐患。

3. 一般来说，卡车的日常维护如何进行？

卡车的日常维护可分为出车前检查、出车中检查与出车后检查。

（1）出车前，应围绕卡车巡逻一圈，检查轮胎、气压、灯光、机油、防冻液、皮带与电瓶电压等，看看是否有漏油或漏水的情况。

（2）出车中，应时刻注意卡车的行进情况与货物的完好状态，并观察仪表盘的指针参数是否出现变化。如仪表盘发生异常变化或听到车辆有异常响动，要及时停车进行检查。

（3）出车后停车时，要检查路面的硬实度，也要对卡车进行全面检查，及时进行维修与保养。

4. "车辆养护"是自己做还是找专业的人做？

一般来说，"车辆养护"需要请专业的维修工来做。

5. "车辆养护"对于新车和二手车来说有区别吗？

原则上说，新车与二手车都要重视"车辆养护"的问题。但是二手车相对行驶里程更长，容易出现的问题更多，要勤检查、勤修理。

（三）安全驾驶

1. 什么是卡车的安全驾驶？

卡车的安全驾驶指的是不主动发生交通事故，减少人员与车辆损失的良好驾驶习惯。其目标是"对自己安全，对他人也安全"。

2. 驾驶卡车与驾驶其他类型车辆的区别是什么？

卡车由于体积大、车身长、重心高、吨位重，因此较其他车辆惯性更大，盲区更多，操控性与灵敏度更差一些，刹车制动的距离更远。但是卡车的驾车视野一般来说比其他车辆更好。

3. 要做到安全驾驶，有哪些行车技巧与注意事项？

（1）做好卡车的定期保养与日常维护。

（2）遵守交通规则，做到"五不"：不超载、不超限、不超速、不超高、不超宽。

（3）驾车有预见性，目光保持长远与灵活，变道、超车时保持良好的视线。

（4）拐弯、经过路口与路遇行人时需提前减速换挡，保持正确的车道，有情况及时刹车。

（5）固定好车辆反光标识，固定好雨布、篷布与货物。

（6）行车途中要专注，尽量做到不接打手机，不疲劳驾驶，不开"斗气车"，养成文明驾驶的作业习惯。

（7）路遇雨、雪、雾霾等恶劣天气时，要保持缓慢行驶；路滑时安装防滑链，不存侥幸心理。

（8）路遇紧急危险状况时，要冷静处理，保持正确的防范与操作，切不可猛打方向或跳车等，坚决保护好自己的生命安全。

（9）系统学习、练习防御型驾驶技术。

（四）故障维修

1. 卡车司机行车路上遇到的比较典型的故障有哪些？

比较典型的故障出自轮胎、电路与灯泡、皮带、发动机、离合器、变速箱、车架护桥与尿素系统等。故障类型根据不同车型而有所不同。

2. 遇到车辆故障，应该怎么办？

（1）首先，应尝试自行解决，如无法自行解决则可发起求助。

（2）解决方案因道路不同而有所不同。如果在高速路遇到车辆故障，影响交通的风险较高，需尽量将车辆停靠在服务区，如有需要立刻报警，及时求助；在下道遇到车辆故障，影响交通的风险较低，可将车辆停靠在安全宽阔区域，视具体情况寻求不同的帮助。

（3）车辆故障可自行维修，可寻找属地的维修工，可寻求路过卡车司机的帮助，也可通过微信群、电话、车辆售后 APP 与卡车司机组织 APP 等进行求助。

二 卡车司机互助

（一）互助协商小组制度

1. 安心驿站的互助协商小组制度是什么？

互助协商小组制度指的是就安心驿站的互助事项、互助规则、对互助的激励与制约措施等提出意见与方案。

2. 互助协商小组的工作内容与规定的求助类型是什么？

工作内容包括互助审核与判断、造假行为审计和处理、精彩救援编辑与推送、促进互助并完善各项互助标准；求助类型包括故障维修、车辆养护、路线路况、行情问答、交通法规、法律知识、现场救援和其他。具体互助主要分为线上救助和现场救援两大类。

3. 什么是线上救助与现场救援？

线上救助指的是卡车司机通过电话、微信群与 APP 等线上方式对遇到问题的其他卡车司机进行帮助，无须亲临现场；现场救援指的是卡车司机到达故障与事故现场进行面对面的帮助与支援。

（二）线上救助与现场救援

1. 安心驿站好站友如何发起线上救助或现场救援的求助？求助的原则有哪些？

（1）在"传化·安心驿站"APP发帖求助。打开APP主页，点击主页下方的"【+】"，屏幕下方会出现"【帖子】"、"【文章】"与"【求助】"三项，点击【求助】之后按照提示填写"详细描述您的问题"，还可以同时添加自己的位置和现场图片与视频，之后点击"发布"即可。发布求助帖时可同时标记需要帮助的具体类型：如需"线上救助"可标记"#路线路况#""#交通法规#""#行情问答#"等标签；如需"现场救援"可标记"#现场救援#""#故障维修#"等标签。

（2）通过安心驿站微信群或打电话的方式发起求助。好站友可以将求助信息发送在自己所在安心驿站的微信群内，也可以查询驿站APP属地安心驿站站长或好站友的手机号码通过打电话的方式进行求助。求助时说明需要"线上救助"还是"现场救援"。

（3）好站友进行求助的原则有：如实合理求助、及时在APP上反馈有效帮助、认真对待、心存感激。

2. 安心驿站好站友如何参与"线上救助"与"现场救援"？参与的原则是什么？

（1）在"传化·安心驿站"APP上查看求助信息。查看的方式有二：一是点击主页中间的"【最新救援】"，即可看到全国好站友的求助信息，点击具体的求助信息后，如想进行帮助可根据对方需要与自身能力而进行"线上救助"与"现场救援"；二是点击主页下方的"【乐助】"，点进页面之后也可以看到"【线上互助】"与"【线下救援】"的发帖。求助帖一般分为"未解决"、"已解决"与"已关闭"，其中"未解决"的发帖是仍需救援的求助。

（2）通过安心驿站微信群或求助电话而参与"线上救助"与"现场救援"。

（3）参与救助与救援的原则有：安全第一、依法办事、帮理不帮亲、量力而行、实事求是。

3. 非安心驿站的卡车司机需要求助时怎么办？想要参与时怎么办？

（1）非安心驿站的卡车司机如需求助，可以通过微信或者电话联络安心驿站的好站友，请他们帮忙发起求助；也可以扫描安心驿站 APP 加入安心驿站成为好站友，自行发起求助；还可以通过加入其他卡车司机组织进行求助。

（2）非安心驿站的卡车司机如想参与"线上救助"与"现场救援"，可以加入提供互帮互助服务的任何卡车司机组织，例如"传化·安心驿站"。

三　货运法律知识

（一）"安心驿站法援在线"

1. 卡车司机的工作涉及多种多样法律法规的解读，例如：货运合同如何签署；被拖欠了运费怎么办；对于他雇司机来说，什么是劳务关系；发生交通事故应该怎么赔；货主瞒报货物该怎么办；等等。那么，遇到相关法律法规问题怎么办？

可注册成为"传化·安心驿站"的好站友，通过"传化·安心驿站"APP 的"安心驿站法援在线"获取专业律师团队的帮助。

2. 什么是"安心驿站法援在线"？

2018 年，传化慈善基金会携手北京市京师律师事务所打造的"安心驿站法援在线"正式在安心驿站 APP 上线。2021 年，"法援在线"板块全面升级，由张凌霄律师率领团队在原有 APP 线上咨询与电话咨询的基础上，通过视频课程、普法文章等方式以案说法，为广大卡车司机提供触手可及的公益法律服务。

3. 如何使用"安心驿站法援在线"？

（1）所有完成安心驿站实名认证的卡车司机都可以使用"安心驿站法援在线"的咨询服务。第一步，在手机的应用商店找到"传化·安心驿站"的 APP，将该 APP 下载至手机。第二步，打开"传化·安心驿站"APP，注册成为安心驿站好站友，并到"我的"→"去认证"处完成认证。法律咨询的方式有两种：一种是 APP 线上咨询，另一种是电话咨询。

（2）APP 线上咨询。打开"传化·安心驿站"APP"【安心活动】"，进入"【安心驿站法援在线】"，点击底部"【我要参加】"，发布相关法律求助内容即可。卡车司机可以随时在线提问，律师团队将在当天做出简要回复。

（3）电话咨询。对于一些复杂或者紧迫的问题，卡车司机可以通过电话与团队律师取得联系，团队律师将耐心聆听卡车司机的问题，并给出切实可行的解决措施。咨询时间为每周二和周四 14：00~16：00。

（二）保险理赔

1. 卡车司机需要购买哪些保险？

（1）卡车司机需要购买的保险分为人险、车险与货险。

（2）人险包括人身意外伤害险、健康险与重疾险等。

（3）车险除了法律规定必须购买的机动车交通事故责任强制保险（简称"交强险"）之外，还可以购买商业保险。商业保险主要包括机动车辆损失保险（简称"车损险"）和第三者责任险（简称"三者险"）。车险改革之后，以往的许多附加险，例如车上人员责任险、玻璃单独破碎险、自燃损失险、盗抢险与不计免赔特约险等均已归入"车损险"。

（4）货险包括车上货物责任险与车载货物掉落责任险等。

（5）至于如何选购，建议大家根据车况、营运性质、实际保障需求与财务实力等综合对比进行选择。

2. 购买保险的渠道有哪些？需要注意哪些问题？

购买保险的渠道要看车辆是否挂靠。

（1）如果卡车是个人户，卡车司机可以咨询亲友在当地有哪些合适的购买渠道，尽量选择大型国有保险公司，保费可能更贵一些，但是大型公司理赔速度快，网点多，理赔质量有保障。

（2）如果卡车挂靠于他人户或车队、公司，就要视对方的保险购买需求而定。

3. 跑车在路上，如何决定是否出险？

（1）要根据事故的性质与个人的判断而定。

（2）遇到小事故时，卡车司机一般会选择私下解决而不走保险，尤其出险会影响费率，不太划算。

（3）但是遇到中型、大型事故时，卡车司机绝大多数会选择出险。

4. 如需出险理赔，步骤是什么？有哪些需要注意的问题？

（1）遇到事故首先要拨打保险公司的电话咨询相关事宜。如果事故较轻、双方责任明确，可直接交由保险公司处理赔付；如果造成人员伤亡、双方责任不明确，可报警处理，由交警出具事故责任认定书。

（2）赔付的方式有两种，一种是保险公司直接出资理赔；一种是卡车司机自行垫付，开具发票交给保险公司赔付。

5. 保险公司常见的拒赔情形有哪些？

（1）新车未上牌、没有临时牌照或者临时牌照过期期间造成的损失。

（2）车辆未在规定时间内年检或者未通过年检出现事故造成的损失。

（3）驾驶证丢失、损坏以及更换期间驾车造成的损失。

（4）车辆修理期间出现事故造成的损失。

（5）事发超过 48 小时未告知保险公司，有可能不赔。

（6）未经定损直接修车。

（7）被保险人主动放弃追偿权的，把负全责的肇事人放跑了。

（8）车辆使用性质发生变化但未告知保险公司。

6. 律师的相关建议是什么？

上述保险公司拒绝理赔的情况都是实践中比较常见的，但除此之外，保险公司往往还会在保险合同里再约定一些特殊的免赔条款，如地震受损免赔、发动机进水后二次启动导致的发动机损坏免赔、车主后期加装的设备免赔等条款。因此，卡车司机在投保时，应当重点询问保险经纪人在哪些情况下可以免赔，做到心中有数。

（三）拖欠运费

1. 拖欠运费的原因有哪些？

拖欠运费的典型原因有以下三个。

（1）货主的原因：一种是客观上对送货速度、数量、质量等有所不满，因而拖欠运费；另一种是主观上恶意拖欠运费。

（2）中介的原因：中介在与货主、司机沟通时出现失误，致使货运过程发生阻滞，形成运费的拖欠。

（3）卡车司机的原因：由于货损、延误等造成的运费拖欠。

2. 如果遇到货主、中介恶意拖欠运费，可以采取哪些措施要回运费？

律师建议，即使被恶意拖欠运费，也应当选择合法的手段维权，使用恐吓、威胁、堵门等违法行为催讨运费有可能构成违法甚至是犯罪行为，得不偿失。

（1）暂扣货物。要注意挑选合适的仓库，把货卸到仓库里，保留好相关单据。同时到公安局、派出所报备登记，证明事件的来龙去脉。

关联法条：《中华人民共和国民法典》第八百三十六条 【承运人留置权】"托运人或者收货人不支付运费、保管费或者其他费用的，承运人对相应的运输货物享有留置权，但是当事人另有约定的除外。"

（2）借助收货方向物流公司施压。在物流公司恶意拖欠运费的时候，司机可以尝试与收货方直接联系，反映因物流公司不讲诚信不支付运费，自己迫于无奈只能暂扣货物。

（3）再拉一车货作为讨还运费筹码。货物是卡车司机要求货主或物流公司支付运费的"武器"，因此卡车司机可以寻找机会再拉一车货，以本车货物价值为筹码，迫使对方结清所有运费。

（4）向法院起诉并申请保全货物。向法院起诉需要准备对方拖欠运费的证据，如运单（纸质运单或电子运单都行）、对方承认欠付运费的聊天记录或者电话录音、回单。

关联法条：《中华人民共和国民事诉讼法》第一百零三条 【保全和优先执行】"人民法院对于可能因当事人一方的行为或者其他原因，使判决难以执行或者造成当事人其他损害的案件，根据对方当事人的申请，可以裁定对其财产进行保全、责令其作出一定行为或者禁止其作出一定行为；当事人没有提出申请的，人民法院在必要时也可以裁定采取保全措施。"

3. 卡车司机如何避免恶意拖欠运费？

（1）做好预判，保留与货主订货以及顺利完成送货的证据，如与货主的电话录音和微信聊天记录、装卸货的录像等。

（2）尽量寻找可靠、稳定、口碑好的货源。运货前注意看信息部的发货数、交易数以及评价，不要只看对方的订单运价。

（3）运货之前确定好由发货方还是收货方结款。建议卡车司机签订书面货物运输合同，并且合同上一定要明确由谁结算运费。可以将责任解除及留置货物条款明确地写入运输合同或运输单证中。

（4）与同行多交流，更广泛地获取关于货主口碑的信息。

（5）积累经验识别骗局，例如价格虚高等。

图书在版编目（CIP）数据

中国卡车司机调查报告 . No.5，城配·冷链·跨境／
传化慈善基金会公益研究院"中国卡车司机调研课题组"
著 . --北京：社会科学文献出版社，2022.12
ISBN 978-7-5228-1288-5

Ⅰ.①中… Ⅱ.①传… Ⅲ.①载重汽车-汽车驾驶员
-研究报告-中国 Ⅳ.①U471.3

中国版本图书馆 CIP 数据核字（2022）第 247794 号

中国卡车司机调查报告 No.5
城配·冷链·跨境

著 者／传化慈善基金会公益研究院"中国卡车司机调研课题组"

出 版 人／王利民
责任编辑／胡庆英 孟宁宁
责任印制／王京美

出 版／社会科学文献出版社·群学出版分社（010）59366453
地址：北京市北三环中路甲 29 号院华龙大厦 邮编：100029
网址：www.ssap.com.cn
发 行／社会科学文献出版社（010）59367028
印 装／三河市龙林印务有限公司

规 格／开 本：787mm×1092mm 1/16
印 张：23 字 数：349 千字
版 次／2022 年 12 月第 1 版 2022 年 12 月第 1 次印刷
书 号／ISBN 978-7-5228-1288-5
定 价／128.00 元

读者服务电话：4008918866